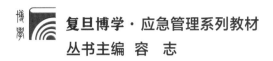

复旦博学·应急管理系列教材　　上海市课程思政示范课程

丛书主编　容　志

城市应急管理：
流程、机制和方法

（第二版）

容　志　王晓楠 ● 主编

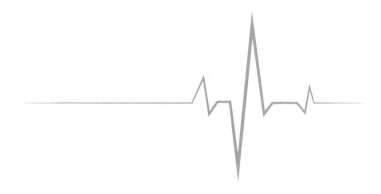

复旦大学出版社

序

随着风险社会的不确定性趋势日益凸显,各类灾害事件对公共安全造成的影响不断增大,作为政府基本职能的应急管理越来越受到重视。党的十八大以来,习近平总书记站在维护国家安全和社会稳定,实现中华民族伟大复兴的战略高度,就应急管理作出一系列重要论述,科学回答了事关应急管理事业全局和长远发展的重大理论和实践问题,为做好突发事件应对工作指明了前进方向。2018年在深化党和国家机构改革中,党中央决定组建应急管理部和国家综合性消防救援队伍,对我国应急管理体制进行了系统性、整体性重构,推动我国应急管理事业取得历史性成就、发生历史性变革。党的二十届三中全会通过的《中共中央关于进一步全面深化改革、推进中国式现代化的决定》专章写"推进国家安全体系和能力现代化",其中专节写"完善公共安全治理机制",作出了在全面贯彻总体国家安全观的要求下,实现高质量发展和高水平安全良性互动的新的战略部署。可以说,推进国家应急管理体系和能力现代化是推进全面深化改革、实现中国式现代化的重要目标和内容。

城市是国家经济、政治和文化中心,各类社会要素聚集,公共安全影响巨大,应急管理责任重大。提高城市公共安全水平关系着千家万户,也是城市治理现代化的重要组成部分。在充分借鉴已有研究成果的基础上,本书围绕现代城市应急管理和城市公共安全这一主题,全面系统地梳理了现代城市面临的公共安全挑战、大城市应急管理的基本特点和任务,并结合应急管理的理论研究和实践应用,从流程、机制、方法等方面全景式介绍了城市应急管理的各个环节、工作内容和操作技术,力图帮助读者了解和掌握城市应急管理的基本概念体系、流程要求和价值判断,并在理论学习基础上,掌握应急管理的基本方法和要求,提高应对各类突发事件并快速有效处置的基础性能力,最终为提高城市公共安全治理水平,保障城市的安全运行和人民生命、财产安全作出贡献。本书既适合公共管理和应急管理等专业的师生阅读,也可以为应急管理实践者以及对此感兴趣的读者提供参考。

本书是集体协作的成果,在第一版的基础上进行了修订和完善,特别是总结和吸收了国家应急管理部成立以来应急管理实践中的新经验和新成果。总体分工是:第一、二章为容志;第三章为赵文秀、孙馨;第四、七章为赵文秀;第五、八、十章为王晓楠;第六章为容志、童子荣;第九章为童子荣、赵文秀;第十一章为王晓楠、刘阳丽;第十三章为王晓楠、孙馨;第十二、十四章为许敏,最后由容志和王晓楠统稿。在编写过程中，得到了许多领导和同仁的关心与帮助，在即将出版之际，特别向他们表示衷心感谢和敬意：感谢上海开放大学宝山分校吴文戈老师，以及上海开大系统部分分校教师们对本书校对和建议；感谢复旦大学出版社戚雅斯编辑为本书付出的辛劳。没有这些帮助，本书很难与读者们见面。

虽然作者们都努力写好本书，但由于能力有限、认识不足，也难免有局限和不当之处。在此真诚地欢迎各位读者、同行和专家们提出宝贵意见和建议，便于我们将来继续修订和完善。

编　者

2024 年 8 月 10 日

目 录

第一章　导 论 ... 001
- 第一节　突发事件与应急管理 ... 003
- 第二节　城市应急管理的特点 ... 006
- 第三节　城市应急管理的目标 ... 010
- 第四节　应急管理的基本理论 ... 013

第二章　城市应急管理系统 ... 021
- 第一节　城市灾害系统 ... 024
- 第二节　应急管理系统 ... 027
- 第三节　城市应急管理系统 ... 031
- 第四节　上海市应急管理系统实例 ... 035

第三章　预防与准备 ... 043
- 第一节　预防与准备的内涵与内容 ... 045
- 第二节　城市公共安全规划 ... 046
- 第三节　风险管理 ... 052
- 第四节　应急准备 ... 058

第四章　监测与预警 ... 067
- 第一节　突发事件的监测 ... 069
- 第二节　突发事件的预警 ... 073
- 第三节　突发事件预警的效果反馈 ... 078
- 第四节　预警机制建设的思考 ... 084

第五章 处置与救援 ········· 087

- 第一节 处置与救援的内涵 ········· 090
- 第二节 处置与救援的原则 ········· 091
- 第三节 先期处置 ········· 096
- 第四节 快速评估 ········· 099

第六章 恢复与重建 ········· 107

- 第一节 恢复重建的内涵与原则 ········· 110
- 第二节 物质系统的恢复与重建 ········· 113
- 第三节 社会系统的恢复与重建 ········· 116
- 第四节 应急管理系统的恢复与提升 ········· 122

第七章 信息报送和发布机制 ········· 131

- 第一节 信息报送的内涵与原则 ········· 133
- 第二节 信息报送的机制 ········· 136
- 第三节 信息发布的内涵与原则 ········· 141
- 第四节 信息发布的内容与渠道 ········· 144

第八章 指挥与协调机制 ········· 149

- 第一节 决策指挥机制 ········· 151
- 第二节 协调联动机制 ········· 156
- 第三节 我国应急管理指挥与协调机制 ········· 163

第九章 资源保障机制 ········· 171

- 第一节 应急资源保障的内涵 ········· 173
- 第二节 应急资源保障主体的运作机制 ········· 178
- 第三节 应急资源保障机制的内容 ········· 183

第十章 社会参与机制 ········· 191

- 第一节 社会参与的内涵与主体 ········· 193

第二节　应急管理过程中的社会参与 …… 199
第三节　社会参与机制在应急管理中的运用 …… 203

第十一章　风险评估方法 …… 215

第一节　风险评估的内涵与相关概论 …… 218
第二节　风险评估的流程 …… 222
第三节　风险评估方法 …… 225
第四节　社区风险评估 …… 230

第十二章　应急处置方法 …… 237

第一节　应急处置的环境和原则 …… 238
第二节　应急处置的方法 …… 243
第三节　应急处置方法使用中的辩证关系 …… 251

第十三章　应急沟通的方法 …… 257

第一节　应急沟通的内涵及功能 …… 261
第二节　应急沟通的流程及方法 …… 264
第三节　自媒体时代的政府应急沟通 …… 268

第十四章　世界特大型城市的应急管理 …… 275

第一节　纽约市的应急管理 …… 277
第二节　东京都的应急管理 …… 283
第三节　墨尔本的应急管理 …… 287
第四节　中国特大城市应急管理的特点和优势 …… 291

第一章

导 论

📖 知识目标

1. 了解突发事件的概念内涵
2. 了解突发事件处置的基本要求
3. 了解大城市应急管理的基本特点
4. 理解应急管理的基本理论

📖 能力目标

1. 联系实际说明突发事件的分类
2. 运用应急管理理论分析突发事件的四个阶段

📖 思政目标

1. 具备维护国家安全的责任感和使命感
2. 理解应急管理工作中的职业道德和职业操守

天津"8·12"爆炸事故

2015年8月12日,位于天津市滨海新区天津港的瑞海国际物流有限公司危险品仓库发生火灾爆炸事故,造成165人遇难(其中参与救援处置的公安消防人员110人,事故企业、周边企业员工和周边居民55人),8人失踪(其中天津港消防人员5人,周边企业员工、天津港消防人员家属3人),798人受伤(伤情重及较重的伤员58人、轻伤员740人)。

经调查发现,瑞海公司严重违反天津市城市总体规划和滨海新区控制性详细规划,无视安全生产主体责任,非法建设危险货物堆场,2012年11月至2015年6月,在现代物流和普通仓储区域违法违规期间,多次变更资质经营和储存危险货物,安全管理极其混乱,致使大量安全隐患长期存在。调查组同时认定,事故还暴露出有关地方政府和部门存在有法不依、执法不严、监管不力等问题。天津市交通、港口、海关、安监、规划和国土、市场和质检、海事、公安等部门以及滨海新区环保、行政审批等单位,未认真贯彻落实有关法律法规,未认真履行职责,违法违规进行行政许可和项目审查,日常监管严重缺失;有些负责人和工作人员贪赃枉法、滥用职权。天津市委、市政府和滨海新区区委、区政府未全面贯彻落实有关法律法规,对有关部门、单位违反城市规划行为和在安全生产管理方面存在的问题失察失管。交通运输部作为港口危险货物监管主管部门,未依照法定职责对港口危险货物安全管理进行督促检查,对天津交通运输系统工作指导不到位。海关总署督促指导天津海关工作不到位。有关中介和技术服务机构弄虚作假,违法违规进行安全审查、评价和验收等。

作为重大社会安全事件,天津"8·12"爆炸事故并非个例。随着改革开放的深入推进,我国迈入了快速城市化的进程,人民经济水平提高、信息化高速发展,与此同时,各领域突发事件时有发生。自然灾害、重特大火灾、事故灾难、公共卫生事件等突发公共事件都会对城市的安全运行产生直接或间接的影响,危害人们的生命财产安全。如何防范这些灾害事件,提高公共安全水平?如何有效应对和处置这些突发事件,提高反应速度和能力?如何迅速从灾害事件中恢复过来,提高重建能力和水平?这些问题,都是现代城市管理者必须思考和面对的重要课题。

资料来源:新华网:《天津港"8·12"瑞海公司危险品仓库特别重大火灾爆炸事故调查报告》,2016年2月5日。

第一节 突发事件与应急管理

一、突发事件及其特点

21世纪以来，随着工业化、城市化、信息化和全球化的快速发展，人类积累的精神文明和物质文明不断增长，城市给人们带来的福利越来越多。与此同时，生态环境受到破坏，社会矛盾逐步凸显，技术发展的负面效应也时有表现，各类自然灾害、技术灾难、社会冲突乃至文明冲突也层出不穷，逐步呈高发态势，给政府社会管理带来前所未有的挑战，给人民生命与财产安全带来巨大的威胁。可以说，人类进入了风险社会。应急管理是国家治理体系和治理能力的重要组成部分，承担防范化解重大安全风险、及时应对处置各类灾害事故的重要职责，担负保护人民群众生命财产安全和维护社会稳定的重要使命。为此，我们应牢记"安而不忘危，治而不忘乱，存而不忘亡"的警句，加强突发事件风险管理，做实突发事件应急管理准备，提高突发事件应急管理快速反应能力，降低突发事件带来的负面影响，减少突发事件造成的民众财产和生命损失，促进和谐社会的建设。

突发事件，是指突然发生，造成或者可能造成严重社会危害，需要采取应急处置措施予以应对的自然灾害、事故灾难、公共卫生事件和社会安全事件。这四类突发事件的主要例子见表1-1。

表1-1 突发事件举例

类型	示例
自然灾害	流域性洪涝灾害（水灾）；气象灾害（台风暴雨、高温天气灾害、低温冰冻灾害）；地质灾害（地震、滑坡、泥石流等）；自然火灾（森林火灾等）
事故灾难	工矿商贸企业的安全事故（火灾事故、煤矿事故、企业特种设备事故等）；交通运输事故；公共设施和设备事故（电梯、建筑事故等）；环境污染事故
公共卫生事件	传染病疫情（流感、非典型肺炎等）；群体性食物中毒事件；动物疫情（禽流感、动物口蹄疫）；食品药品安全事件；其他影响民众生命和健康安全事件
社会安全事件	群体性事件；恐怖袭击事件（劫机事件等）；极端恶性刑事案件（公共场所纵火案、公共场所伤害案等）；网络舆情危机事件；经济安全事件（经济危机、金融危机）；涉外的危机事件

在现代社会中，由于人口、建筑、企业、商业、交通、资本等要素高度集中，一旦突发事件发生，其产生的负面影响要远远超过传统农耕社会，这就决定了现代社会突发事件有以下几个特点。

(1) 不确定性。从认识论的角度说，很多突发事件发生的可能性和后果的方向性都不确定。现代社会面临着气候环境变化、人口快速增加、过度城市化、经济全球化的多重影响。同时，在经济社会改革发展的前沿，社会结构变动剧烈，贫富差距拉大，社会利益矛盾突出，引发的各种社会冲突明显，这些共同构成了社会不稳定的因素，因而突发事件产生的根源是复杂的、多样性的、不确定的。一旦发生突发事件，其走向和趋势，在一个短暂时间内往往也是不确定的。例如，当2003年"非典型肺炎"突然袭来时，从科学的角度，人们还不能马上认识其来源和传播途径，因此其发展就具有不确定性。

(2) 高危害性。从社会公共安全的层面来看，突发事件往往给人民的生命财产安全造成一定伤害。近年来，城市中的群体性事件、大规模上访事件等社会安全事件呈上升态势；城市的自然灾害出现高频率、大规模发生状态，新发自然灾害种类不断增多，例如，地面下沉、水资源紧缺、高温热浪等。据统计，我国80%以上的城市受灾次数增多，时间延长，特别是暴雨、高温、干旱缺水、台风、沙尘、雷电等灾害加剧。

(3) 综合性。从处置主体来说，现代社会突发事件处置常常涉及民政、公安、消防、卫生、教育、环保、城市管理等多个部门，具有很强的综合性特点。其实，城市由于其自身的特点，很多突发事件的发生都不是孤立的，有着复杂的生成原因和机理。很多突发事件本身就耦合在一起，往往形成事件灾害链。这就对政府的快速反应和处置提出了较高要求。如2013年黄浦江上漂浮的死猪事件，涉及江苏、浙江、上海两省一市的应急管理，跨农业、卫生、城市供水等行业，拓展到虚拟网络空间，引起了公众广泛关注，使得该事件变得异常复杂，处置起来的难度很大，对政府的应急管理能力也提出更高的要求。

(4) 扩散性。现代社会尤其是城市由于其特有的地理位置和经济社会的影响，其突发事件的负面影响比其他地区产生的影响更加深远。如果处理不当，产生的负面效应会更大。发生在城市的公共安全事件一般是呈放大效应的，从原初的"点"迅速蔓延到整个"面"上，有时甚至是整个地区、整个国家乃至影响到全球。比如，城市发生的公共卫生事件、刑事案件、涉外案件、金融危机、社会动荡等社会安全事件往往会产生更广泛的社会政治影响。

(5) 紧迫性。突发事件具有突发性和危害性，因此必须在一定时间内快速反应和处置，时间约束性较强。如果拖延时间，不能在短时间内快速反应，将危险源隔离并救援伤员，往往容易造成更大伤害。突发事件的应对需要在短时间内、压力状况下进行快速决策和反应。

（6）多样性。不同事件表现出不同的特点和变化。在这种情况下，快速、妥善处置突发事件，尽早恢复社会秩序，减少突发事件对国家、社会及社会成员造成的伤害，确保社会平稳、有序、健康运行，就成为政府管理和公共治理的重要任务，也是突发事件处置的基本目标。

一方面，近年来，我国城市各类突发事件时有爆发，如"11·22"青岛市输油管道泄漏爆炸特别重大事故、"12·31"上海外滩踩踏事件、"8·12"天津港特别重大火灾爆炸事故、"12·20"深圳光明新区渣土受纳场特别重大滑坡事故、"7·20"郑州特大暴雨等。另一方面，全社会对公共安全的关注程度不断提高，对和谐稳定的生活环境有更高期盼。这些都对政府应急管理工作提出了许多新问题、新挑战。因此，政府需将城市应急管理工作放在重要地位，既要从理论上研究现代社会应急管理的内在规律，又要在实际工作中提高突发事件预防、准备、处置和善后的各项能力，以确保城市生产生活和人民生命财产健康安全，不断提高人民群众的安全感和幸福感。

二、应急管理及其阶段

应急管理是指政府及其他公共机构在突发事件的事前预防、事发应对、事中处置和善后恢复过程中，通过建立必要的应对机制，采取一系列必要措施，应用科学、技术、规划与管理等手段，保障公众生命、健康和财产安全，促进社会和谐健康发展的有关活动。

在我国应急管理体系建设中，灾害危机事件的应对通常被划分为预防与准备、监测与预警、救援与处置、善后与恢复等四个阶段。应急管理机制的内容千头万绪，都分别贯穿于预防、准备、反应、恢复等各阶段。

（1）预防阶段。预防阶段的工作重点旨在确认危险源并消除或减缓危险源对公共安全的威胁。必须结合本地特征而确认相关危险源的存在，进而通过风险沟通机制来了解风险可能及其潜在影响，并将其纳入政策议程。在对客观风险进行分析的同时，也应该注意到脆弱性分析与评估的重要性，即对本地灾害危机应对所需的管理制度、组织能力、关键基础设施、群体抗灾能力、抗灾资源可得性与可及性等维度进行分析评估，以便清晰把握本地灾害危机应对能力。这一阶段的政策工具作为风险防范机制的核心，主要可分为结构性减灾工具和非结构性减灾工具，前者注重硬件基础设施的建设与维护，后者注重政策设计对减灾的重要意义，如对重大政策项目进行社会风险评估等。同时，减灾阶段还需要从文化层面提升应急管理能力，通过宣传和文化教育对个人安全文化、组织风险文化、社会风险文化进行有效干预与引导。

（2）准备阶段。作为应急管理中应急反应与恢复的基础，准备的充分程度直接影响应急管理制度运转的绩效。预案编制是针对减灾阶段所确认的危险源的潜在后果而预先设定各种管理措施，其核心是构建应急管理的组织架构、工作流程、协调方式、资源保障等，通过一系列常规制度安排来尽可能地消解由危机造成的无序与混乱；培训演练机制旨在通过桌面推演、功能演练、局部演练、全程演练等方式，发现并评估现行预案存在的问题从而加以改进。

（3）反应阶段。应急反应是应急管理的核心，当前预案体系建设的重点就是加强与完善应急反应所需的各项机制。在突发事件中，以减灾与准备阶段为基础，首先需要做到对事件的先期处置，对事件进行及时救援与报送，而先期处置能力对于降低事件的负面影响有着至关重要的作用。对于突发事件的分级、分类处置原则要求必须建立快速灾情评估机制，迅速、准确地收集有关信息，通过应急信息平台来处理与分析相关信息，并依据分级方法确立所采取的响应方式，从而在相应层级上启动应急指挥和协调联动机制；同时，该信息平台也具有在政府内部以及政府与公众之间的沟通功能。在此基础上，需要建立应急指挥机制，将各相关机构和单位纳入统一规范的行动框架。

（4）恢复阶段。灾后的首要任务是恢复重建，主要包括工程性恢复重建与制度性恢复重建，旨在建立更具恢复力的社会。此外，恢复阶段的另一项重要任务就是对事件进行调查与反思，客观评价应急管理制度的绩效，追究相关人员的责任，还要出台或修订某些政策。风险问责的结果必然引起对风险管理和预防准备的重视，这也是一个新应急管理循环的开始。

总体来说，这四个阶段首尾相连、循环往复，在动态中构成了应急管理的完整流程和环节，是全世界公认的应急管理工作模型。本书对应急管理流程的分析，就是依照这个基本逻辑展开论述的。

第二节　城市应急管理的特点

城市也叫城市聚落，是以非农业产业和非农业人口集聚形成的较大居民点，是一定区域内政治、经济、文化、宗教的集中之地和中心所在，是伴随着人类文明发展而形成的一种有别于乡村的高级聚落。

在中国，城市包括了国家行政建制的直辖市、地级市、县级市。2014年，在《国务院关于调整城市规模划分标准的通知》中，将城市划分为五类七档，城区常住人口50万以下的城市为小城市，其中20万以上50万以下的城市为Ⅰ型小城市，20万以下的城市为Ⅱ型小城市；城区常住人口50万以上100万以下的城市为中等城市；城区常住人口100万以上500万以下的城市为大城市，其中300万以上500万以下的城市为Ⅰ型大城市，100万以上300万以下的城市为Ⅱ型大城市；

城区常住人口 500 万以上 1 000 万以下的城市为特大城市；城区常住人口 1 000 万以上的城市为超大城市①。城区是指在市辖区和不设区的市，区、市政府驻地的实际建设连接到的居民委员会所辖区域和其他区域。

一、城市的特点

（一）人口密度大

根据 2014 年 10 月国家公布的《关于调整城市规模划分标准的通知》，根据住房和城乡建设部于 2022 年 10 月公布的《2021 年城市建设统计年鉴》，截至 2021 年年末，上海、北京、深圳、重庆、广州、成都、天津、武汉为 8 个超大城市，杭州、东莞、西安、郑州、南京、济南、合肥、沈阳、青岛、长沙、哈尔滨为 11 个特大城市。

以上海为例。上海作为国家中心城市、超大城市，是中国的经济、交通、科技、工业、金融、贸易、会展、航运中心，是首批沿海开放城市，是全球著名的经济中心。据《上海统计年鉴 2022》显示，2021 年年末全市常住人口为 2 489.43 万人（见图 1-1），上海的人口密度为 3 926 人/平方千米，中心城区人口密度更高。这是城市区域的一个重要特点。

图 1-1　2016—2021 年上海常住人口数量统计

数据来源：《上海统计年鉴 2022》第二篇——人口、就业与工资的表 2.1。

（二）构筑物数量多

人口的高度集中，需建设与其相匹配的密集的硬件设施，如住宅、办公、休闲娱乐等建筑。这也是为什么大城市会被称为"钢筋丛林"的原因。尤其是大城

---

① 常住人口是指：居住在本乡镇街道，且户口在本乡镇街道或户口待定的人；居住在本乡镇街道，且离开户口登记地所在的乡镇街道半年以上的人；户口在本乡镇街道，且外出不满半年或在境外工作学习的人。

市的市中心繁华地段，交通复杂，高楼林立，这也为大城市的各类突发事件的发生埋下了伏笔。

近年来，随着经济社会的快速发展，上海的高层建筑和超高层建筑越来越多。截至2021年，八层以上的房屋总量达到53 467幢，面积达到54 174万平方米；30层以上房屋总量为1 864幢，面积达到5 671万平方米（见表1-2）。同时，100米以上的超高层建筑越来越多，上海中心大厦（632米）、上海环球金融中心（492米）、东方明珠电视塔（468米）等都是较为典型的代表。

表1-2　上海市8层以上房屋情况统计

类别	单位	2010年	2015年	2020年	2021年
总计	幢	20 579	40 822	51 241	53 467
	万平方米	21 911	39 652	51 699	54 174
8—10层	幢	2 744	5 568	7 569	7 923
	万平方米	2 430	3 903	5 838	6 166
11—15层	幢	9 672	18 302	21 543	22 204
	万平方米	6 320	12 712	15 733	16 420
16—19层	幢	4 247	10 046	13 792	14 665
	万平方米	4 449	9 640	13 535	14 362
20—29层	幢	2 936	5 337	6 517	6 811
	万平方米	5 504	8 917	11 144	11 556
30层以上	幢	980	1 569	1 820	1 864
	万平方米	3 208	4 481	5 449	5 671

数据来源：《上海统计年鉴2022》第十篇——城市建设的表10.4。

（三）信息流速快

除了密集程度高这一要素以外，在特大型城市，这些要素的流动性也很大。所谓流动，是指要素在特大城市内部的流动，以及向内和向外的流动。特大型城市往往都是国际化大都市，在区域甚至全球范围都具有很强的资源配置能力，成为区域甚至世界性的经济、政治、文化节点城市，是跨国企业总部基地、国际金融中心、区域产业中心、区域信息中枢、交通运输枢纽等。作为国际和区域活动的聚集地，特大型城市承载了大量商品、资本、技术、劳务和信息的大规模流动，具有很强的积聚、辐射、流通和增加功能，是一个开放程度高、流动性大的聚集交换中心。随着各类信息媒体的出现和高速发展，大城市的居住人口交流主要利用新媒体高科技的手段进行。同时，公众对信息知情权的意识增强，舆情环境发生了巨大变化，信息公开度和透明度的需求空前高涨。如果说构筑物数量增多为大城市突发事件提供了"温床"的话，那么信息流速的加快，则为突发事件的信息传播提供了快捷的渠道。

（四）区域影响大

大城市的影响区域会以该大城市为中心向周围地区辐射，导致对城市周围地区经济、政治、社会、文化等方面产生强大的吸引作用。在我国，特大城市、超大城市的区域影响更为明显，如以上海为中心形成的长三角经济区、以深圳为中心形成的珠三角经济区、以北京为中心形成的京津冀经济区等，都受到中心城市的较强辐射和影响，在区域一体化过程中显现明显的向中心化特征。

二、城市突发事件的特点

城市在全国经济、社会发展中处于重要的战略地位，其人口、建筑、企业、商业、交通、资本等要素高度集中，一旦突发事件发生，其产生的负面影响远远超过其他中小城市或农村地区，这就决定了城市突发事件有其特殊性。

（一）高发性

当今中国城市化进程越来越快，同时伴随着大规模的社会成员从农村迁徙到大城市，尤其是北、上、广、深这些超大城市。大规模人员流动到大城市，必然伴随着新的社会阶层的出现，伴随着多元社会意识和社会文化的出现；同时，大量的人员流动同样带来了信息传递渠道的高速发展。在此背景下，大城市中任何一件小的社会事件处理不好，就会上升演变成重大社会事件。从社会公共安全事件来看，城市是重大刑事案件的重灾区，犯罪形式呈现日益多元化、组织化、职业化和国际化的趋势，尤其是社会治安案件呈高发态势，影响了城市的社会稳定与公共安全。从近几年的数据来看，城市中的群体性事件、大规模上访事件等社会安全事件呈上升态势；从自然灾害的层面来看，城市的自然灾害呈现高频率、大规模发生状态。新发自然灾害种类不断增多，例如地面下沉、水资源紧缺、高温热浪等。据统计，我国80%以上的城市受灾次数增多，时间延长，特别是暴雨、高温、干旱缺水、台风、沙尘、雷电等灾害加剧[①]。不论是从社会治安还是自然灾害等角度来分析，当今大城市面临突发事件大都体现了高发性的特点。

---

① 沈荣华：《城市应急管理模式创新：中国面临的挑战、现状和选择》，《学习论坛》，2006年第1期。

(二) 影响面广

以大城市为中心形成的辐射区域，对周边地区的经济、政治、社会、文化等各方面都形成了重大的影响，因此在大城市发生的突发事件，其影响范围不仅局限于本市范围内，还会对辐射区域产生较为深远的影响，如果处理不当，产生的负面效应甚至会更大。发生在城市的公共安全事件一般是呈放大效应的，本来是一个点的小事，但会迅速蔓延到整个面上，有时甚至是整个地区、整个国家乃至影响到全球。比如，城市发生的公共卫生事件以及刑事案件、涉外案件、金融危机、社会动荡等社会安全事件往往会产生更广泛的社会及政治影响。

(三) 多样性和复杂性

随着大城市人口的急剧增长，与此相伴随的问题也接踵而来，如城市生活资源的匮乏、环境变化，同时在全球化的大背景下，经济全球化的影响愈加深远，由此导致的大城市突发事件呈现出多样性和复杂性的特点。在城市人口密集区，由于市民生活习惯、生活质量和生活环境各不相同，很容易引发公共卫生事件，如传染病、疫情卫生事件等。城市作为人口集中和流动的中心，社会矛盾容易激化，大规模的社会冲突、群体性突发事件容易产生。当今中国处于经济社会变革的关键时期，大城市则是社会变革时期的前沿阵地，在城市中由于贫富差距拉大，社会利益分配不均，社会利益矛盾加剧，极易引发社会冲突，造成社会不稳定。有的城市由于所处地理位置而容易受到自然灾害的影响，如雾霾、干旱、洪水、地震、台风等。

第三节　城市应急管理的目标

大城市应急管理的核心目标就是防范各类突发事件，提高大城市公共安全水平，保障城市的安全运行和人民的生命财产安全。具体来说包括以下四个方面。

一、提高风险治理、隐患治理水平

政府面对城市突发事件，应该主动提升对于城市潜在的风险和隐患预估和判断，早发现、早报告、早控制是政府成功防范和处置突发事件的关键和前提，也是政府提高自身风险治理和隐患治理水平的重要方式。政府应在突发事件发生之前，及时发现危机征兆，同时应根据城市的实际情况建立起一整套行之有效的风险、隐患评估治理体系。通过这一体系，对城市潜在的危机因子进行监控、监测，评估危机可能产生的范围、程度、影响及发展趋势，及时向组织及个人发出警报，告知危机可能发生的基本情况，提醒组织及个人应采取的积极行动。在此基础上，通过该体系进行数据采集和整合评估，对于危机事件发生的概率进行评估，为政府风险评估的相关预警系统提供参考，为政府防范突发事件提供依据。

二、提高应急准备和事前防范水平

在突发事件的防范中，主要是进行"一案三制"建设。"一案"是指制订修订应急预案；"三制"是指建立健全应急的体制、机制和法制。

应急预案是应急管理的重要基础，是中国应急管理体系建设的首要任务。根据《国家总体应急预案》，结合城市自身实际，制定本地应急预案，并抓紧预案落实，协调各方资源，促进各单位的协调配合和职责落实。2006年1月，国务院发布了《国家突发公共事件总体应急预案》，以此为标志，我国形成了以《国家突发公共事件总体应急预案》为总纲，以25件专项预案、80件部门预案以及全国31个省级突发公共事件总体应急预案为主体的全国应急预案框架体系。截至2019年年底，我国已编制应急预案780余万件，其中2019年新修订编制200余万件。

应急管理体制是指国家建立的统一领导、综合协调、分类管理、分级负责、属地管理为主的体制。应急管理机制是指突发事件全过程中各种制度化、程序化的应急管理方法与措施。应急管理法制则是在深入总结群众实践经验的基础上，制订各级各类应急预案，形成应急管理体制机制，并且最终上升为一系列的法律、法规和规章，使突发事件应对工作基本上做到有章可循、有法可依。《中华人民共和国突发事件应对法》（以下简称《突发事件应对法》）于2007年11月1日起正式实施，最新于2024年6月修订，其立法初衷主要是对各个具体的应急法律制度和法律实施体制进行协调和整合。在法律制度的协调需求方面，到《突发事件应对法》立法前，我国已经存在一些专门领域的应急立法，法律35件、行政法规37件、部门规章55件、党中央和国务院有关文件111件，涉及领域有防震减灾、防洪、消防、安全生产、传染病防治等。此外，《中华人民共和国防震减灾法》《破坏性地震应急条例》《中华人民共和国政府信息公开条例》等法律法规均与突发事件应对相关。

总之，突发事件的应急管理重在"防范"，坚持预防第一的原则。防范能够减少处理突发事件的成本，提高政府公共管理的效率，有效实现政府的社会管理职能，保障社会和谐、稳定发展。

三、提高快速反应和应急处置水平

城市突发事件发生之后，政府应及时、迅速、有效地对突发事件进行控制，积极进行处理，立刻作出正确反应并及时控制局势，以积极的态度去赢得时间，以正确的措施去赢得公众，创造妥善处理危机的良好氛围。突发事件发生后，首先要控制事态，使其不扩大、不升级、不蔓延，将突发事件带来的损失降到最低，防止突发事件进一步扩大所带来的影响。在此基础上，还应该开展以下几步工作：一是收集信息，掌握关于发生事件第一手的资料。突发事件的原因深藏在事物的内部，隐含在各种现象之中，要想把握它，必须掌握大量的材料，并能对此进行分析与综合，能透过现象看本质，据此制定出解决问题的办法。政府应采取公开调查和隐蔽调查的方式，多渠道获取突发事件的准确信息，综合分析，从实际出发，了解事件发生的原因及态势。二是了解突发事件的性质，通过对突发事件信息的掌握分析，进一步了解突发事件的性质，使政府对危机认识更深刻，更有针对性地提出解决危机的策略方案，争取控制危机的主动权。三是制定行之有效的具体解决措施。突发事件的性质确定以后，必须迅速制定处理问题的总体方案。解决危机的方案，首先，要具有可行性，能在现有条件下付诸实施的可能。其次，要注重效果。突发情况的处理既要着眼于当前事件本身的处理，又要着眼于组织良好形象的塑造。所以，政府在出台处理意外事件的方案时，要充分考虑各方面的条件和因素，因人、因地、因事制宜，达到对公众、组织都有益处的效果，努力取得多重效果和长期效益。最后，要准备备选方案。为应对各种突如其来的变化，必须做多方面慎重考虑，对可能出现的情况做到胸中有数，从而使突发事件得到妥善解决。

四、提高善后处置和恢复重建水平

突发事件结束以后，控制与恢复阶段是在公共危机被处置以后进行的善后处理阶段，在该阶段的主要任务是物质重建、心理恢复、政府形象的恢复等工作。突发事件暴发后，政府应动用社会资源对受灾区域有计划有步骤地进行重建，同时做好受灾群众的安抚工作，既包括物质上的安抚，又包括精神上的安抚。在物质层面，政府应积极调动相关部门通力合作，对突发事件中受灾群众的伤亡人员进行抚恤、补偿和赔偿，对伤员进行治疗和救助；在心理上，对民众进行心理的安抚，使组织和个人尽早地从危机事件的阴影中走出来，进入正常的生活状态，消除社会中人们心理的恐慌现象，提高民众生产自救的能力。突发事件发生后，政府在处理事件的过程中，或多或少会存在形象受损的可能性，通过突发事件善后处置和恢复重建，政府通过动员一切社会力量为人民群众谋取利益，帮助人民进行重建补偿和心理安抚，有利于恢复和提升政府形象。在城市中每一次突发事件的发生对于政府来说都是一件有利有弊的事件，是一次政府的公关活动，处理得好则能有效提升政府公信度，处理得不好则会使政府的公信度降低，失信于民。

五、提高风险学习、不断改进的能力

突发事件的平息,并不意味着本次突发事件过程已经全部结束。事实上,还应致力于从突发事件的解决中汲取经验教训,不断提升政府应对突发事件的能力。一是认真自省,找出政府应对突发事件中存在的不足和缺点;二是制定整改措施,对于突发事件过程中发现的问题制定严格的整改措施,排查隐患,防微杜渐,确保不再发生类似的问题;三是改进工作作风,处理突发事件,既要有处理的工作艺术,同时又要致力于政府日常扎实的基层工作,即政府应更加注重基层建设,进一步转变工作作风,打造服务型政府,排查隐患,将危机消灭在萌芽阶段。

第四节　应急管理的基本理论

一、海恩法则和墨菲定律

海恩法则由飞机涡轮的发明者德国人帕布斯·海恩提出,主要是关于在航空领域内的飞行安全的法则。海恩法则指出,在每一起发生的严重事故的背后,必然存在着29次轻微事故和300起未遂先兆以及1 000起的事故隐患[①]。因为事故隐患的存在是可以被发现和预防的,因此,海恩法则认为任何不安全的事故其实都是可以预防的。海恩法则的适用性不仅在于飞行安全领域,在其他的领域同样适用。

根据海恩法则的相关分析,当产生重大事故之后,在注重对事故本身应急处理的同时,还需要注重对导致事故背后的"事故征兆"和"事故苗头"进行排查处理,以防止再次发生类似的安全事故。及时排查解决存在的重大安全隐患,将问题的发生扼杀在萌芽状态。

海恩法则的精髓在于其认为任何事故的发生都是量变到质变的结果,事故灾害的发生都是量的积累的结果;此外,再好的技术以及再完美的规章制度,在实际的操作层面,仍然无法取代人自身的素质和责任心。

那么,什么是导致事故的主要原因呢?海恩里希认为,人的不安全性和物的不安全状态是事故产生的直接原因。海恩里希的研究说明大多数的工业伤害事故都是由于工人的不安全行为引起的,即使一些工业伤害事故是由于物的不安全状态引起的,但是物的不安全状态的产生仍然是由于人的疏忽、操作错误导致的。

---

① 吴晓勇:《由"海恩法则"到习惯的力量》,《空中交通管理》,2009年第10期。

因此，事故的原因主要在于人员的不安全状态。

墨菲定律源自一名叫墨菲的美国上尉，他认为，"只要存在发生事故的原因，事故就一定会发生"而且"不管其可能性多么小，但总会发生，并造成最大可能的损失"。墨菲定律的原句是这样的："如果有两种或两种以上的方式去做某件事情，而其中一种选择方式将导致灾难，则必定有人会做出这种选择。"墨菲定律在技术界不胫而走，因为它道出了一个铁的事实：技术风险能够由可能性变为现实。

从海恩法则和墨菲定律的相关研究中可以看到，对于任何可能导致安全隐患的"征兆"和"苗头"都不能忽略，安全的绳索任何时候都不能松懈。第一，必须变事后应急管理为事前预防管理，将事故反应端前置。例如，如果在发生安全事故之前，能预先发现并防范事故征兆、扼杀事故苗头，预先采取积极有效的防范措施，那么事故本身造成的损失就会被减少到最低限度，整体的安全应急管理水平就能得到极大的提升。第二，注重安全生产的细节，做到见微知著。任何细小的问题，都可能成为事故发生的导火索，抓安全工作不能忽视小问题，从小问题中透过现象看本质，防微杜渐。第三，树立作业者的安全意识。无论生产现场的硬件设施多么完善，但是由于作业者个体差异的存在，使得安全隐患仍然存在生长的空间，因此，提升作业者本身的安全意识、技能和防范能力至关重要。预防为主，注重细节、安全意识的培养，才能防患于未然，从而提升应急管理水平。

二、事故冰山理论

冰山理论最初是一个心理学上的概念，最早见于1895年弗洛伊德与布罗伊尔合作发表的《歇斯底里研究》中。冰山理论将人的心灵比喻为一座冰山，浮出水面的只是一少部分，代表显性意识；而埋藏在水面之下的大部分，则代表潜意识。弗洛伊德认为人的言行举止，只有少部分是由意识在控制，大部分都是由潜意识所主宰，而且人很难主动觉察。随后，冰山理论被应用到诸多的不同领域当中，例如，海明威将冰山理论应用到了文学领域，他认为，一部作品就类似于一座冰山，露出水面的部分只占到1/8，水下面的部分占到了7/8，而作者应该着力描写水面之上的部分，水下的部分应该通过文本的提示让读者自行补充。从冰山理论的最初意义以及其迁移应用可以看出，水面之上的冰山固然重要，但是，冰上的大部分主体以及起到关键作用的部分其实都潜藏在水面之下。

将冰山理论与安全管理相结合，便产生了事故冰山理论。在日常的生产和行为过程中，看得见的事故只是冰山一角，只占到非常小的一部分，在水面之下还隐藏着很大的安全事故隐患。因此，仅凭事故的表面现象不能判断其危险程度，更不能忽视冰山之下的所谓的小概率事件。从立体的角度来看，如果将安全事故的发生看作冰山浮出水面，那么为了让冰山不露出水面，即不发生安全事故，就要尽最大的可能削减冰山之下的体积,即从冰山的根部,从事故的根源处消除事故的安全隐患。此外,事故冰山理论也可与安全管理中的个体具体行为相结合。如果将冰山视作人的行为,那么水面之上的冰山可以代表人的技能、行为等,是可以直接观察和测量的;而水面之下代表着人潜在的安全意识和安全知识储备,这一部分显然难以得到直观的数据结果,也难以测量。但是,只有具备了充足的安全知识和安全意识,才能保证在既有工作技能的基础上做出安全行为,从而保证安全生产的顺利进行。

因此,事故冰山理论启示我们,安全事故的发生并不是偶然的,其背后一定潜藏着诸多的安全隐患,潜伏在水面之下,难以察觉,难以引起足够的重视。为减少事故的发生,必须消减事故背后的安全隐患和不安全因素。

三、能量意外释放理论

1961年,吉布森提出了能量意外释放理论,即事故是一种不正常的或者不希望的能量释放,各种形式的能量是构成伤害的直接原因。因此,吉布森认为应该通过控制能量及其相关载体来预防伤害事故的发生。在吉布森研究的基础之上,1966年,美国运输部安全局局长哈登在吉布森的研究基础上,完善了能量意外释放理论,他提出"人受伤害的原因只能是某种能量的转移",并提出了能量逆流于人体造成伤害的分类方法,将伤害分为两类:一是由施加了局部的或者全身损伤阈值的能量引起的伤害;二是由影响局部或者全身能量交换所引起的伤害,主要是指中毒、窒息以及冻伤等。此外,哈登还提出能量的大小、接触能量的时间长短和频率以及力的集中程度决定了能量是否能够造成人员伤亡。

在日常的生产过程中,工作人员通过能量的做功实现生产目的。在正常生产过程中,能量受到人类生产目的种种约束,按照人类的意志流动、转换和做功。如果由于某种原因,能量失去了人类的控制,超越了人们设置的约束或者预设限制而意外地溢出或者释放,那么必然会造成安全事故。如果失去控制的、意外释放的能量波及人体自身,并且能量的作用超过了人体的承受能力,人体必将受到伤害从而造成安全事故。

四、公共安全体系的"三角形"模型

公共安全体系框架构建的目的在于减低突发事件对人类社会的影响,保障人类社会与自然环境的和谐发展。为此,清华大学范维澄院士利用三角形原理构建了公共安全体系的"三角形"模型。三角形的三条边分别代表公共安全的突发事件、承载体和应急管理。连接三条边的节点统称为灾害要素,分别包括

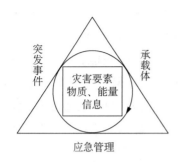

图 1-2 公共安全体系的"三角形"模型

物质、能量和信息。范维澄院士认为灾害要素本质上是一种客观存在,灾害要素如果超过一定的临界量或遇到一定的触发条件就可能导致突发事件,在未超过临界量或未被触发前并不造成破坏作用①。公共安全体系的"三角形"模型具体如图 1-2 所示。

在"三角形"模型中,突发事件主要是指可能对人、物或社会系统带来灾害性破坏的事件。突发事件通常表现为灾害三要素(物质、信息、能量)的灾害性作用。例如,危险化学品泄漏和大规模传染病(物质作用)、地震(能量作用)、社会恐慌(信息)等。如果重点研究突发事件的孕育、发生和演变的过程和规律,认识其时空分布特性,那么将能为预防突发事件的发生并减弱突发事件的灾害性后果提供科学支撑。

承载体是指突发事件的作用对象,一般包括人、物、系统三方面。承载体同时也是突发事件应急的保护对象。承载体在突发事件的作用下的破坏表现为本体破坏和功能破坏两种形式。承载体的破坏有可能导致其所蕴含的灾害要素的激活或意外释放,从而导致次生衍生灾害,形成突发事件链。

应急管理主要指可以预防或减少突发事件及其后果的各种人为干预手段。应急管理可以针对突发事件实施,从而减少事件的发生或降低突发事件的时空强度;也可以针对承载体实施,从而增强承载体的抗御能力等。

五、灾害链

大量的灾害事例表明,任何灾害的发生往往并不是相互独立的、静止的存在,很多重大自然灾害的发生常伴随着其他灾害,造成的损失并不是某一种独立的灾害造成的,而是由多种灾害的连锁反应及其在时间、空间上复杂的相互作用而产生的。因此,多灾种风险演进之间的内在联系和发生规律引起了学术界的重视。

虽然关于灾害链的研究已经逐渐引起了诸多学者的重视,但是关于什么是灾害链,学术界目前尚无统一的定论。例如,有学者认为,重大自然灾害一旦发生,极易借助自然生态系统之间相互依存、相互制约的关系,产生连锁反应,由一种灾害引发出一系列灾害,从一个地域空间扩散到另一个更广阔的地域空间,这种

---

① 范维澄、刘奕、翁文国:《公共安全科技的"三角形"框架与"4+1"方法学》,《科技导报》,2009 年第 6 期。

呈链式有序结构的大传承效应就是"灾害链"①。也有学者认为灾害链是指包括一组灾害元素的一个复合体系，链中各灾害要素之间和各灾害子系统之间存在着一系列自行连续发生反应的相互作用，其作用的强度使该组灾害要素具有整体性②。从具体灾害类型看，目前比较公认的四种常见的"灾害链"，即"台风—暴雨"灾害链、寒潮灾害链、干旱灾害链以及地震灾害链③。

以地震灾害链为例，地震作为一种主要地质灾害可以瞬间直接给人类造成巨大的灾难，同时其震动作用会引起一系列的次生地质灾害，即地震在运动扩散过程中会引起地面变形和海啸等灾害，例如，地震—地面变形—地面崩塌—地裂缝这样的连锁反应等。1995年1月17日，日本阪神发生7.2级地震，震区神户市建造在松软沉积层和人工填土上。地震的强烈震动使地基砂土严重液化、土壤沉陷，造成建筑物倒塌。

由此可见，自然灾害之间并不是相互独立的，而是一个自然的、客观实际存在的综合体系。链内各灾害之间相互渗透、相互作用、相互影响，相互之间与环境进行着物质、能量和信息的交换，从而形成相互联系、相互制约的复杂的反馈系统④。链式反应是"一系列自行连续发生的反应"，这是一切"链"现象的共性和本质。灾害之间的这种"链式"的承接模式其实就是一种自然风险之间的动态关系以及危机的演化机理，它廓清了一些灾害之间的关联，对于灾害评估和监测具有重要意义。把握这种链式演化关系，就能及早防范和预测灾害发生所导致的连锁反应危机，从而阻断由灾害链所引发的次生灾害。

由此，"断链减灾"是灾害链研究的必然推论和实践应用。研究发现，环境是导致灾害链存在的源头因素，灾害链中要素之间的相互关联关系使灾害链的延续性成为可能。因此，在灾害链的断链减灾实施过程中，需要从灾害链内要素、灾害要素之间的关联关系和灾害链所处的环境这三个环节着手，对这些环节分别采取监测、预警、治理、消除、削弱、切断等措施，从而截断或减弱灾害链中各灾害要素发生所需的物质、能量和信息传递路径的畅通性⑤。例如，土地沙漠化会导致土壤贫瘠、沙化、疏松和草场退化等严重后果，再加上干旱、多风等恶劣气候的催化，更加速了土地的沙漠化。其还将导致阻碍交通、破坏环境、影响工程建设以及产生沙尘暴（次生灾害）等一系列的恶劣后果。治理沙漠化工程应该从这些因素入手，把利于沙漠化形成的这些源头因素极力改善，把"过度"耕作、抽

---

① 门可佩、高建国：《重大灾害链及其防御》，《地球物理学进展》，2008年第1期。
② 刘文芳、肖盛燮、隋严春，等：《自然灾害链及其断链减灾模式分析研究》，《应用基础与工程科学学报》，2006年第1期。
③ 史培军：《三论灾害研究的理论与实践》，《自然灾害学报》，2002年第11期。
④ 同②。
⑤ 同②。

水变为"适度",改变不合理的耕植方式,并采取科学的方法,有计划地进行治理(如退耕还林),改善恶化的生态环境等,这样可使沙漠化灾害链中所包含的土壤土质、土壤土层等要素很难达到其发生灾变的临界阈值,从而断绝沙漠化灾害链引发的次生灾害。

六、韧性理论

韧性是一个多学科交叉的前沿性问题,从整体上看,人们对韧性的认识经历了"工程韧性—生态韧性—演进韧性"的范式迭代[①]。韧性的概念起源于拉丁文"resilio",表示"回弹"的意思,后广泛运用于物理学和数学,用来形容物质或系统在移位后回归均衡的能力。具体解释为一个有弹性的物质在自身遇到自己可承受的压力时,会弯曲或弹回而不是被损毁,这被称为工程韧性。1973 年,加拿大生物学家霍林(Holling)首次将"韧性"思想纳入生态学研究,他在观察生态环境的变化后提出,系统在受到强烈外在扰动后可能并非恢复到原状,而是达致一种新的稳定态平衡,这也是韧性的表现,后来被称为生态韧性[②]。在此基础上,韧性的概念逐步被社会学家拓展到人类系统包括城市、社区等在应对外部冲击时所体现的能力,并在人类社会可持续发展方面引起广泛关注。学者们进一步提出了演进韧性的概念,即系统受到强力扰动后不仅能恢复到初始状态,还可能具备动态调整、变化以适应外在环境的能力[③]。这三种范式对人们认识韧性,进而认识城市韧性和社区韧性提供了重要理论支持和启示。

目前,与韧性城市相关的建设实践已经遍布全球。《联合国 2030 年可持续发展议程》明确提出建设"包容、安全、有韧性和可持续的城市",并倡导所有国家加强包容和可持续城市建设[④]。"韧性城市"理念也被城市规划、城市防灾、基础设施建设、社区建设等众多行业和领域所吸纳和采用,其中与城市气象灾害相关的"气候适应性城市""海绵城市"等项目建设所取得的进展尤其引人注目。党的二十大报告提出,要完善"国家应急管理体系","打造宜居、韧性、智慧城市"。要保证城市在面对重大突发公共事件时打不垮、变化多和恢复快,切实提高城市韧

[①] 容志、赖天:《基于韧性理论的高校校园安全体系建设研究》,《广州大学学报(社会科学版)》,2022 年第 21 卷第 2 期。
[②] Holling, C. S. (1973). Resilience and Stability of Ecological Systems. *Annual review of ecology and systematics*, 4(1): 1-23.
[③] Carpenter, S. R., Westley, F., Turner, M. G. (2005). Surrogates for Resilience of Social-ecological Systems. *Ecosystems*, 8: 941-944.
[④] 《目标 11:建设包容、安全、有抵御灾害能力和可持续的城市和人类住区》,《联合国 2030 年可持续发展议程》,https://www.un.org/sustainabledevelopment/zh/cities。

性治理水平,就需要构建敏捷、紧密、高效的城市公共安全治理和应急管理体系①。城市韧性治理是指以公共权威为主导的多元社会主体,基于紧密的合作网络和伙伴关系,实施科学、敏捷、高效的风险应对政策计划和组织动员,以增强城市抵御风险冲击能力的行动和过程。常态和非常态化的治理活动必然是城市韧性得以生成的关键性因素,提升城市的韧性效能,在常态下有助于城市治理体系承受外部干扰或风险冲击,在非常态下能够保障治理功能持续、有效发挥潜力。

提高个体与组织韧性的活动与过程正是现代社会风险治理和应急管理的核心活动与过程,人类不可能直接控制气候变化和灾害系统,但可以综合运用规划、工程、管理等方式从源头上减少社会承受的气候灾害影响及损失。将韧性思维与城市规划相结合,采取一种中长期的方法实现防灾减灾,相比传统风险管理只关注突然发生的事件,更便于应对以缓慢和稳定变化为特征的城市灾害。这包括关注城市发展的复杂性和不确定性问题,注重城市功能的分散布局,降低致灾因子的危险水平和减少承灾体的暴露;对于高风险区域,则按计划分步骤进行功能转移或提升技术性防御能级,从源头上降低甚至避开灾害影响;合理布局和配置相关基础设施,健全以社区为中心的生活服务圈层,综合利用公共开放空间等完善避难场所体系;加强河湖水系的生态修复和水环境治理,保护草地和湿地,进一步涵养水源;加大湖泊河网连通与疏浚力度,改善水网动力系统,增强生态环境的自身净化能力;研究建立利用湖泊开展城市洪涝调蓄的机制,增强城市内涝人工抽排能力②。

 本章小结

本章介绍了突发事件的类型及其特点,探讨了应急管理机制的阶段,基于城市的特点阐释了城市突发事件的特点和大城市应急管理的目标,并分析了应急管理的基本理论。

突发事件,是指突然发生,造成或者可能造成严重社会危害,需要采取应急处置措施予以应对的四类突发事件,具有不确定性、高危害性、综合性、扩散性、紧迫性、多样性等特点。

应急管理是指政府及其他公共机构通过建立必要的应对机制,采取一系列必要措施,保障公众生命、健康和财产安全,促进社会和谐健康发展的有关活动。

---

① 容志:《我国城市韧性治理现状分析与完善策略》,《国家治理》,2023年第2期。
② 容志:《全面提升应对水安全风险的城市韧性》,《国家治理》,2021年第41期。

城市突发事件呈现出高发性、影响面广、多样性和复杂性的特征。

海恩法则和墨菲定律、事故冰山理论、能量意外释放理论、公共安全体系的"三角形"模型、灾害链和韧性理论为应急灾害管理的六大理论。

关键术语

突发事件　城市应急管理特点　城市应急管理目标　应急管理理论

复习思考题

1. 什么是突发事件？现代社会突发事件有哪些特点？
2. 什么是应急管理？应急管理分为哪些阶段？
3. 城市的特点有哪些？城市突发事件的特点是什么？两种之间是否有联系？
4. 大城市应急管理的目标是什么？
5. 应急管理的基本理论有哪些？有什么启发？
6. 结合突发事件与应急管理的相关知识，如何分析天津港"8·12"爆炸事件？

第二章

城市应急管理系统

📖 知识目标

1. 了解灾害系统的基本构成和要素
2. 了解应急管理系统的基本构成
3. 了解大城市应急管理系统的构成
4. 了解上海应急管理系统的特点

📖 能力目标

1. 联系实际基于突发事件类型分析应急管理系统
2. 运用相关知识分析特定城市的应急管理体系构成

📖 思政目标

1. 树立公共安全意识和人民城市理念
2. 提升危机情境下的科学决策和高效管理能力

上海金山区抗击 12·11 号台风"海葵"纪实

2012 年第十一号台风"海葵"于 8 月 5 日 17 时进入我国东海东部海面,并加强为强热带风暴。为应对"海葵"对上海金山区可能带来的灾害性影响,在气象部门于 6 日 14 时发布强热带风暴蓝色预警信号后,上海市金山区防汛指挥部于 6 日 14 时 30 分启动了防汛四级响应预案。

根据预案,金山区各级防汛机构和有关抢险单位加强值班,密切监视汛情和灾情,落实应对措施。金山区水务部门将浦南东片内河水位控制在 2.6 米以下,浦南西片圩区已在采取预降水位措施,至 7 日上午,水位控制在 2.5 米,并将沿海、沿江、沿河单位及时关闭各类潮闸门。金山区绿化管理部门也加强了巡查,对风口、路口及易倒伏的行道树进行修剪、绑扎、加固等;对易倒伏在电力线路上的树木,立即修剪。城市沙滩也在 7 日 15 时进行全封闭管理,山阳、漕泾渔民从 7 日上午停止出海作业。金山区农业部门也积极组织力量,加紧抢收成熟蔬果,维护菜田设施。

7 日上午,金山区召开防御"海葵"紧急会议,针对"海葵"制定了组织人员转移、引导船只避风、防高空坠物、落实工地安全、防树木倒伏、防范潮水倒灌、加强排水工作、防范地下空间进水、确保公共交通正常运行、加强农业防灾工作、加强社会宣传、及时处置突发事件的 12 项具体措施。

会议结束后,各镇、街道、工业区及委办局迅速根据防台预案开展工作。金山区水务局共派出 6 个工作组分赴各街镇指导和协调防汛工作;海事、交港、渔政等部门根据防汛防台预警信号和有关规范,开展引导船只进港避风、停航等监管措施;金山区建交委加强对全区各类建设工地的现场管理,落实塔吊锁定、脚手架、工地临房、施工围栏等设施的加固措施,并在防汛防台橙色预警信号发布后,立即停止各类室外建筑的施工作业。而各街镇工业区积极排摸辖区内危房简屋住户情况,积极上门劝导居民撤离,并做好救灾抢险物资准备。全区共开放 31 个人员安置点,用于撤离人员安置。据统计,7 日下午,全区共准备水泵 360 台,抢险车 53 辆,编织袋 67 680 只,木桩等 5 179 根,水泥、黄沙、石料 3 022 吨。同时,10 支抢险专业队伍共 1 004 人,集结待命,随时准备防台抗灾。

7 日下午 6 时许,全区各街道、镇、工业区开始实施人员撤离工作。截至 8 时许,共疏散安置 28 043 人,其中包括全区 233 个工地的 13 000 余名施工工人。在此过程中,全区共派出 2 281 人次展开防汛防台巡查。

在各单位积极行动的同时，金山区防汛指挥部分别于7日下午3时和晚10时紧急召开两次视频紧急会议，根据"海葵"的最新动态和特点，对全区防台工作进行再动员、再部署、再检查和再落实。会议要求各部门、各单位领导要加强值班值守，保持通信工具24小时畅通；各专业抢险队伍要积极待命，发现险情及时上报，确保信息畅通；针对一线海塘面临的严峻形势，要充分做好应对困难的准备；根据市、区防台风工作会议的要求，进一步细化各项防御措施，做好应急抢险工作。

8月8日凌晨，"海葵"中心在浙江省登陆。受"海葵"影响，金山区8日早晨最大风力达到9级，其中城市沙滩风力最大，达到每秒24.3米，并普降大到暴雨。上午11点30分，上海中心气象台发布了红色预警。台风"海葵"带来损失也逐步开始显现：截至8日下午2时，全区共发生352处电力故障，影响居民与企业用户5 776户；全区各街镇（金山工业区）大量树木倒伏，主干道行道倒伏达4 300余株；刮落、摧毁广告牌、交通指示牌1 356余处；全区累计143户老式旧里居民住宅积水，66条段道路出现积水；受损78间（户）；受损经济果林34 900亩。

由此，金山区各级防汛部门迅速由防台转向抗台救灾工作，以应对灾害天气对全区居民生活生产带来的影响。各基层防汛部门安排人员对辖区内情况进行实时巡查，并将发现的紧急情况及时上报区指挥部。区防汛指挥部各成员单位安排专门人员进行24小时值班。防汛热线接到灾害损失上报后，第一时间把信息传递给相关职能部门，安排专业人员抢险抢修，把灾害影响尽可能降到最低。

金山区防汛指挥部组织人员对承接上游浙江来水的18条泄洪通道沿线堤防进行全面巡查，封堵加固了34处缺口（廊下六里塘33处、吕巷惠高泾1处），及时转移相关涉险人员；对轨交22号线区域内28个下立交各安排2名交警和2名工作人员固守值班，视积水情况采取排水和封路措施，疏导过往车辆和人员。同时，金山还加强了对海塘一线巡查，封闭了所有入口，撤离一线大堤外人员，做好城市沙滩库区排水工作，确保大堤安全。此外，金山区还对95家重点排污企业采取临时限排措施。

8日下午，位于金山卫镇的锦山客运公司玻璃钢制的自行车棚屋顶被台风掀翻，并砸在附近金卫二组民房上，50多名居民受到影响。金山区防汛部门接报后，迅速将情况反馈给相关职能部门，金山卫镇领导组织人员会同公安、消防部门第一时间赶往现场，将居民引导疏散至附近旅馆安置，并对玻璃钢制屋顶进行切割处理。截至下午3时，现场抢险已经完成，受灾居民也得到了良好的安置。

> 金山区内医疗卫生部门也积极对安置点居民开展医疗卫生服务。石化社区卫生服务中心安排医务人员到石化街道临时安置点,对安置点及厕所和走廊内进行消毒,防止传染病的发生;为儿童检查有无手足口病等疫情发生,为老年人测血压;并对安置点内的285名群众进行了台汛健康卫生知识宣教。8日清晨5点,吕巷镇社区卫生服务中心医务人员冒着狂风暴雨穿梭于吕巷镇两个危房、简棚居住人员临时安置点,给有需要人群量血压、测体温、询问身体状况,同时为个别高血压、心脏病不适老年人免费送上药品。
>
> 资料来源:中国经济网:《上海金山区抗击12·11号台风"海葵"纪实》,2012年8月8日。

第一节 城市灾害系统

一、灾害系统理论

灾害系统理论是灾害学的基础理论,也是讨论灾害问题和应急管理问题的基础背景。20世纪70年代以来,科学家们在研究大量具体灾害案例的基础上对灾害的一般性特征和规律进行了理论探讨,逐渐形成了灾害科学理论,其中的核心范式就是灾害系统理论。贝塔朗菲将系统定义为"相互作用的多元素的复合体",指出了系统多元性、相关性和整体性的特征[①]。根据灾害系统理论,灾害可以被看作一个由孕灾环境、致灾因子、承灾体和灾害损失组成的系统。

(一)孕灾环境

孕灾环境并不泛指包罗万象的宇宙,也不等同于灾害孕育、产生的空间处所,它是相对于某一特定的灾害而存在,与该灾害的孕育、发生相关联的现实中所有要素的总体。孕灾环境不仅包括自然环境(如山川、河流、土壤等),还包括社会人文环境(如城市、建筑物、人口等)。

(二)致灾因子

所谓致灾因子,是指孕灾环境中存在的致使灾害发生的因素,如地震、海啸、泥石流、台风等。

(三)承灾体

所谓承灾体,是指承受灾害作用的物体,包括自然界和人类社会等。

---

① Bertalanffy, V. L., *General System Theory*. New York: Georgy Breziller, Inc, 1973.

(四)灾害损失

所谓灾害损失,是指灾害所导致的人类生存和发展所需事物的量的减少和质的退化,是灾害的最典型表现[1]。

如果用系统论的语言表述,灾害系统(D)是由孕灾环境(E)、致灾因子(H)、承灾体(S)组成的复合结构体系(D_S),因此 $D_S = E \cap H \cap S$,也就是说,灾害(灾情)是灾害系统中各要素互相作用的结果。灾害系统理论是分析灾害生成、演化及其控制、防范的基础性理论工具。

二、城市灾害系统分析

人类现代城市是一个开放的复杂巨系统,而特大城市则可能就是开放的特殊复杂巨系统[2]。根据钱学森等人的定义,这样的巨系统不仅是开放的,有着数量极其庞大的子系统,且有很多层次结构,它们之间有着复杂的互动关系,子系统的结构随着系统的演变而变化,因此系统的结构也是不断动态演化的。图 2-1 尝试按照性质将城市这一巨系统划分为生态、人类、构筑物和工具四大子系统。生态子系统包括城市中的水文地质、大气环境、土壤植被等环境因素,既有原生态的自然景致(市内湖泊、江河等),也有经过人工改造的复合景致(人工湖泊、河流、园林);构筑物子系统则是所有城市的建筑设施,包括房屋、道路、桥梁等,构筑物的高密度集中是城市区别于乡村、城镇等其他社会形态的重要特征之一;工具子系统是人类创造出的、用以辅助人类生产生活的各类工具的总和,包括机械、设备、车辆、电子产品等;人类子系统是城市的核心,包括所有人,以及人与人在交往中形成的各种人际关系、组织形态和文化环境。

子系统之间内部可以依照某种性质再进行层次划分,表现出复杂的内在结构。抑或说,这些子系统之内还可以再细分出若干子系统。以人类子系统为例,我们可以按照不同标准对其进行细分,如自然人子系统、经济生产子系统、上层建筑子系统、文化子系统等。这些子系统之间相互发生作用关系。

根据灾害系统理论,我们限定城市系统是风险的承受者,那么,所谓灾害风险,其实就是致灾因子作用于城市系统之后,引发社会系统运行秩序紊乱,偏离系统目标的不确定性后果。从孕灾环境、致灾因子和承灾体这个灾害系统来看,城市的灾害系统构成要素如图 2-2 所示。

---

[1] 任鲁川:《用一般系统论的观点看灾害》,《东方论坛》,1997 年第 2 期。
[2] 钱学森、于景元、戴汝为:《一个科学新领域——开放的复杂巨系统及其方法论》,《自然杂志》,1990 年第 1 期。

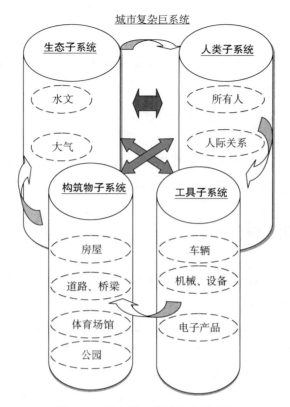

图 2-1 城市是开放的复杂巨系统

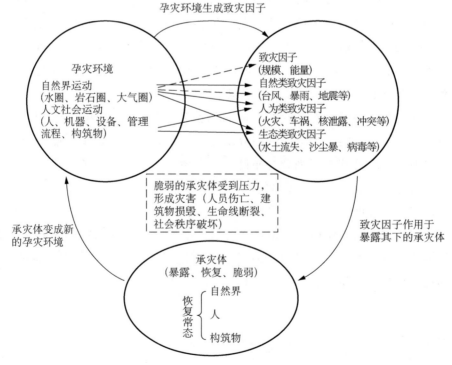

图 2-2 城市的灾害系统分析

第二节　应急管理系统

一、应急管理系统的概念和内涵

（一）概念

应急管理系统是指围绕突发事件建立的，以期有效预防和处理突发事件，减少损失，恢复社会稳定和公众对政府信任的，集预防与应急准备、监测与预警、应急处置与救援于一体的管理体系、工作机制和相互关系的总和。

（二）内涵

1. 主体

从宏观层面看，应急管理的主体包括公共组织、社会组织、经济组织和公民个体。

（1）公共组织是指以政府为核心的国家公权力部门及其相关工作部门。《突发事件应对法》第十九条明确规定："县级以上人民政府是突发事件应对工作的行政领导机关。国务院在总理领导下研究、决定和部署特别重大突发事件的应对工作；根据实际需要，设立国家突发事件应急指挥机构，负责突发事件应对工作；必要时，国务院可以派出工作组指导有关工作。"这说明，县级以上人民政府是整个应急管理系统中的行政领导机关，全面负责突发事件的预防、准备、响应和善后处置工作。由于中国共产党的全面领导和统一领导，因此各级党委是突发事件应对工作的全面领导机关。

（2）社会组织是指以非政府组织、志愿者组织等为主的突发事件处置的社会参与力量。一般来说，社会越发达，参与突发事件工作的社会组织就会越多，这是社会资本发育在应急管理领域的具体体现。

（3）经济组织是指负有安全生产管理责任，或者从事与应急管理相关的产业的企业。比如，化学工业企业负有对自己生产、储存、运输等环节的安全管理、风险防控的职责；又比如保险公司，开展个人和部门的意外事件的保险，或者区域性的巨灾保险，实际上是被归入应急管理系统的。还比如，在突发事件处置过程中，主动提供物资等资源保障，或者被紧急征用物资的企业，也在应急管理系统中起到重要作用。

（4）个人是指城市的居民个体。个人既是灾害事件的承受者，也是应急管理工作的参与者，具有双重属性。

城市的承灾体是整个社会，是人（全体城市市民）和物（非人类性的物质）的集合体。因此，提高承灾体的"抗逆性"不仅需要政府及其有关部门的协调高效，更重要的是全社会的整合与动员。只有将全社会的资源和力量调动整合起来，才能构筑强大的公共安全网络。《突发事件应对法》第六条明确规定："国家建立有效的社会动员机制，组织动员企业事业单位、社会组织、志愿者等各方力量依法有序参与突发事件应对工作，增强全民的公共安全和防范风险的意识，提高全社会的避险救助能力。"这说明，在灾害与突发事件中，建立覆盖广、层次多、动员强的社会联动机制，整合政府、市场、社会等多方面资源，是防范危机、减少损失、成功处置的重要保障。

2. 部件

（1）指挥：指应急管理工作的指挥、领导机构或组织。突发事件处置涉及横向各类部门、组织，以及纵向的多个层次，因此需要强有力的指挥和协调。从管理学角度看，指挥处于应急管理系统的中枢与核心位置。

（2）预警：指应急管理中专门从事灾害、风险和危险源监测、预报和警示的部门与机构。这个部件为应急管理提供重要的预测、决策信息，提高应急管理的"确定性"程度，克服"不确定性"软肋，其功能和作用对整个应急管理系统来说非常重要。

（3）操作：指应急管理中专门从事各类预防、准备、应对和处置的人员、队伍和机构。这些操作部件是应急管理系统的重要组成子系统，是应急管理工作的实际主体。

3. 关系

关系是指应急管理主体、部件之间动态的、制度化的联系，也就是对不同主体、部件之间互动行为的制度化规定。一般来说，也被称为体制、机制。

《突发事件应对法》第四条规定，建立健全集中统一、高效权威的中国特色突发事件应对工作领导体制，完善党委领导、政府负责、部门联动、军地联合、社会协同、公众参与、科技支撑、法治保障的治理体系。第十六条规定，国家建立统一指挥、专常兼备、反应灵敏、上下联动的应急管理体制和综合协调、分类管理、分级负责、属地管理为主的工作体系。这个表述其实将应急管理系统中的主体间关系做了清晰的规定。在这个体制中，有指挥与被指挥的关系，有命令和被命令的关系，有核心和辅助的关系，有协调和被协调的关系，有监督和被监督的关系等。这些关系实际就是各个主体和部件协作、运行的制度化"轨道"和"模式"。很多时候，不同的应急管理系统之间的差异，往往主要表现在系统中各要素、主体之间关系的差异之上。

4. 过程

灾害生命周期理论作为人们认识与管理突发事件的重要基础，引导着应急管理制度的嬗变。以过程方法（processual approach）为基础的灾害危机管理，首先将灾害过程视为周期性的循环，如斯蒂文·芬克（Steven Fink）的"危机生命周期"理论——征兆期（prodromal）、爆发期（breakout or acute）、延续期

(chronic)、痊愈期（resolution）；其次将灾害危机的演进过程与管理政策结构化，划分出目前被认为是最具操作性且得到最普遍使用的灾害管理循环模型，即"减灾—准备（preparedness）—反应—恢复"，如罗伯特·希斯（Robert Heath）的危机管理"4R"模型——缩减（reduction）、预备（readiness）、反应（response）、恢复（recovery）。"减灾"是指针对各类灾害危机所提出的预防与消减方式；"准备"是指针对各类可能导致灾害危机的危险源进行检测预警，以及应对灾害危机所采取的管理体制、机制，尤其是在资源与协作上的准备情况；"反应"是指针对灾害危机爆发后所进行的各项维持社会秩序、救护、避难等工作；"恢复"则是指对灾害危机所影响到的区域、群体、制度所进行的一系列恢复工作。在我国应急管理体系建设中，灾害危机事件的应对通常被划分为预防与准备、监测与预警、救援与处置、善后与恢复等四个阶段，这同上述研究灾害危机演化的周期理论及其管理的循环模型不谋而合。因此，应急管理机制的内容千头万绪，都分别贯穿于减灾、准备、反应、恢复等各个阶段。

二、我国应急管理系统的"一案三制"

自2003年"非典"以后，我国应急管理工作经过了多年的发展，逐步形成了以"一案三制"为基础的基本框架。一案是指应急预案；三制主要是指体制、机制和法制。应急预案，应急管理体制、机制和法制四个核心要素之间相互作用、互为补充，共同构成了一个复杂的系统，总的来看，体制是基础，机制是关键，法制是保障，预案是前提[1]。

（一）应急预案

"一案"即应急预案。应急预案即预先制定的紧急行动方案，是指根据国家和地方的法律、法规和各项规章制度，综合本部门、本单位的历史经验、实践积累和当地特殊的地域、政治、民族、民俗等实际情况，针对各种突发事件而制订的一套能切实迅速、有效、有序解决突发事件的行动计划或方案，从而使政府应急管理工作更为程序化、制度化，做到有法可依、有据可查[2]。预案一般规定了事前、事发、事中、事后各个环节中，谁来做、怎么做、何时做、用什么资源做等策略方面的问题。预案是应急管理行动过程中的地图，对应急管理行为具有较强的指导意义。

（二）应急管理体制

体制主要指国家机关、企业和事业单位机构设置和管理权限的划分、职责的

---

[1] 钟开斌：《"一案三制"：中国应急管理体系建设的基本框架》，《南京社会科学》，2009年第11期。
[2] 钟开斌：《中外政府应急管理比较研究》，国家行政学院出版社，2012年，第6页。

规定等方面的制度,是一种组织形式的静态表现。应急管理体制主要指国家机关、部队、企事业单位、社会团体等应急管理中利益相关方在突发事件防范、处置和善后等过程中在机构设置、权力划分、职能配置等方面的体系、制度、规范、方法、形式等的总称。应急管理体制是一个由横向机构和纵向机构、政府组织与社会组织相结合的复杂系统,包括应急管理的领导指挥机构、专项应急指挥机构、日常办事机构及专家智囊机构等不同的组织层次①。根据《突发事件应对法》规定,我国应急管理实行"统一指挥、专常兼备、反应灵敏、上下联动"的管理体制。

1. 统一指挥

突发事件应对处置工作,必须成立应急指挥机构统一指挥。有关各方都要在应急指挥机构的领导下,依照法律、行政法规和有关规范性文件的规定,展开各项应对处置工作。突发事件应急管理体制,从纵向看,包括组织自上而下的组织管理体制,实行垂直领导,下级服从上级的关系;从横向看,同级组织有关部门,形成互相配合、协调应对,共同服务于指挥中枢的关系。

2. 专常兼备

应急管理具有潜伏性和突发性等特征,因此需要有常备力量,以保证常备不懈,事件发生后才能快速处置和应对。同时,应急管理也有极强的专业性,涉及安全生产、防灾减灾、防火灭火等众多领域,因此应急管理队伍需要配备专业的设施设备和专业型人才。"专常兼备"就是指应急管理体系中既有属于应急管理部门的常备队伍,也有其他政府部门的专业工作队伍。当然,还有一种解释,认为"专常兼备"是指应急管理队伍既有开展地震救援、防汛抗旱、森林防灭火、安全生产救援的能力,还能够应对其他类型突发事件。

3. 反应灵敏

突发事件具有危害性和不确定性等特征,因此突发事件的应对活动需要及时、快速、敏捷,而不能拖延不决、迁延观望,否则就会贻误时机,造成重大损失。反应灵敏不仅是对应急管理工作能力的要求,也是中国应急管理体制的重要内容,这主要表现在:一是应急管理的全过程都要体现反应灵敏的原则,从事前预防、监测预警,到响应救援和恢复善后,都要根据具体情况快速分析研判、决策指挥,以及现场处置、综合调度。二是根据形势变化,正确调整处置原则和方式方法,以保证始终掌握主动权,取得应急管理的最佳效果。

4. 上下联动

上下联动是指上下级机构、部门之间在统一思想认识的前提下,统一行动,共同发力,整体推进工作的一种工作体制。中国是一个超大规模国家,国土广袤,

---

① 钟开斌:《中外政府应急管理比较研究》,国家行政学院出版社,2012年,第6页。

人口众多，区域差异大，灾害种类多，因此不仅要保证从中央到地方到基层的统一指挥，还需要实现横向区域之间的协调合作，这就需要构建上下联动的应急管理体制。一方面，基层突发事件的情况和信息要能够快速向上传递，确保最高指挥中枢了解和掌握一线真实情况；另一方面，最高指挥中枢的决策和指令能够快速向下传递并直达一线，以达到如身使臂、如臂使指的效果。

（三）应急管理机制

机制即应急管理机制，指在突发事件应急管理过程中，应急管理体制运行的一些程序化、规范化和制度化的方法和策略。从内涵上看，应急管理机制是一组以相关法律、规则和部门规章等为基础的应急管理工作流程。从外在形式上看，应急管理机制体现了政府应急管理的各项具体职能[①]。具体来说，我国应急管理机制主要是综合协调、分类管理、分级负责、属地管理为主的工作体系。

（四）应急管理法制

应急法制，指与应急管理相关的法律、法规和规章。即在突发事件引起的公共紧急情况下处理国家权力之间、国家权力与公民权利之间、公民权利之间各种社会关系的法律规范和原则的总和，其核心与主干是宪法中的紧急条款以及统一的突发事件应对法或紧急状态法[②]。应急法制是突发事件应对过程中的法律依据，用以规范公共权力的行为，保障公民的合法权益，做到事件应急管理过程中平衡公共利益和私人权益之间的关系，以实现应急管理工作的法治化。

第三节　城市应急管理系统[③]

事实上，应急管理系统并非单独、孤立的，常常需要进行广泛的跨部门协调和动员。在城市空间内，城市管理与城市应急管理是两个具有高度重叠性、同步性和交叉性的管理过程，能够在机制、信息、人员、资源等方面互联、互补和共享。作为保障城市安全、有序运行的重要系统和工具，应急管理需要与城市管理体系进行深度融合与渗透，形成理念、形态和过程上高度一体化的运行系统，提高城市风险防控能力，保障城市公共安全水平。

[①] 钟开斌：《中外政府应急管理比较研究》，国家行政学院出版社，2012年，第7页。
[②] 薛澜、张强、钟开斌：《危机管理——转型期中国面临的挑战》，清华大学出版社，2003年，第157—158页。
[③] 本节内容主要改编自：容志：《与城市管理相融合的应急管理体系建设：上海经验及其启示》，《城市观察》，2019年第3期。

一、城市管理的内涵

城市管理的内涵有广义和狭义之分，二者与应急管理的关系存在差异。广义的城市管理被认为是多元主体共同参与的，在不同行政关系影响下，以城市这一空间、经济、社会系统的运行为对象的治理活动，可以说是对城市一切活动进行管理，包括政治的、经济的、社会的和市政的管理，那么应急管理自然被包含其中。而狭义的城市管理通常是指市政管理，即与城市规划、城市建设及城市运行相关联的城市基础设施、公共服务设施和社会公共事务的管理，这就与城市应急管理区分开来。

二、城市管理与应急管理的交叉

2015年年底印发的《中共中央、国务院关于深入推进城市执法体制改革改进城市管理工作的指导意见》（以下简称《意见》）中，将城市管理的主要职责界定为市政管理、环境管理、交通管理、应急管理和城市规划实施管理等。具体实施范围包括：市政公用设施运行管理、市容环境卫生管理、园林绿化管理等方面的全部工作；市、县政府依法确定的，与城市管理密切相关、需要纳入统一管理的公共空间秩序管理、违法建设治理、环境保护管理、交通管理、应急管理等方面的部分工作。而且，《意见》明确指出，城市管理的主管部门是住房和城乡建设管理部门。这说明，实践中的城市管理是一个相对中观的概念，它以市容环境和公用设施管理为主体，兼顾"需要纳入统一管理"的相关领域管理工作。因此，即便城市管理和应急管理相异，但它们在很多方面存在重叠和交叉。保障城市常态运行的日常系统和保障非常态下紧急应对的应急系统，是政府从事城市管理的"一体两翼"。

第一，城市管理和应急管理处于同一系统空间，管理客体具有高度重合性。在城市空间中，灾害系统与城市管理系统高度重叠。应急管理所指向的自然灾害、事故灾难、公共卫生事件和社会安全事件，都会涉及城市管理中的基础设施、人员活动。道路、桥梁、隧道、地下管线、地下空间、排水设施、轨道交通、园林绿植等市政公用设施在灾害事件中既可能是承灾体，也可能是引发事件的风险隐患。例如，每年夏季的防汛防台是上海重要的应急管理工作，而台风暴雨致灾因子引发的灾害链几乎可能影响所有市政工程，如台风可能造成行道树、电线杆倒伏，临时工地和房屋倒塌，高处悬挂物空调外挂机摇动、花盆坠落；暴雨可能造成城市内涝、道路积水、地下涵洞被淹、交通堵塞、居民楼进水等；黄浦江高潮位还可能引发江水倒灌、地下空间被淹，加重城市内涝。这些市政设施和工程的破坏，不仅造成交通、生产、生活的不便，影响城市功能正常运转，还可能伤害到空间内的市民，引发严重社会后果。另外，这些基础设施的脆弱性又可能成为突发事件的直接风险源。如地下管线系统（给水、排水、燃气、电力、信息通信、热力、石油管道）"生命线工程"发生事故，就可能对城市中的人、物造成直接伤害。规划、建设、运营、维护市政工程是应急管理的基础和前提条件，应急管理工作离不开城市管理提供的支撑。

第二，城市管理和应急管理在流程上具有高度同步性。从总体国家安全观的视角出发，常态管理和非常态管理并非截然分离的过程，两者本质上是互相渗透融合的，解决城市管理问题的过程在很大程度上正是应急管理流程中隐患治理和风险治理的过程。如发现下水道窨井盖丢失并快速处置，就能够防止暴雨时造成行人跌落等伤害事故发生；在暴雨来临前预先抽排积水，就能够降低暴雨对交通和地下空间的影响，一定程度上防止内涝的发生。目前，城市管理的重要载体是网格化管理平台，而这一平台的管理对象和运行流程与应急管理是高度重合的。目前上海的城市网格化管理能够对 5 大类 96 小类基础设施部件和 10 大类 87 小类动态管理事件进行快速发现和处置，包括公用设施、建设管理、道路交通、交通运输、市容环卫、环境保护、园林绿化、工商行政、食品药品监督、安全生产监督、公共卫生等管理领域内可以通过巡查发现的部件、事件问题。网格化管理已经成为现代城市精细化、标准化管理的重要支撑平台和机制。网格化管理与应急管理在管理对象等方面存在高度重合，网格化管理平台资源（队伍、信息、机制）可以成为应急管理的重要支撑和载体。城市网格化管理发现机制与区联勤、联动综合处置机制的对接，实现"感知—研判—指挥—处置—反馈"的闭环式管理，与应急管理过程同步。

第三，城市管理和应急管理共享专业的人员队伍。首先，城市管理的专业化人员正是突发事件响应和处置时的队伍，如道路养护、排涝抗旱、绿化养护、交通管理、安全救援等专业人员。其次，城市应急救援总队往往依托消防队伍而建立，实行"两块牌子，一个班子"，承担以抢救人员生命为主的应急救援任务，并负责现场的统一救援指挥。上海市应急救援总队除了消防等常规工作外，直接负责空勤、水域、地下、核生化等应急救援工作，开展火灾扑救、重大灾害事故处置和以抢救人员生命为主的各项应急救援准备，确保一旦发生突发事件快速响应、高效处置，最大限度地减少各类灾害损失，为城市安全运行提供高效的综合性应急救援服务。

三、城市管理与应急管理的融合

2018 年 3 月，中共中央印发《深化党和国家机构改革方案》，明确将国家安全生产监督管理总局、国务院办公厅等13个部门的应急管理职责整合，组建应急管理部，并要求"推动形成统一指挥、专常兼备、反应灵敏、上下联动、平战结合的中国特色应急管理体制"。其中，"统一指挥、反应灵敏、上下联动"三原则一贯如此，而"专常兼备、平战结合"是较新的提法。事实上，要做到"平战结合"，就需要打通常态管理和非常态管理，在日常状态下做好风险治理和应急准备，在非日常状态下确保日常管理资源、平台和队伍的快速、顺畅转化。要做到"专常兼备"，既需要有应对日常问题的常备力量，也需要有能够处理特殊性、复杂性灾害问题的专业力量，将这两种力量有机结合在一起。

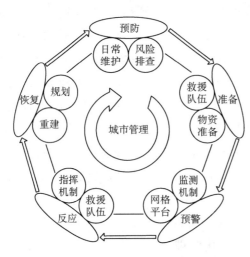

图 2-3 城市管理与应急管理的融合

如图 2-3 所示，应急管理的各个流程和环节，包括预防、准备、预警、反应和恢复，都与城市管理直接相互融合与渗透。而城市管理中的各项动作直接支撑了应急管理的各项工作：日常维护、风险排查与灾害预防紧密相关；救援队伍和物资储备与灾害准备紧密相关；监测机制和网格平台与灾害预警可以合并建设；救援整合和指挥协调与灾害反应同步开展；城市规划和重建即是灾害恢复。因此，将城市管理与应急管理相融合，能够在城市运行时有效防控安全隐患风险，阻止风险随着城市的快速运转而不断扩大升级。同时，当重大突发事件发生时，快速整合与动员城市管理的常态资源和职能，创造一种高效、有序的协作机制，共同应对灾害事件，将损失和破坏降到最小。

现代总体国家安全观在传统的快速处置应对之外越来越重视城市应对风险的两种能力：风险控制力和快速恢复力。前者强调尽最大可能地消除和控制潜在安全风险，防患于未然，阻止风险源的激活并演变成巨大公共危机的可能性；后者则强调灾难来临时城市不被完全击倒或发生系统性紊乱，而能够通过自我调节保持功能平衡，并尽快恢复到正常状态。它们的共同点是最大限度地减少灾害和危机所造成的社会损失与影响；它们的共同需要是将城市管理体系与应急管理体系融合起来，实现资源整合、信息共享、工作同步，形成强大的运行惯性与合力。总的来讲，将应急管理与城市管理相融合，对于打通常态与非常态管理、统筹各方面资源、增强应急管理的主动性和前瞻性具有重要的理论和现实意义。

第四节　上海市应急管理系统实例

上海是一个综合性、口岸型、开放性的国际大都市，面向国际、连接内陆，海、陆、空立体式交通体系发达，人口聚集，要素集中，各种人流、信息流、货物流、资金流来往频繁，公共安全风险较高。作为超大城市，上海复杂巨系统特征凸显，人口、各类建筑、经济要素和重要基础设施高度密集，致灾因素呈现叠加，一旦发生自然灾害和事故灾难，可能引发连锁反应、形成灾害链。同时，传统风险、转型风险和新的风险复杂交织。一方面，城市老旧基础设施改造和新增扩能建设规模、体量巨大，城市生命体的脆弱性不容忽视；另一方面，传统经济加快转型，创新型经济超常规发展，不确定性和潜在风险增加，安全管控更加艰巨。因此，持续加强应急管理体系和能力现代化建设、维护保障城市安全运行成为上海应急管理的重中之重，其责任重大、任务艰巨、时间紧迫，急需建立符合超大城市治理特点的现代化应急救援体系、灾害综合防治体系。

一、上海市应急管理系统的历史变迁

中华人民共和国成立后，我国长期实行以单灾种应对为主的应急管理体系，即针对单一类型的突发事件成立相应类型的应对机构，这些机构分属于不同的管理部门，管理体制呈现分散化的特点；对突发事件尤其是复合型突发事件的管理，在多部门协同运作方面显得效率低下；面对巨灾、重特大突发事件时，则依赖既有行政机构临时成立的指挥部或领导小组（或启动议事协调机构），选派得力干部应对危机，待事件过后各自回归原单位，如此反复。从管理方式来看，以应急处置为主、被动应对；从管理手段来看，以人海战术为主、不计成本。这种"临时响应、分散协调""高度集中、政治动员能力强"的模式逐渐暴露出风险意识不够、部门间协同性较差、信息公开不够、综合应对能力不足等问题。[1]

2002年，上海成立了综合减灾领导小组，作为上海减灾领域的非常设领导机构，领导小组下设减灾专家委员会和救灾应急指挥中心，将原有的抗震救灾、核化救援、防汛、防火、道路交通等五个市级抗灾救灾工作非常设领导机构，归并成为领导小组下设的灾种协调管理机构，初步建立了城市灾害事故综合管理模式。2005年起，根据国家统一部署，上海以"一案三制"为主要内容，以"测报防抗

---

[1] 闪淳昌、周玲、秦绪坤等：《我国应急管理体系的现状、问题及解决路径》，《公共管理评论》，2020年第2期。

救援"六环节为重点，加强对突发事件处置的全过程管理。当年，市级层面应急管理领导机构——上海市政府突发公共事件应急管理委员会（简称市应急委）成立，统一决定和部署全市应急管理工作。应急委主任由市长兼任，副主任由市委政法委书记和分管城建的副市长兼任。应急委的办公室（市应急办）设在市政府办公厅。2013年，考虑每位副市长分管领域均有可能发生突发事件，故明确了各位副市长兼任市应急委副主任，分管负责领域的突发事件应对工作。市应急委和各应急管理工作机构根据实际需要建立各类专业人才库，组织聘请有关专家组成专家组，为应急管理提供决策建议，必要时参加突发公共事件的应急处置工作。各突发公共事件应急管理部门和相关单位根据各自职责分工，密切配合，切实抓好相关工作，巩固和强化城市综合减灾和应急处置的整体优势。

2018年3月，在新一轮国务院机构改革中，将国家安全生产监督管理总局的职责，国务院办公厅的应急管理职责，公安部的消防管理职责，民政部的救灾职责，国土资源部的地质灾害防治、水利部的水旱灾害防治、农业部的草原防火、国家林业局的森林防火相关职责，中国地震局的震灾应急救援职责以及国家防汛抗旱总指挥部、国家减灾委员会、国务院抗震救灾指挥部、国家森林防火指挥部的职责整合，组建应急管理部，作为国务院组成部门。这是我国应急管理体制和机构的一次重大变革。

按照中央的统一部署，2018年11月底，上海市应急管理局挂牌成立。根据有关规定，上海市应急管理局主要负责以下几个方面的工作。①贯彻执行应急管理、安全生产的法律、法规、规章和方针、政策，研究起草应急管理、安全生产的地方性法规、规章草案，制定相关政策、规程和标准并监督实施。②负责应急管理工作，指导各区和市级有关部门应对安全生产类、自然灾害类等突发事件和综合防灾减灾救灾工作；负责安全生产综合监督管理和工矿商贸行业安全生产监督管理工作。③指导应急预案体系建设，建立完善事故灾难和自然灾害分级应对制度，组织编制、修订上海市总体应急预案和安全生产类、自然灾害类市级专项应急预案。④牵头建立全市统一的应急管理信息系统，协同有关部门做好信息传输渠道的规划和布局。建立监测预警和灾情报告制度，健全自然灾害信息资源获取和共享机制，依法统一发布灾情。⑤组织指导协调安全生产类、自然灾害类等突发事件应急救援，承担安全生产事故、水旱灾害、森林火灾等突发事件的应急指挥组织工作，综合研判突发事件发展态势并提出应对建议，协助市委、市政府指定的负责同志组织指挥应急救援工作。⑥统一协调指挥各类应急专业队伍，建立应急协调联动机制，协调市级有关部门组织安全生产类、自然灾害类等突发事件的应急联动处置，推进指挥平台对接。衔接驻沪部队参与应急救援工作。⑦统筹应急救援力量建设，负责和协调推动火灾扑救、抗洪抢险、地震和地质灾害救援、生产安全事故救援等专业应急救援力量建设。管理综合性应急救援队伍，指导各区及社会应急救援力量建设。⑧负责消防管理工作，指导消防监督、火灾预防、火灾扑救等工作，等等。

2020年4月，中共上海市委、上海市人民政府发布《关于完善重大疫情防控体制机制健全公共卫生应急管理体系的若干意见》（下文称《若干意见》）。该文件是根据2月14日习近平总书记在中央深改委会议上的重要讲话精神和关于疫情防控的重要指示，结合上海实际情况制定的重要文件。《若干意见》强调，要坚持依法防控、系统治理，预防为主、平战结合，统一指挥、联防联控，科技引领、精准施策，到2025年，重大疫情和突发公共卫生事件的应对能力达到国际一流水准，成为全球公共卫生最安全城市之一。

当然，机构改革只是第一步，应急管理体制变革及其完善还有相当长的路要走，特别是协调联动机制、专业队伍整合机制再造等，都需要更长一段时间观察。

二、上海市应急管理系统的现状

自2018年年底上海市应急管理局成立后，上海市应急管理体制在遵循新一轮机构改革"大应急"的基本原则下，因地制宜、开拓创新地走出了一条符合上海市市情、具备上海市特色的新时期应急管理之路。作为应急管理职能履行依据的静态组织架构，从根本上决定着应急管理体制运行的质量和效率。同时，上海市应急管理体制发生了一些变化：①市突发公共事件应急管理办公室并入应急管理局，"一办"（应急办）不再存在；②自然灾害和事故灾难两类突发事件的应急管理工作统一由应急管理局负责，民政管理部门不再负责自然灾害类突发事件的应急管理；③消防队伍官兵集体退出现役，成建制划归应急管理局，组建城市综合性消防救援队伍。

目前，上海市应急管理体制已基本成型。其中，中共上海市委、上海市政府为市级最高领导机构，应急管理委员会及应急管理办公室、安全生产委员会及安全生产委员会办公室、自然灾害防治委员会及自然灾害防治委员会办公室、防汛指挥部及防汛指挥部办公室、森林防灭火指挥部及森林防灭火指挥部办公室为市级跨部门议事协调机构及日常办公机构，"一网统管"平台建设将城市日常运行管理工作与应急管理工作无缝衔接，应急管理局作为机构改革后发挥"大应急"作用的核心组成部门，"两委两部"机构实体都内设于此，而卫健委、公安局、地震局、民政局、水务局、规划和自然资源局等职能部门作为突发事件的应对主责或成员单位，也都积极按照《突发事件应对法》与《国家突发公共事件总体应急预案》相关规定，在各自权限范围内履行职责。具体组织架构如图2-4所示。

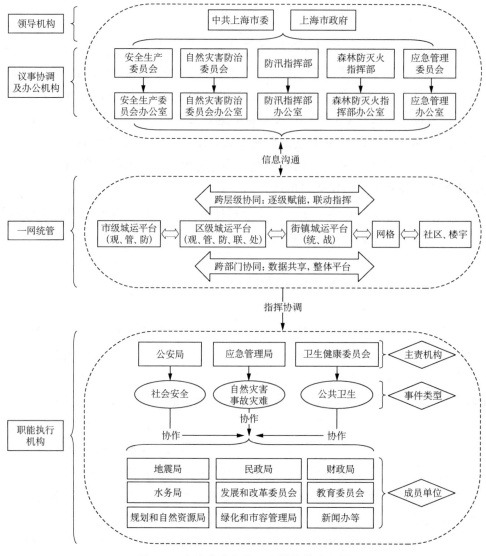

图 2-4 上海市应急管理系统的基本架构

三、上海市应急管理系统实践

(一) 上海市突发事件先期处置系统

上海市"一网统管"平台将应急管理工作与城市日常运行管理深度结合,承担起值守调度、协调督查、建设规划、场景应用等工作,重在联通上下、衔接左右,发挥居中调度、统筹协调的作用,进而实现上海市"数字化—智能化—智慧化"应急管理体系建设重要转型。将人类社会系统与物理空间系统统合,对上海市"城市生命体"进行统筹规划建设,数字化、网络化、智能化赋能城市治理,敏捷感知风险；按照"三级平台、五级应用"的逻辑架构，搭建起以市、区、街镇三级城运中心为核心的"一网统管"数字化工程平台，集合数据资源辅助应急决策；在市级、区级、街镇、网格到社区（楼宇）五个层级推进改革，赋能应用，进而实现城市生命体的韧性治理（见图2-5）。

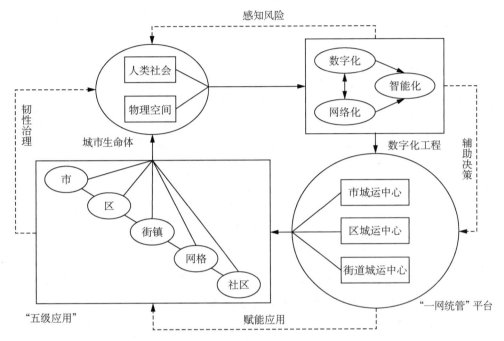

图2-5　"一网统管"支撑下的上海市突发事件先期处置机制

资料来源：熊易寒：《城市治理的范式创新：上海城市运行"一网统管"》，中信出版集团，2023年。

（二）上海市突发事件应急处置系统

依托于城市管理系统的职能部门，"一网统管"平台以"高效处置一件事"为目标，承担着突发事件应急处置的相关工作。其中，"三级平台、五级应用"的"王"字形城运架构是"一网统管"平台的核心，打通了条块业务系统互不相连的树状结构，形成横向到边、纵向到底、互联互通的矩阵结构。"三级平台"指打通同级各部门的集成化、整体化的市、区、街镇三级城运平台，强调指挥协调功能；"五级应用"指市级、区级、街镇、网格到社区（楼宇）五个层级推进改革，在三级技术平台中连通信息交换通道，实现横向贯通、纵向即联，侧重于利用移动终端进行现场处置（见图2-6）。

（三）上海市突发事件应急处置保障系统

上海市政府应急管理机制的保障系统包括八个方面：一是通信保障。在整合各应急管理职能部门专业通信网的基础上，建立跨部门、多手段、多路由，有线

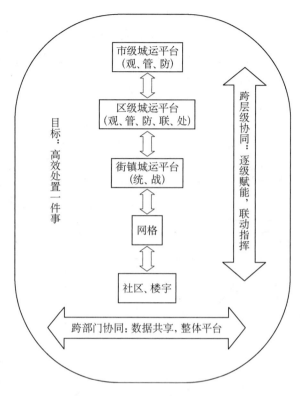

图 2-6 "三级平台、五级应用"的基本架构

资料来源：熊易寒：《城市治理的范式创新：上海城市运行"一网统管"》，中信出版集团，2023年。

和无线相结合，微波和卫星相结合的反应快速、灵活机动、稳定可靠的应急通信系统。二是指挥技术保障。加大科技含量，建立科学的应急指挥决策支持系统。加强地理信息系统（GIS）、全球定位系统（GPS）、卫星遥感系统（RS）等先进技术的开发、研制和配备；要及时跟踪国内、国际先进的信息、通信技术，不断开发和更新应急指挥决策支持系统的软硬件技术。三是队伍保障。通过"一网统管"平台加强对各联动单位的组织协调和指导，保障应急联动工作的有效运行。公安、消防、医救、民防队伍是上海市综合性灾害的基本抢险救援队伍。一旦发生全市性大、特殊灾害，驻沪三军和武警部队将参与和支援抢险救灾工作。四是交通运输保障。加强应急交通保障，为突发公共事件应急处置工作提供快速、高效、顺畅的道路设施、设备工具、运行秩序等交通保障条件。五是医救保障。发生突发公共事件后，必须快速组织医救人员对伤员进行应急救治，尽最大可能减少伤亡。六是治安保障。突发公共事件发生后，要迅速组织救灾现场治安警戒和治安管理，严惩趁火打劫和制造事端的犯罪行为，加强对重点地区、重点场所、重点人群、重要物资设备的防范保护。七是物资保障。建立健全本市救灾物资储存、调拨和应急配送系统，积极培育和发展经济动员能力，确保救灾所需的物资器材和生活用品的应急供应。八是经费保障。对突发公共事件应急处置工作所必需的专项资金，由市和区县政府财政予以保障。

（四）上海市应急管理的基层系统

1. 街道、镇的应急管理系统

2016年，上海结合"创新社会治理，加强基层建设"的街道体制改革，适应"重心下移，资源下沉，权力下放"总要求，制定了《关于进一步加强街镇基层应急管理的意见》，围绕"补短板、织底网、强核心、促协同"的思路，明确街镇应急管理工作的目标、任务、措施和要求，推进街镇应急管理的"六有"建设（有班子、有机制、有预案、有队伍、有物资、有演练），强化了街镇"统"的能力。在组织体制上，明确要求依托街镇党政组织机构，形成街镇应急管理领导班子，强化应急管理工作的组织领导，落实工作职责，并指定一名街镇领导统筹协调日常应急管理工作；在工作机制上，明确街镇网格化中心承担街镇应急联动等事务性工作，整合和共享街镇、公安、环保、城管执法、防汛防台、市场监管、综合治理等信息资源，实现街镇基层应急管理联动联勤机制的有机整合；在队伍配备上，统筹街镇的治安、城管执法、安全监管、协管、民兵、医务、物业保安、志愿者等各类队伍资源，合理确定街镇基层应急队伍规模，配备必要装备，开展教育培训，严明组织纪律，强化协调联动，提高综合应对和自我保护能力。

2. 村（居）委的应急管理系统

在村（居）委设立"应急宣传栏"，宣传应急常识，开设社区风险预警提示；配置"应急小广播"，为每个村（居）委分配备预警信息收音机；配备"应急急救箱"，急救箱内应包括灭火器、医用绷带、逃生绳、防毒面具等自救互救设备；建立"社区应急响应队"，结合社区特点，组建由具有专业知识的居民、志愿者和社区工作者组成的应急响应力量；建设"应急实训点"，利用现有村（居）委活动场所，因地制宜地组织开展心肺复苏、急救包扎、灭火和逃生器材使用等基本自救技能训练。这些举措都力图使应急管理的触角延伸到管理的最末梢，重心向最基层下移。

3. 社会参与应急管理系统

在应急物资储备上，除了国家正式的应急物资储备体系外，还依托城市管理平台，建成红十字会救灾中心和慈善物资管理中心；开展社会化的协议储备，实现"不为我所有，但为我所用"的目的；推动开展社区和家庭储备，形成全社会的应急储备认同感和责任感，减少行政支出在应急储备上的刚性压力，同时增强应急储备的柔韧性和灵活性。

本章小结

本章基于灾害系统的基本构成，按照性质对城市灾害系统进行了分析，概括分析了自"非典"之后，我国应急管理工作形成的"一案三制"、综合应急管理部门为基础的基本框架，并以上海市为例介绍了突发事件的城市应急管理系统。

灾害系统理论是灾害学的基础理论，灾害系统是一个由孕灾环境、致灾因子、承灾体和灾害损失组成的复合结构体系。

我国应急管理系统的"一案三制"中，一案是指应急预案，三制主要是指体制、机制和法制。城市管理与城市应急管理是两个具有高度重叠性、同步性和交叉性的管理过程，能够在机制、信息、人员、资源等方面互联、互补和共享。"一网统管"平台依托于"三级平台、五级应用"的基本架构，搭建起一张横向跨部门、纵向跨层级、横纵多闭环的网，数据赋能高效协同，以实现"高效处置一件事"的核心目标。

上海市政府应急管理机制的保障系统主要包括：通信、指挥技术、队伍、交通运输、医救、治安、物资、经费八方面保障。其中，街道、镇、村（居）委、社会参与是应急管理的三大基层系统。

 关键术语

灾害系统　应急管理系统　一案三制　城市管理　城市应急管理　"一网统管"

复习思考题

1. 什么是灾害系统？其基本构成要素是什么？
2. 城市应急系统的子系统有哪些？城市灾害系统构成要素有哪些？
3. 城市应急管理系统的基本架构是什么？
4. 应急管理系统的概念是什么？内涵是什么？
5. 分析应急管理系统的"一案三制"及其相互之间的关系。
6. 城市管理的概念是什么？分析城市管理系统与城市应急管理系统的关系。
7. 上海市应急管理系统的基本架构是什么？其突发事件应急处置保障系统是什么？其应急管理的基层系统有哪些？

第三章

预防与准备

📖 学习目标

1. 了解预防与准备的内涵
2. 了解城市安全规划的内涵、对象、要素
3. 了解风险管理的内涵、目标、流程与原则
4. 了解应急准备的内涵、特征、目标与原则

📖 能力目标

1. 列出预防与应急准备的内涵
2. 联系实际进行阐释城市安全规划的内涵、对象要素等内容
3. 举例说明风险管理的流程与原则

📖 思政目标

1. 理解党建引领下的社区风险防控工作
2. 理解风险防控在国家安全体系中的重要功能和作用

 **课前案例**

桑枣中学奇迹的秘诀

四川安县的桑枣中学,紧邻着"5·12"大地震最为惨烈的北川。那天的地震波一来,老师喊:所有的人趴到桌子下!学生即刻趴下去。震波一过,学生们立即冲出教室。由于平时的多次演习,地震发生后,全校2 323名学生,178名教师从不同的教学楼和不同的教室中,全部冲到操场,以班级为单位站好,用时仅1分36秒。地震中,学生家长伤亡严重,学校墙外的镇上房倒屋塌,求救声一片。但是,一所农村初级中学,却在地震之后,能把孩子毫发未伤地交给家长。人们对此不得不由衷地惊叹:这真是一个奇迹!那么,奇迹是怎样创造出来的呢?

奇迹的创造源自桑枣中学校长的避险意识。这位校长,花了40多万元加固了当时只用了17万元修建的实验教学楼。地震时,学校8栋教学楼部分坍塌,而经他负责加固了多年的实验教学楼却毫无伤损。从2005年开始,桑枣中学校长每学期都要在全校组织一次紧急疏散演习。地震时,师生正是按照平时演习的要求、熟练的方式疏散的。因此桑枣中学两千余名师生在大地震中毫发未伤。

"5·12"四川汶川大地震和桑枣中学在大地震中的做法提醒我们,学校作为这样一个人员相对集中的单位,防范能力相对薄弱的群体,其避险意识是十分重要的,必须做好突发事故的防范工作。

(1) 树立可持续的忧患意识。教师们要确信自己生活在灾害的潜伏之中,必须清醒地认识到各类灾害在时刻威胁着我们。从世界各国的整体情况来看,我国是世界上自然灾害最严重的国家之一。自1949年以来,干旱、洪涝、台风、地震、沿海重大的风暴潮、低温冷害、泥石流等自然灾害时常发生。生活在灾害潜伏之中的人们,要时刻有面对灾害之虑。

(2) 加大对安全隐患的排查力度。学校作为人员相对集中的公共场所,导致安全事故的因素较多,如房屋修建中的豆腐渣工程,房屋结构设计不达标,消防设施不到位,教具、实验设备使用不规范等,都可能引发学校的安全事故。值得一提的是,不少中小学,特别是农村中学、小学的一些校舍,由于当时投入的成本不足,加之年久失修,现在存在着不小的安全隐患。学校要从对师生生命负责的高度出发,经常认真细致地对学校的安全隐患进行排查,发现问题,更要有桑枣中学校长的魄力,及时整修。

(3) 强化应急预案的管理。桑枣中学两千余名师生地震时,能在 1 分 36 秒的时间内,从不同的教学楼和教室集合到操场,可见,其应急预案管理水平达到了相当高的程度,这才使得全校师生在大地震中毫发无伤。

日本对国民教育的一个重要内容就是防灾、救生教育与训练,这是日本灾害频发却损失较小的一个重要原因。自救、生存能力是学生应具备的基本能力。学生阶段是学习抗灾害知识及易损性知识的最好时段,是提高自救能力的黄金时期。2006 年,联合国教科文组织及国际减灾战略在巴黎总部发起了"减灾始于学校"的活动,旨在以安全减灾教育提高全球校园及学生的安全意识,促进各国把减灾编入普通教育的教学大纲中。

资料来源:杨学军:《桑枣中学两千师生在大地震中毫发未伤的思考》,《中学政治参考》,2008 年第 12 期。

第一节　预防与准备的内涵与内容

一、预防与准备的内涵

突发事件预防与准备包括两方面,预防是指在突发事件发生前,通过政府主导和动员全社会参与,采取各种有效措施,来消除引发突发事件的隐患,避免或减少突发事件发生;准备是指在突发事件来临前,做好各项充分准备,来防止突发事件升级或扩大,最大限度地减少突发事件的发生及其造成的损失和影响。预防与准备是统一的。

预防与准备体系是一个多维层次结构体系,在基础层面包括应急相关法律标准、社会道德及应急准备文化等。在支撑层面包括应急科技、资金、人力等资源。在功能要素方面,有应急队伍、装备、物资等单元,以及这些要素组合形成的各种应急能力。在具体行动层面,首先,以预防、处置突发事件的需要为出发点,对城市进行安全规划,从源头上避免风险;其次,通过有效的风险管理,完成识别风险来源、分析风险发生的可能性和后果的严重程度,并决定如何处置风险的全过程,从源头上减缓风险;再次,通过"应急预案"将特定范围内的应急能力与相应的组织结构和运行机制结合起来,形成应对某类突发事件的制度性安排;最后,也是最重要的是,要通过"建设规划"合理配置物资、资金、人力等资源,形成各种必要且适度的应急准备能力①。

过去传统的应急准备曾被认为是防灾减灾工作的一个组成部分，其工作重点仅限于事故发生前期阶段，现代应急管理体系思想则强调，应急准备不仅仅是应急管理的基础性工作，而且贯穿从应急准备、初级响应、扩大应急到恢复的全过程，并要通过不断地评审改进，推动应急能力的持续提高。

二、预防与准备的主要内容

根据上文的内涵界定，我们可以将预防与准备的主要内容分为三大部分：首先是城市公共安全规划，强调对城市基础设施和应急管理进行安排和组织。其次是风险管理，侧重于针对各类灾害和事故的计划准备、风险识别、风险评估和风险处置。最后是应急准备，包括应急预案制定和应急资源准备。其内容框架见图3-1。

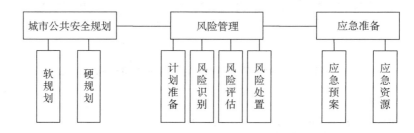

图 3-1　预防与准备的内容框架

资料来源：刘铁民：《玉树地震灾害再次凸显应急准备重要性》，《中国安全生产科学技术》，2010年第6期。

第二节　城市公共安全规划

一、城市公共安全规划的概念

城市公共安全规划是依据系统安全科学及风险理论对城市建设及发展规律、趋势进行研究，并对城市中人类自身活动及其设施、场所等免于事故和灾害的发生，以及事故、灾害发生后的应急救援、善后处理等做出的时间、空间和战略上的安排与部署。其本质是在对城市风险进行评价、预测的基础上所作的安全决策与规划设计。目的是可以依据城市公共安全规划来有目标地建设、发展城市的安全保障体系，控制和降低城市风险，使城市风险达到人们可以接受的水平。城市

---

① 刘铁民：《玉树地震灾害再次凸显应急准备重要性》，《中国安全生产科学技术》，2010年第6期。

公共安全规划也是实现城市安全目标管理的基本依据和准则①。

二、城市公共安全规划的对象与内容

(一) 城市公共安全规划的对象

城市公共安全规划的对象从广义上是指城市公共安全保障体系，包括事故与灾害预防系统、事故与灾害预警系统、事故与灾害应急反应及救援预案系统、灾后处理系统等。城市公共安全系统可靠性分析表明：上述各个环节在城市公共安全规划中缺一不可，其中，事故与灾害的预防规划系统尤为重要。

事故与灾害的预防与预警系统主要是对即将发生或可能发生的各种事故与灾害做出准确判断，分析其发生的频率、大小、原因及可能产生的后果，并以此作为对其预防与预警的依据，以将其损失减少到最低程度。事故、灾害预防与预警系统规划是在城市公共安全进行风险分析（安全评价）的基础上，明确城市的工业危险源、危险场所、基础设施、自然灾害、人为灾害等灾害、事故发生的原因、性质及其预防措施，据此规划设计事故、灾害的预防与预警系统。

事故与灾害应急反应是指在重大事故与灾害刚刚发生或出现某些征兆时，在极短的时间内，搜集、处理有关信息，明确问题与目标，拟定各种可行方案，经分析评价后选择一个最佳的方案，组织实施并不断跟踪检验，及时纠正应急决策过程中的失误，直至问题解决为止的一个动态过程；事故与灾害应急救援预案又称事故与灾害应急计划，是指在系统风险评价的基础上，针对系统中存在的危险源而制定的一项应急反应救援计划，是事故防御体系的一个重要组成部分，其目标是控制紧急事件的发展并尽可能排除，将事故与灾害对人、财产和环境的损害和影响减少到最低程度。

事故与灾害灾后处理系统是指在各种突发性事故与灾害发生后，迅速协调、组织有关单位及人员对事发地点进行有效处理，以控制其进一步扩大与蔓延，对受伤人员及时抢救与治疗，保证财产的安全，并在结束后对事发现场进行局部修复。事故与灾害灾后处理需要完备的医疗救助物资与人力，完善的消防物资力量及其他救助物资与人员作为后盾。

编制城市公共安全规划的过程中，为明确城市公共安全规划目标，确保城市公共安全保障体系合理、健康地建设和发展，应针对城市公共安全保障体系提出具体的城市公共安全规划对象，即狭义的城市公共安全规划对象，包括如下六个方面。

(1) 城市危险源。城市中各个工厂（单位）存有的易燃易爆、有毒有害物质和

---

① 顾林生：《试论中国城市公共安全规划与应急管理体系建议》，《安全》，2007年第11期。

能量及其工业设备、设施与场所。

（2）城市重要机构及场所。政府机构、城市生命线控制机构、教育机构、医疗机构、文物保护单位等；人群高度聚集、流动性大的场所，如影剧院、车站、码头、商务中心、超市和商场等。

（3）城市公共基础设施。城市生命线中的水、热、电、气、交通、通信设施和信息网络系统，以及地铁、轻轨等设施。

（4）城市道路交通。包括城市公路、高架等地面道路，以及地铁、轻轨等轨道交通，以及水面交通、轮渡等。

（5）城市应急救援力量。消防、公安、交警、医院、应急机构、防疫部门、劳动部门、环保部门、洪涝灾害等应急救援方面的人力。

（6）城市应急救援设备设施。消火栓、消防水池、堤坝等设施；消防车、水炮、灭火器材、防护器材、侦检器材、破拆器材、运输器材等。

（二）城市公共安全规划的内容[①]

城市公共安全规划是针对城市公共安全规划的对象，根据城市的经济社会、公共设施发展目标以及有关生产力布局的要求，充分研究城市灾害的现状并进行安全评价，确定城市公共安全规划的中长期目标，提出预测和预防措施，规划应急救援体系及信息管理系统，制定城市公共安全规划实施细则及其组织机构建设。此外，为促进城市建设安全、稳定和可持续发展，在城市规划设计的同时必须进行城市公共安全的规划，内容大体包括以下六个方面。

1. 城市公共安全的风险分析

充分研究城市系统，分析影响城市公共安全的主要因素及其灾害，依据系统安全工程和安全科学理论，定性或定量地评价城市系统存在的各种风险，以确定城市系统发生危险的可能性和严重程度。

2. 城市公共安全规划目标的确定

城市公共安全规划必须有明确的目标，若城市公共安全规划没有明确的目标，则这个规划必然会被人们所忽视；城市公共安全规划的目标应是以系统安全工程及安全科学理论为指导，在调查分析城市系统内自然、社会、经济等方面诸要素及其相互关系的基础上，结合城市系统基本特征及现有城市资源供给的可能性，来确定城市公共安全规划的总体目标及专项目标。

3. 城市公共安全规划的风险消除或减弱措施

在城市系统风险识别与评价基础上，研究如何利用工程技术对策、教育对策、法治对策等一切措施，以达到消除或减少城市灾害事故的发生及财产损失的目的。

---

① 赵汗青：《中国现代城市公共安全管理研究》，东北师范大学博士学位论文，2012年，第13—16页。

在规划城市公共安全风险的防治措施过程中,应坚持预防为主、善后为辅的原则,来制定和完善城市公共安全灾害事故的预防措施。

4. 城市公共安全的应急救援系统

城市系统中人群和财产的密集特性、系统的脆弱性和敏感性使城市系统原发事故损害程度增大,致使城市灾害事故极易造成重大的人员伤亡和财产损失,甚至造成城市生产、生活秩序的紊乱和城市生命线的瘫痪。预防措施的有效实施是防止城市灾害事故发生的重要环节,灾害事故发生后的快速应急救援是减少人员伤亡和财产损失的有力手段。城市公共安全应急救援是一个涉及面广、专业性很强的工作,单靠某一个部门是无法完成任务的,必须把各个部门的力量组织起来,形成统一的救援指挥中心,来协调安全、消防、公安、交通、环保、卫生等各救援组织,协同作战,迅速有效地进行应急救援和善后处理。

5. 城市公共安全规划的信息管理系统

城市公共安全规划信息管理系统是城市灾害事故的预防和善后快速应急救援的必然要求,建立城市公共安全现状、风险预防及应急救援等基础信息数据库,实现系统内信息资源的共享,形成协调统一的决策指挥指挥网络,对提高城市灾害事故预防、应急救援和公共安全规划工作的整体水平具有重要的意义。现代化的信息管理系统可以为管理者进行应急救援决策和公共安全规划提供准确、可靠的依据,是城市公共安全规划的重要组成部分,是现代化城市公共安全管理中公共安全信息处理的枢纽,它具有信息的收集、信息的录入、信息的存储、信息的传输、信息的加工和信息的输出等功能。

6. 城市公共安全规划的实施

城市公共安全规划的实施是一个综合性的概念,由政府组织领导,公民、法人和社会团体积极参与并履行义务和职责。城市人民政府居主导地位,体现为城市人民政府依法授权负责组织编制和实施城市公共安全规划;公民、法人和社会团体参与城市公共安全规划的实施。城市公共安全规划的实施关系到城市的长远发展和整体利益,也关系到公民、法人和社会团体方方面面的根本利益。所以,实施城市公共安全规划既是政府的职责,也是全社会的事情。

三、城市公共安全规划要素、原则与程序

(一) 城市公共安全规划要素

城市公共安全规划的要素包括"硬规划"和"软规划"两个方面[1]。"硬规划"

---

[1] 李惟科:《我国城市公共安全规划策略研究》,哈尔滨工业大学研究生学位论文,2007年,第17—23页。

方面的要素是指城市灾害事故的预防和应急救援规划措施;"软规划"方面的要素是指城市公共安全规划组织机构与财政措施,这两方面要素相互作用协调发展。其中,城市灾害事故预防规划是对城市灾害事故的预防的工程与对策;应急救援规划是城市灾害事故发生后所需采取的快速应急反应对策和措施,以减少事故灾害所造成的人员和财产损失,它包括现场决策和善后恢复建设两个方面。城市公共安全规划组织机构是制定城市公共安全规划、事故灾害预防及善后处理的组织救援及管理机构,包括城市公共安全规划设计研究中心、事故灾害应急救援指挥中心、事故灾害紧急运作中心、支撑保障中心、媒体中心和信息管理中心等六部分;城市公共安全财政措施规划是城市灾害事故预防、应急救援及善后处理所需资金的来源及财政管理措施。城市公共安全规划设计研究中心在对城市公共安全"硬规划"设施规划的同时,应制定明确的"软规划"措施。

(二) 城市公共安全规划的基本原则

根据城市公共安全规划的内容、对象的要求,制定城市公共安全规划应遵循以下原则。

1. 科学性和权威性

成立专门的城市公共安全规划研究与发展机构,由市政府直接管理,负责全市公共安全规划的制定和发展完善,任何行业和部门(如消防、交通等)在安全管理、灾害预防与控制等主导方向上无条件依照城市公共安全规划进行;研究与发展机构成员应由国内外知名的城市规划、公共安全和防灾减灾等专家、学者组成,了解城市的整体布局、功能区分布、城市安全现状及发展趋势,确保制定的城市公共安全规划具有权威性和科学性。

2. 实用性

城市安全规划的制定必须依据规划城市的实际情况,在对城市安全现状进行综合评价和掌握城市建设发展规划的基础上进行,确保城市安全规划的实用性,严格避免纸上谈兵。

3. 整体性

城市公共安全规划研究与发展机构隶属于城市综合防灾减灾体系、应急救援和安全规划指挥中心,由市政府统一领导,负责全市各行各业的公共安全规划的制定和发展完善,确保城市安全的整体协调发展。但是,现在城市安全面临行业部门各自为政进行规划建设和发展的局面,这种分散管理模式,在事故应急救援上无法实现统一调度、统一指挥。因此,建立综合性的城市公共安全规划和应急救援指挥中心,有利于城市事故与灾害的预防、控制、应急救援及安全管理的协调发展。

4. 前瞻性

城市公共安全规划承担着整个城市公共安全的建设、发展和公共安全体系的建立等任务，城市公共安全规划的先进性、合理性直接影响着城市的整体公共安全，因此，城市公共安全规划的制定必须借鉴国内外先进的城市安全管理经验，掌握国际先进的安全科学理论与技术，确保城市公共安全规划具有前瞻性。

5. 可操作性

规划的可操作性和可行性是确保安全规划顺利实施的基础。针对城市的实际功能特点、安全现状和可能发生的事故及造成的危害，制定相应的安全规划，确保规划技术上可行，实施上可以操作。

6. 城市安全规划与城市建设规划的结合

城市新建设区域设施必须符合城市安全规划的要求，避免在不符合安全规划要求的区域进行建设施工，防止自然灾害、人为灾害等给人类造成损害；在老城区，安全规划的制定与实施必须充分考虑城区的功能和现有建设现状，以便于应急救援和防灾减灾。

7. 可持续发展

可持续发展是社会生活、人类生存的必然需要，城市安全规划影响着城市的建设和社会生活环境的发展，制定可持续发展的城市安全规划对确保城市快速、安全、健康地发展具有重要的意义。

（三）城市公共安全规划的程序

城市公共安全规划应以城市系统的风险评价为基础，以系统安全科学和风险理论为指导，确定城市公共安全规划目标，研究城市公共安全的风险消除或减弱技术及措施，建立城市公共安全的应急救援系统、应急救援预案及信息管理系统，研究、设计并制定城市公共安全规划及实施方案。城市公共安全规划的一般程序如图3-2所示。

城市安全规划的目标是对城市未来一段时间公共安全状况的发展方向和发展水平所做出的规定，制定的目标既不能过高，也不能过低，应做到技术上可行、经济上合理。

城市公共安全风险评价及预测是城市公共安全规划的核心与基础，城市公共安全风险区划可按风险类型来划分，在风险区划的基础上进行专项规划。

城市公共安全规划方案设计优化及决策是在考虑国家政策规定、城市公共安全问题及安全目标、公共安全状况、投资能力和效益的情况下，由政府有关部门及专家组成员提出的具体的城市灾害防治措施和对策。

分析研究做出论证和决策。在分析决策过程中，应充分考虑城市发展总体规划的要求，确保城市经济的可持续发展，对制定的多种城市公共安全规划方案进行分析、评价和比较，选定技术可行、经济合理、可靠性高的规划方案作为城市公共安全规划最终方案。

经过决策的公共安全规划应编制投资概算报国家有关部门进行审批。城市公

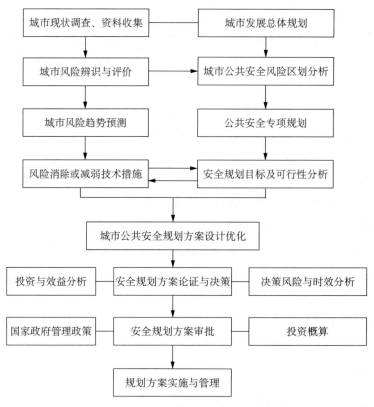

图 3-2 城市公共安全规划的一般程序

共安全规划方案实施与管理是城市公共安全规划目的最终体现。城市公共安全规划的实施必须纳入城市发展总体规划,并编制年度规划,政府相关主管部门应依据城市公共安全规划资金概算和年度规划落实城市公共安全规划资金和管理措施,以确保城市公共安全规划有计划、有步骤地实施。

第三节 风 险 管 理

一、相关概念[①]

(一) 危险源

危险源是英文 hazard 一词的汉译,也译作危害因素。《职业健康安全管理体系要求及使用指南(GB/T 45001—2020)》中,把其定义为:可能导致人身伤害和(或)健康损害的根源、状态或行为,或其组合。

---

① 孟现飞:《危险源概念的重新界定及与隐患关系研究》,《中国安全生产报》,2017 年第 4 期。

危险源一般可分为两类：一类是能量或有害物质所构成的第一类危险源，如，快速行驶车辆具有的动能，高处重物具有的势能，以及声、光、电能等，都属于第一类危险源，它是导致事故的根源、源头，是"罪魁祸首"；另一类是包括人的不安全行为或物的不安全状态以及监管缺陷等在内的第二类危险源，也即危险源定义中的不安全的状态、行为。

（二）隐患

与安全生产有关系的隐患称为"事故隐患"，一般也称为"隐患"。《现代劳动关系词典》把"事故隐患"定义为：企业的设备、设施、厂房、环境等方面存在的能够造成人身伤害的各种潜在的危险因素。《职业安全卫生术语》（GB/T 15236—2008）把"事故隐患"定义为：可导致事故发生的人的不安全行为、物的不安全状态及管理上的缺陷。1995年，劳动部出台的《重大事故隐患管理规定》（于2010年废止），曾定义"事故隐患"为：劳动场所、设备及设施的不安全状态，人的不安全行为和管理上的缺陷。

2007年12月，国家安监总局颁布的《安全生产事故隐患排查治理暂行规定》，对"事故隐患"进行了重新定义：生产经营单位违反安全生产法律、法规、规章、标准、规程和安全生产管理制度的规定，或者因其他因素在生产经营活动中存在可能导致事故发生的物的危险状态、人的不安全行为和管理上的缺陷。

综上所述，"隐患"一词最初的含义就是隐藏的祸患，而安全生产领域所指的"隐患"，并非是隐藏的祸患，而是指的人的不安全行为、物的不安全状态，或管理上的缺陷。

之所以把人的不安全行为、物的不安全状态，或管理上的缺陷称为"隐患"，是因为"隐"字体现了潜藏、隐蔽，"患"即祸患、不好的状况，而无论是人的不安全行为，还是物的不安全状态，都是导致事故发生的小概率事件，因此，相对于事故而言，它们都是藏而不露、不易为人们所重视，但如果得不到治理就会导致事故灾难。

（三）风险

"风险"一词最早出现于阿拉伯语，意思是"寻找未来"。英文中的risk出现于17世纪，最初来源于博彩业，后来更多被保险业所关注，其认为风险为"保险金预付"和"理赔费"两者之间的函数。19世纪开始，风险概念及其相关理论被运用于经济学研究之中，20世纪后又被引入工程和灾害科学领域。但是，学术界对风险的定义有一定的差异。有的从致灾因子或灾害事件发生的概率的角度来定义风险，风险是关于可能发生的损失及损害程度大小的不确定性[1]。黄崇福认为，

---

[1] Wilson, R., Crouch, E. A. C. (1987). Risk Assessment and Comparison: an Introduction. *Science*, 236 (4799): 267-270.

风险是发生不利事件的可能性①。有的从一定概率条件下的损失的角度来定义风险，如 Maskrey 认为，风险是某一自然灾害发生后所造成的总损失②。联合国赈灾组织给出的自然灾害风险的定义是：风险是在一定的区域和给定的时段内，由于某一自然灾害而引起的人们生命财产和经济活动的期望值损失③。还有的从灾害系统角度的出发，将风险视为致灾因子、暴露性和脆弱性三者共同作用的结果，并重视人类社会的脆弱性在风险演化中的作用。

风险就是不确定性对目标的影响，安全风险被定义为"某一特定危害事件发生的可能性和后果的组合"。安全风险强调的是损失的不确定性，其中包括发生与否的不确定、发生时间的不确定和导致结果的不确定等。由于安全风险都是指"危害事件发生的可能性和后果严重程度的组合"，也即风险为可能性与严重程度之乘积。

（四）风险管理

风险管理，就是对危险源所具有风险的管理。风险意味着不确定性，因此，风险管理也就是对不确定性的管理。"管理"一词一般被定义为由计划、组织、指挥、协调及控制等职能为要素组成的活动过程，因此，风险管理可被定义为针对不确定性所采取的，由计划、组织、指挥、协调及控制等职能为要素组成的活动过程。

风险管理包括风险管理的原则、框架与流程，其核心内容就是风险管理流程中的危险源辨识、风险评估和风险防控等。风险管理是指风险管理者采取各种措施和方法，消灭或减少风险事件发生的各种可能性，或者减少风险事件发生时造成的损失。在灾害科学研究中，风险往往与致灾因子、暴露和脆弱性等要素联系在一起。致灾因子是导致城市灾害发生的直接原因，包括自然变异、人为因素，以及人地关系失调等。承灾体即灾害受体，是城市区域暴露在灾害风险下的各种要素，包括人口、建筑、城市生命系统、交通基础设施、生产与生活构筑物、室内财产和生态环境等。暴露是致灾因子与承灾体相互作用的结果，反映暴露于自然灾害风险下的承灾体数量。脆弱性则是承灾体易于受到影响和破坏，并缺乏抗拒干扰、恢复初始状态的能力。从理论上说，致灾因子发生的可能性和不确定性，致使灾害风险造成的损失具有不确定性；而人类社会通过对承灾体脆弱性程度的影响，也能制约灾害可能造成的损失的大小④。这种对损失的影响和制约就是风险控制或者说风险防控。

风险评估被称为风险管理的核心和起点，是对可能发生的不利事件的可能性进行评估，并进行有针对性的化解和消除。在风险评估确定风险等级之后，往往需要再回到常态管理之中，重新梳理运行流程和体制机制，找到其中的"缝隙""断裂"和

---

① 黄崇福：《自然灾害风险评价理论与实践》，科学出版社，2005年。
② Maskrey A. *Disaster Mitigation: A Community Based Approach*. Oxford: Oxfam. 1989.
③ 联合国（UN）：《减少灾害问题世界会议报告（2005）》，日本神户，1—100。
④ 尹占娥、许世远：《城市自然灾害风险评估研究》，科学出版社，2012年，第12页。

一些不可控环节，逐一进行修补，阻断风险生成，以保证生产过程的顺畅和最终产品的安全。例如，对建筑装修过程的风险评估之后，可能锁定装修材料、电焊操作流程、工地易燃物堆积、建筑居住户等一系列受火灾影响的风险因素，这就需要再次梳理生产过程，并进行相应的过程控制以减少火灾风险演化成危机的几率。

二、风险管理的基本流程

风险管理是人们对各种风险的认识、控制和处理的主动行为，它是通过识别风险来源、分析风险发生的可能性和后果的严重程度，并决定如何处置风险的全过程。根据风险的生命周期，可把风险管理划分为计划准备、风险识别、风险评估（包括风险分析和风险评价）和风险处置等四个基本环节，这四个环节构成一个循环往复的过程。同时，在整个风险管理流程中，风险沟通以及风险监控、审查和更新等工作伴随始终，由此形成一个完整的风险管理流程（见图3-3）。

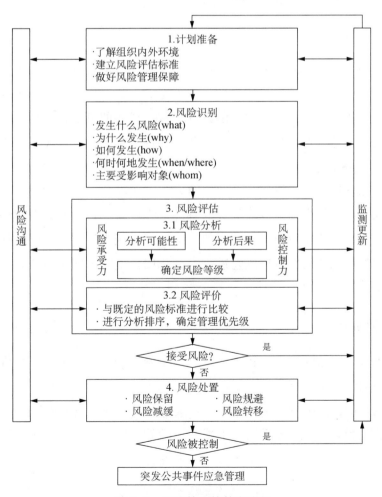

图3-3 风险管理的基本流程

(一) 计划准备[1]

计划准备是风险管理的基础,是整个风险管理过程有效性的保证。不同部门对风险管理的实施过程可能存在不同的要求,在进行风险管理之前,应进行充分的计划和准备,制定有效的风险管理工作方案,明确风险管理的目标和范围,建立相关的工作机制。计划准备阶段主要包括如下三项工作:了解组织的内外环境,建立风险评估标准,做好风险管理保障。

(二) 风险识别

风险识别是指认识和确定需要管理的风险及对各种潜在风险进行系统归类,分析风险的来源和产生风险的原因,确定风险可能的影响范围。风险识别是风险评估的基础,也是进行风险管理决策的基础。风险识别必须要确定风险的责任人,由他们负责风险收集分析应对计划的制定。

(三) 风险评估

风险评估是指对不良结果或不期望事件发生的概率和造成的后果进行描述并量化的系统过程,也就是对一特定期间的安全、健康、生态、财产等受到损害的可能性及可能的损害程度作出评估的系统过程。风险的可能性和后果,主要受三个因素决定:一是风险源本身发生的可能性和危害程度;二是风险所作用对象的承受能力;三是控制和应对突发事件的能力。

风险评估包括风险分析和风险评价两方面。风险分析的目的在于确定风险的概率与后果,以此作为确定风险等级的基准,为风险的评价和处置提供支持;风险评价则是通过对从风险分析中获得的风险等级和预先设定的风险评估标准进行比较,对组织可能面临的各种风险进行综合排序,确定不同风险的重要程度和可接受水平。

(四) 风险处置

风险处置是以风险等级为依据,根据对危险来源、受灾体、脆弱性、现有控制措施的有效性以及可能产生后果的分析,确定对不同的风险如何进行控制和管理,确定管理的优先级和风险处置策略,提出具体的风险处置策略和工作建议的过程。风险处置,不仅要考虑风险水平和风险处置能力,而且要考虑风险处置的成本-收益问题,以最小成本获得最安全的水平。

---

[1] 闪淳昌、薛澜:《应急管理概论——理论与实践》,高等教育出版社,2012年,第184—187页。

（五）风险沟通与监测

风险沟通、风险监测与更新贯穿在风险管理的全过程。风险监测包括对风险发生的监测和对风险管理的监测，前者是对意识别的风险源进行监视和控制；后者是在项目实施过程中，对风险管理的过程内容、技术措施与效果等进行监测。风险管理是一个动态持续的过程和一个循环闭合的系统，要对管理的过程和结果及时进行跟踪、沟通与反馈，定期按要求更新评估内容。

三、风险防范体系构建

第一，注重风险源头防范管控。健全安全风险评估管理制度，推动重点行业领域企业建立安全风险管理体系，全面开展城市安全风险评估，定期开展重点区域、重大工程和大型油气储存设施等安全风险评估，制定落实风险管控措施。加强超大特大城市治理中的风险防控，将城市防灾减灾救灾基础设施用地需求纳入当地土地利用年度计划并予以优先保障。

第二，强化风险监测预警预报。完善应急卫星观测星座，构建空、天、地、海一体化全域覆盖的灾害事故监测预警网络。完善综合风险预警制度，增强风险早期识别能力，发展精细化气象灾害预警预报体系，提高安全风险预警公共服务水平。建立突发事件预警信息发布标准体系，优化发布方式，拓展发布渠道和发布语种，提升发布覆盖率、精准度和时效性，强化针对特定区域、特定人群、特定时间的精准发布能力。建立重大活动风险提示告知制度和重大灾害性天气停工停课停业制度，明确风险等级和安全措施要求。推进跨部门、跨地域的灾害事故预警信息共享。

第三，深化安全生产治本攻坚。完善安全生产隐患分级分类排查治理标准，制定隐患排查治理清单，实现隐患自查自改自报闭环管理。推动将企业安全生产信息纳入政府监管部门信息平台，构建政府与企业多级多方联动的风险隐患动态数据库，综合分析研判各类风险、跟踪隐患整改清零。结合深化供给侧结构性改革，推动安全基础薄弱、安全保障能力低下且整改后仍不达标的企业退出市场。持续推进企业安全生产标准化建设，实现安全管理、操作行为、设施设备和作业环境规范化。

第四，加强自然灾害综合治理。开展城市重要建筑、基础设施系统及社区抗震韧性评价及加固改造，提升学校、医院等公共服务设施和居民住宅容灾备灾水平。加强城市防洪排涝与调蓄设施建设，优化和拓展城市调蓄空间。统筹规划建设公共消防设施，加密消防救援站点。加强城市内涝治理，实施管网和泵站建设与改造、排涝通道建设、雨水源头减排工程。加快推进城市群、重要口岸、主要产业及能源基地、自然灾害多发地区的多通道、多方式、多路径交通建设，提升交通网络系统韧性。

第四节 应急准备

一、应急准备的内涵

应急准备是指为了有效开展突发事件应急活动,保障应急管理体系正常运行所需要的应急预案、城乡规划、应急队伍、经费、物资、设施、信息、科技等各类保障性资源的综合,是针对可能发生的突发事件,为迅速、有序地开展应急行动而预先进行的组织准备和应急保障工作。

二、应急准备的特征

应急准备集中体现在应对突发事件的人力、物力、财力、交通运输、医疗卫生及通信保障等方面的工作,保障应急救援工作的需要和灾区群众的基本生活,以及恢复重建工作的顺利进行上,应急准备具有以下几个基本特征[①]。

(1)应急资源准备行动的快捷动态性。由于突发事件在时空上的不确定性,应急保障资源从应急储备地到事发地,要求在时间、空间和保障物资的数量、质量和品种上都要做到准确无误,使有限的人力、物力、财力发挥最大的保障效能,同时还要考虑社会的发展和环境的变化,实行应急保障资源的动态管理。

(2)应急准备方式的灵活多样性。突发事件往往由多个矛盾引发,内部原因和外部环境均十分复杂。突发事件大小规模不一,种类各异;潜在的危害、衍生的灾害难以把握,及地理地域及周边环境的复杂性,因此,应急准备的方式也应当是多样的。

(3)应急准备的资源共享协同性。由于突发事件的地点决定了应急资源的稀缺性,同时应急资源又是突发事件赖以成功处置的最基本的要素,因此突发事件发生后,应急组织体系内部成员在规定的范围和程序下可以使用应急保障资源,以实现保障资源的充分有效利用,避免重复配置,减少浪费。应急准备必须具有较强的协同性,要求指挥统一、运转协调、责任明确、程序简化。

(4)应急准备的布局合理性。针对不同的地理位置、不同的自然环境、不同的经济区域、不同的城市类型、不同类型的突发事件高发区,应急资源应有不同的分布。应急资源的合理分布,不仅可以降低成本,而且可以保证应急救援的时效

---

① 闪淳昌、薛澜:《应急管理概论——理论与实践》,高等教育出版社,2012年,第184—187页。

性,从而最大限度地减少人员上网和财产损失。应急资源布局合理的原则,应该遵循"兼顾全面,保障重点",即在兼顾全面的基础上,保证突发事件处置的重点部门、重点任务和关键环节的资源需要,特别是稀有资源的最佳利用。

三、应急准备的目标与原则

(一) 应急准备的目标

应急准备的目标是立足于"防患于未然"的原则,强化服从任务需要意识、快速反应意识、灵活保障意识、主动跟进,做好应急任务的服务保障工作。应急准备的内容包括指挥系统技术、应急队伍、医疗卫生、治安、资金及应急避难场所等。在突发事件来临前,做好各项充分准备,包括思想准备、预案准备、组织机构准备、应急保障准备等,有利于防止突发事件升级或扩大,提高应急处置与救援的效率,最大限度地减少突发事件的发生及其造成的损失和影响。

(二) 应急准备的原则

建立健全应急物资储备体系,加强综合管理,优化布局和方式,统筹安排实物储备和能力储备。资源的规划渠道主要包括:储存资源;建立互助协议以从邻近司法管辖区获取资源;确定如何以及在何处从非必要任务重新分配现有资源;开发合同以在需要时快速从供应商处获取资源等方面。应急准备工作需要遵循以下原则。

(1) 综合集成、系统配套。应急准备是一个系统工程,包括知识准备、思想准备、规章制度准备、应急预案准备和应急装备准备,涉及机构与职责、应急设备设施与物资、应急人员培训、预案演练,以及公众教育和互助协议等方方面面。应急准备工作务求全面。各地区、各部门要根据经济社会发展的特点以及所面临的突发事件形势,合理布局,仔细规划,做好物资储备保障、经费保障、通信保障体系建设等工作。同时,要根据不同地区、不同部门之间的资源共享,提高综合保障能力。

(2) 平战一体、常备不懈。各级政府及专业部门根据应急救援特点和需求,遵循平战一体、常备不懈的原则,配备现场救援和工程抢险装备和器材,建立相应的维护、保养和调用等制度,保证各种突发事件的抢险和救援工作需要。建立具有应急保障能力的有线、无线相结合,固定、移动相结合,地面、空中相结合的通信网络,组训快速反应、平战结合的专业救援队伍和综合应急救援队伍,不断提高抢险救援的组织指挥能力、快速反应能力和综合保障能力。

(3) 多元参与、动态更新。应急准备要充分发挥企事业单位、社会团体和民众的积极作用。大型现场救援和工程抢险装备等应急资源,可采取与相关企业签订应急保障服务协议,综合运用政府资助、合同、委托等方式,每年由政府提供一定的设备维护、保养补助费用。要建立健全应急物资信息数据库、监测网络、预警体系和应急物资生产、储备、调拨及紧急配送体系。完善应急工作程序,确保应急所需物资和生活用品的及时供应,并加强对物资储备的监督管理,及时予以补充和更新,保证应急指挥调度准备、高效运行。

(4)军民合作、军地协同。人民解放军在不断提高以打赢信息化条件下现代局部战争能力为核心的完成多样化军事任务的能力。《突发事件应对法》和《军队参加抢险救灾条例》,对军队参加突发事件的应急救援和处置工作的主要任务、与地方人民政府的工作协调关系、动用军队的权限和程序、军地联合指挥、平时救灾准备和经费物资保障等作了明确规定。为此,应当打造好资源共享平台,科学整合军地方双方的人力、物力、技术等资源,建成地上地下结合、平战两用、设备设施配套的人防指挥中心,积极探索对口保障、随机保障、联合保障等多种灵活的保障工作,确保军地联合有效应对各种突发事件行动的需要。

四、应急准备的主要内容

(一) 应急预案

1. 应急预案的概念

预案就是预先制定的行动方案,应急预案又称应急计划,是针对可能的突发事件,为保证迅速、有序、有效地开展应急与救援行动,降低人员伤亡和经济损失而制定的有关计划或方案。根据2024年1月国务院办公厅发布的《突发事件应急预案管理办法》规定,"应急预案,是指各级人民政府及其部门、基层组织、企事业单位和社会组织等为依法、迅速、科学、有序应对突发事件,最大程度减少突发事件及其造成的损害而预先制定的方案。"

2. 应急预案的类型

目前我国现行应急预案可分为五种类型:总体预案、专项预案、部门预案、企事业单位预案和大型活动与特殊场所的应急预案。而从行政级别上又可分为国家、省、市、县各级政府和企事业单位五个级别。

3. 应急预案的管理

应急预案的生命力和有效性在于不断地更新和改进,在美国CPG101中提出,持续改进机制是应急预案系统中一个重要组成部分,并明确要求:任何预案审查修改的周期不应超过24个月,只有对应急预案不断地进行评估和改进才能保持其活力,这种持续改进是通过PDCA循环模式实现[①](见图3-4)。

---

① 庞红梅:《参照PDCA循环法优化应急预案体系》,《电力安全技术》,2010年第12卷第2期。

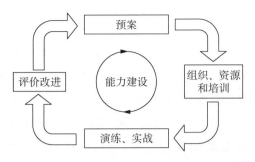

图 3-4　应急预案推动应急准备和持续改进模型

4. 应急预案的编制

按照"横向到边、纵向到底"的原则，单位通常需要建立包含综合应急预案、专项应急预案和现场处置预案的应急预案体系。同时结合本单位的部门职能分工，按专业成立应急预案编制工作小组，确定编制计划与内容，明确编制任务。编制应急预案时，应立足本单位应急管理的基础和现状，明确应急预案的目标、范围、定位、框架等关键因素以及机构设置、预案流程、职责划分等具体环节，使预案符合本单位实际情况和特点，从而保证预案的适时性、可操作性和实效性。在预案编制过程中，应广泛收集相关法律法规、技术标准、事故案例等资料，客观评估本单位应急处置能力，充分利用本单位现有的应急资料，科学地建立应急预案体系。

5. 应急预案的演练

应急预案培训与演练是消除事故隐患、减少事故发生、提高突发事件处置能力的重要措施。制定了相应的应急预案，还要使所在岗位人员熟练掌握应急预案的启动程序与步骤，这就必须进行应急预案的培训与演练。

首先，要使广大各类主体在思想上有忧患意识，充分认识做好应急演练工作的重要性。

其次，使所在岗位人员熟悉和掌握应急处置预案、应急启动条件、应急执行程序，提高快速响应与应急处置能力。因为各类主体对应急预案是否熟练掌握，在非常时期能否迅速启动应急预案，完全可能导致应急情况发生后两种截然相反的结果。

最后，适时开展各种应急演练。通过演练，不断检验并改进、充实和完善应急预案，使之更加切合实际。

6. 应急预案的评估

应急处置结束后，相应的责任部门要对突发事件的应急处置及相关措施进行分析，对本企业应急预案体系的建立及各类应急预案的编制和实施情况进行评价。通过分析评价，总结经验，弥补不足，促使应急预案管理工作更加完善、更具有时效性。

7. 应急预案的修订

通过演练与评价，实施应急预案的动态管理。一个时期制订的应急预案，只具有相对的稳定性。随着安全生产形势的变化及认识水平的提高，依据应急预案的法律法规和有关标准，应急处置总结出的经验教训，需要及时评估和改进预案内容，不断增强预案的科学性、针对性、时效性和可操作性，不断完善并持续改进应急预案，使应急预案更加符合实际。经过制定应急方案—培训与演练—评价—改进方案过程的不断循环，达到提升各类主体应急处置能力，增强预案有效性的目的。

(二) 应急资源的准备

"资源"是指一国或一定地区内拥有的物力、财力、人力等各种要素的总称。宽泛而论，"资源"可分为自然资源和社会资源两大类。前者如阳光、空气、水、土地、森林、草原、动物、矿藏等；后者包括人力资源、信息资源、技术资源以及经过劳动创造的各种物质财富。

常言道："巧妇难为无米之炊。"无论在什么时代，在何种政治体制下，"资源"都是一个国家及其政府实施各项行政管理活动的基本要素。没有资源，任何公共事务（包括应急管理）都难以开展。然而，资源总是受到时间和空间的制约，甚至其本质上就是有限的。因此，为了利用有限的应急资源更好地实施应急处置，就有必要重视应急资源及其管理。

1. 应急资源的概念

在应急处置中，"应急资源"的状态和资源管理的能力直接决定了应急处置的能力和处置的限度。可以说，"应急"在很大程度上考验的是资源的应急调配过程和能力。应急资源的准备充分程度是一个国家、地区和社区"应急准备度"（preparedness）的重要指标。而应急准备度本身又是一个国家、地区和社区做好应急管理和突发事件处置的关键要素之一。据此可说，"资源准备度"是应急准备度的重要维度和题中之义。

那么，何为应急资源？所谓应急资源，是指有助于突发事件处置，实现应急管理目标（譬如人群疏散、交通疏导等）的各种组织，权力，信息，人力（包括专家、专业队伍等），财政资金以及物资方面的物质性要素与非物质性要素。可以说，应急资源是从应急管理的角度来讨论资源问题的。

2. 应急资源的种类

(1) 基本应急物资。《应急物资分类及产品目录》中列出了基本应急物资的清单，具体涉及防护用品、生命救助、生命支持、救援运载、临时食宿、污染清理、动力燃料、工程设备、器材工具、照明设备、通信广播、交通运输以及工程材料等方面。需要强调的是，基本应急物资应当保持动态调整，根据突发事件的发展形势而增减应急物资清单。此外，要做好基本应急物资的统计、监控与信息共享工作，以备及时补充和调配等。

（2）应急人力资源。应急处置需要多种人力资源队伍的通力合作。这包括以下四个方面：①应急管理队伍。这主要是指相关政府机构、应急管理机构工作人员以及各行业的主管领导和相关工作人员，为了提高应急处置中的领导和管理能力，就需要对这些群体进行常规性和突发事件中的临时性应急管理培训。②应急管理的专家队伍。在应急处置当中，常常需要化学、辐射、通信和心理咨询等方面的专家提供咨询，而对于这个群体有必要在平时编制好通讯录及相关专家档案。③应急处置的专业人。这主要是指消防、公安、急救、医疗等专业队伍要以预案为指导、以提高现场处置中的部门协作效率为目的加强演练，从而从总体上提升应急处置能力。④应急人力队伍。为应对大规模突发事件，尤其是自然灾害，政府还要做好社会人力队伍的各类主体的动员工作。一般重点考虑民兵、高等院校师生以及社会志愿者（尤其是专业社会组织）等参与自救和互助救援工作。

（3）应急交通和通信资源。①交通：大灾害事故发生后，由于陆路交通受阻、拥堵或其他条件约束，此时航空救援可以超越各种局限，未来，我国应形成强大的航空救援体系和能力：一是实现森林消防直升机救援队伍的多样化，二是加大救灾直升机特别是重型直升机保有量，三是协调军队开放低空域。②通信资源：应急管理部成立后，注重以应急管理信息化推进应急管理现代化，编制印发了《应急管理信息化发展战略规划框架（2018—2022年）》。突发事件是不断演变的，这就需要应急管理者进行动态决策，不断地根据事件的发展发出各种指令，调配应急资源。通信就起着信息桥梁的作用，是决定应急决策是否及时和准确的关键因素。应急管理部应健全应急通信保障体系。完善公用通信网，建立有线与无线相结合、基础电信网络与机动通信系统相配套的应急通信系统，确保突发事件应对工作的通信畅通。此外，应急管理部还应加快应急指挥平台建设，实现全国应急管理部门视频、图像、数据的互联共享。未来，应急管理信息化、智慧化是一个难以逆转的趋势。我国应加大应急信息化建设的力度，利用大数据、云计算、人工智能等先进技术，更好地为应急管理事业服务。

3. 应急资源的特征

从管理角度考察应急资源的特质具有两种进路：一种是考察共性即资源本身的属性（譬如稀缺性）也将是应急资源的基本特征；另一种考察特殊性即应急资源本身所具有的特点。基于这两种思路，我们将应急资源的特征总结为以下三个方面。

（1）稀缺性。资源总是稀缺的，应急资源尤其如此。之所以这样讲，是由于当突发事件发生之后，需要在短时间内获取某些特殊的资源。这种时间压力往往使得特定资源在特定时间和空间范围内变得相对缺乏。譬如地震发生之后的水资源、粮食、照明设备等。应急资源的这种稀缺性特点决定了有必要对应急资源进行管理，其中"储备"和"调度"（包括与之相关的应急资源运输等）就成为关键点。

（2）分散性。常言道，"一方有难八方支援"，这不仅仅意味着应急物资的相对稀缺性，而且道出了应急资源的分散性。尽管国家对于基本的应急资源（譬如帐篷）实行了物资储备制度。但是，这不能从根本上消融应急物资的基本属性，即分散性。基于此，应急资源管理的一个重要努力方向就是资源整合。这种整合需要在部门之间、地区之间以及行业之间推进。

（3）不确定性。突发事件的不确定性直接决定了应急资源的不确定性。这有几层含义：不同种类的突发事件会将不同的资源"界定"为应急资源，譬如火灾发生之后，水和口罩就是一种应急资源；不同时间发生的突发事件会对特定资源提出要求，譬如晚上发生交通事故，照明设施就会成为一种应急资源；此外，在同一种突发事件的不同阶段会发生预计之外的次生灾害，也会对应急资源提出不同的要求。上述几点较为鲜明地刻画了应急资源的不确定性特征。实际上，应急资源的不确定性乃是由于突发事件状态下对于应急资源需求的不确定性，正是由于这种不确定性决定了应急处置的队伍必须快速响应需求，通力合作，及时做好应急资源的保障。

本章小结

本章从具体行动层面对突发事件预防与应急准备的内容进行分析，首先以预防、处置突发事件的需要为出发点，对城市进行安全规划，从源头上避免风险；其次，通过有效的风险管理，完成识别风险来源、分析风险发生的可能性和后果的严重程度，并决定如何处置风险的全过程，从源头上减缓风险；再次，通过"应急预案"将特定范围内的应急能力与相应的组织结构和运行机制结合起来，形成应对某类突发事件的制度性安排；最后，通过合理配置物资、资金、人力等资源，形成各种必要且适度的应急准备能力。

关键术语

预防　应急准备　安全规划　风险管理　应急预案

? 复习思考题

1. 预防与准备的内涵是什么?
2. 城市公共安全规划的内容有哪些?
3. 请简述风险管理的内涵及流程。
4. 应急准备包含哪些内容?
5. 举例说明如何实施应急预案的管理工作。

第四章

监测与预警

📖 知识目标

1. 了解突发事件监测的概念及意义
2. 了解突发事件监测的主体、技术及内容
3. 了解突发事件预警的概念及意义
4. 了解突发事件预警的主体、平台及体系

📖 能力目标

1. 联系实际,阐释突发事件预警的效果、评价标准及优化路
2. 结合具体案例,阐释我国预警机制存在的问题及改善措施

📖 思政目标

1. 理解精准预警机制中的"以人为本"的原则
2. 理解在监测与预警机制中的"公众参与"与"群防群治"的重要性

日本大地震的应急救援

2011年3月11日14时46分（北京时间13时46分）日本发生9级地震，引发了大海啸，灾区满目疮痍，令人惨不忍睹。截至当地时间4月19日，大地震及其引发的海啸已确认造成14 001人死亡13 660人失踪。在地震灾情严重的宫城县有8 487人遇难，在岩手县有4 033人遇难。仍有约13.6万人在各避难所避难。宫城、岩手和福岛三县的遇难者中92.5%的人是在海里淹死的，60岁以上的遇难者占65.2%，70岁以上的遇难者占24%。

特大地震发生后，日本政府立即启动相关预案，沉着应对，最大限度地减轻灾害损失和控制事态蔓延。

(1) 日本设立官邸对策室处理危机事务。地震发生后，日本政府迅速做出反应，在首相官邸危机管理中心设立官邸对策室，并发出指示让所有内阁成员到官邸集中。数小时以后，日本首相菅直人发表电视讲话，就救灾工作做出部署。菅直人说，政府有关部门将竭诚合作，动员所有资源尽全力减少地震带来的损失和人员伤亡。他同时呼吁日本民众发扬互助精神，团结起来，共渡难关。

(2) 迅速调动自卫队投入救援日本政府在首相官邸召开了紧急灾害对策总部会议，包括菅直人在内的全体内阁成员出席，会议决定日本的自卫队军舰和战斗机受命赶往灾区，参与搜救。

(3) 及时发布地震和海啸预警强震发生后，日本政府通过广播、电视和卫星数据传输系统来播发地震警报。数百万日本人在大地震发生前大约1分钟得知了地震的消息，3分钟后预警海啸。一些订阅了特殊预报服务的人通过手机和电子邮件收到警报。在东京，电视上正常播放的节目内容被警报声打断，由日本广播协会NHK播送早期地震警报。电视警报出现后一分钟，第一次强烈震动撼动了首都东京地区，高层建筑开始摇晃，数百万人逃到室外。日本新干线启动地震应急系统，正在行驶的新干线列车自动减速或者停驶。

资料来源：张永春：《日本大地震应急救援启示录》，《中国应急救援》2012年第4期。

第一节　突发事件的监测

一、突发事件监测的概念

广义的监测是对潜在风险、危险源、危险区域等进行实时跟踪获取相关信息后,及时报送处理,并发出预警的整个流程。狭义的监测是指以科学的方法收集重大危险源、危险区域、关键基础设施和重要防护目标等的空间分布、运行状况以及社会安全形势等有关信息,对可能引起突发事件的各种因素进行严密的监测,搜集有关风险和突发事件的资料,及时掌握风险和突发事件变化的第一手信息,为科学预警和及时采取有效措施提供重要信息基础[①]。

二、突发事件监测的功能

监测是开展风险评估的基础。通过对风险源的安全状况进行实时监测,尤其是对那些可能是风险源的安全状态向非正常状态转化的各种参数的监测,快速采集信息,为灾害的预测预警提供条件。监测也包括监测事态变化过程,为应急处置方案的不断调整提供依据。概括来说,在突发事件应急管理的事前、事中、事后三个阶段上,监测都可以发挥重要作用。

(一) 监测潜在风险,及时进行预警

一般情况下,危险源在可控制的范围内是相对安全的,一旦条件发生变化,其状态超出了可控制的范围,则进入不安全状态。通过风险监测方法可以实时监测风险源的安全状态,并通过一定的计算方法发出预警信息,为突发事件的预测预警提供决策依据。监测监控对危险源的控制至关重要。

(二) 对突发事件实时监测,为及时有效应对提供依据

突发事件发生后,通过实时监测,及时迅速获取应急处置方案的实时效果,如果启动的应急决策方案尚未实现预期的目标,将根据监测的结果重新调整应急方案,并及时启动新的应急决策方案。因此,实时监测监控为应急方案的不断调整提供了决策支持,为事后的评价分析提供了参考依据。监测将直接影响突发事件处理的速度和进程,并影响政府对应急处置工作的决策和公众对政府形象的评价。

---

① 郭济:《中央和大城市政府应急机制建设》,中国人民大学出版社,2005年。

三、监测的目标与原则

监测的目标是加强对各类突发事件的发生、发展及衍生规律的掌握和研究，完善监测预警网络，提高综合监测和预警水平，确保风险隐患早发现、早研判、早报告、早处置、早解决。加强突发事件监测机制建设，需要遵循以下工作原则。

（一）依法监测的原则

要根据突发事件监测相关的法律、法规、规章开展监测工作。例如，《国家突发公共事件总体应急预案》就规定："各地区、各部门要针对各种可能发生的突发公共事件，完善预测预警机制，建立预测预警系统，开展风险分析，做到早发现、早报告、早处置。"

（二）客观公正的原则

监测是预警工作的一个先决条件，应不断完善监测标准，如实客观地记录风险隐患情况，进行比较分析，真实反映出突发事件趋势状况，根据监测分析结果，对可能发生突发公共事件进行预警。

（三）重点监测的原则

影响突发事件的因素繁多，因此实际工作时应对那些危害大、频率高的风险隐患实行优先重点检测；例如进入1990年代后，沿海各地加强了台风监测、预警预报、防汛通信、计算机网络和指挥决策系统等非工程设施建设，初步建成了沿海和海岛自动气象站网、气象卫星遥感监测系统、水雨情监测系统、台风预报预警系统、远程会商决策指挥系统，为科学决策和及时组织群众转移赢得了宝贵时间，在防御台风和暴雨洪水过程中发挥了重要作用。

（四）专业监测与社会监测相结合的原则

在实际监测工作中要注意专业监测与传统监测相结合，构建由各级政府、相关主管部门、专业机构、监测网点以及基层部门等构成的综合监测体系，通过多种途径，及时、全面、准确地收集突发事件信息。

四、监测机制的主要内容

建立监测机制包括以下内容[①]。

[①] 闪淳昌、薛澜：《应急管理概论——理论与实践》，高等教育出版社，2012年，第184—187页。

(一) 构建突发事件监测网络

突发事件监测网络，包括各种类型突发事件的专业监测网络以及综合性的监测网络。根据自然灾害、事故灾难、公共卫生事件和社会安全事件的种类和特点，建立健全基础信息数据库，完善监测网络，划分监测区域，确定监测点，明确监测项目，加大监测设施设备建设，配备专职或者兼职的监测人员，对可能发生的突发事件进行监测。例如，美国在飓风监测和相关数据库建设上一直处于国际领先地位，用以推断飓风风险的监测数据库系统十分完善，飓风的预警和预报准确率也随着数据库的完善而不断提高[①]。

(二) 完善突发事件监控系统

对危险源、危险区域采用实时监控系统和危险品跨区域流动监控系统。运用现代安全管理理论和现代科技手段，通过重大危险源、危险区域现场实时监测与视频监控系统，以及危险品跨区域流动监控系统，对于重大危险源、危险区域进行实时监控或远程监视、预警和控制，维护重大危险源和危险区域、关键基础设施和重点防护目标的数据，预防重大事故的发生，确保重大危险源、危险区域的安全运行有极重要的作用。

(三) 健全突发事件信息监测制度

加强应急值守，把加强应急值守作为常态和非常态工作的基础和保障，严格执行24小时值班制度和领导带班制度；明确领导带班职责和相应的考核奖惩办法；选调政治敏锐、责任心强、熟悉业务的人员充实到值班工作岗位上去；严格岗位责任制，值班领导和值班人员应当恪尽职守，认真履行职责，做到不脱岗、不漏岗，确保值班的连续性、有效性，实现突发事件的快速应对。

(四) 推进信息报告员队伍建设

各信息报告责任主体要指定专门信息报告员，负责应急管理有关信息的收集、整理、汇总、报告；充分利用互联网、报刊等媒体信息资源优势，不断加强和完善社区、乡村、学校、企业等基层单位专职或兼职信息报告员制度，扩大信息来源。每年组织信息报告人员轮训，建立信息报告员培训机制，普及应急管理知识，提高信息报告质量。

---

① 文进、谢瑜、高晓凤，等：《美国飓风风险管理的循证评价及其对我国医疗风险管理的启示》，《中国循证医学杂志》，2006年第3期。

五、监测的方法

监测机制是应急管理机制的重要组成部分，作为应急管理的第一道防线，在整个应急管理过程中发挥着前提性、基础性作用。纵观我国应急管理机制的发展历程，我国已建立起分行业、分部门的城市安全风险监测机制，正逐步实现从注重响应、单灾种应急向多灾种、协同应急转变。

在城市生命线工程安全风险监测方面，各地市主要从燃气管网、供水管网、排水管网、热力管网、桥梁及综合管廊等领域开展安全风险监测预警工作。其中，以燃气管网安全风险监测预警机制的内容为例，一方面包括政府建设部门与公安、市场监管、应急等相关部门联合开展的针对城市工商业用户及大型商业综合体、餐饮界、集贸市场等用户燃气安全隐患及居民用户入户燃气排查等安全督查检查，另一方面包含燃气公司建设的燃气管道泄漏监测报警系统。

在自然灾害风险监测方面，构建了"全灾种、大应急"的监测工作格局，《突发事件应对法》与《国家突发公共事件总体应急预案》均对自然灾害监测机制主体、内容和信息传递路径方式作出明确规定。其中，在地震监测预警方面，我国已建立覆盖全国 31 个省区市的地震监测站网，经由手机、电视、广播、专用接收终端等，实现地震预警信息及时发布，提前做好预防工作。地质灾害监测预警方面，利用遥感卫星监测可视化系统已大规模投入运行，南昌、成都等地市建立地质灾害治理"天—空—地"同步监测体系，可准确预测滑坡发生事件并及时告知相关责任部门。

在生产安全风险监测预警方面，为了确保危化品、工矿商贸行业安全生产，各地初步建立起生产安全风险监测预警信息化系统，通过该系统企业可以全方位、全过程监控安全生产的薄弱环节和重要领域，获取各种事故征兆，利用人工智能进行判断和预警。同时系统经由网络传输实现联网与数据共享，应急管理部门与相关行业主管部门运用该系统实施对企业生产全过程监督管理。

在公共安全风险监测预警方面，针对消防安全风险，我国建立了"智慧消防"系统，融合消防安全监管执法数据、消防安全风险实时监测数据和社会单位（场所）安全巡查数据，开展对消防安全风险的分析预警。针对人员密集区风险，我国当前主要运用人工技术监测法、传感器检测法、票务系统算法模型法等技术来预测[1]。

监测的技术方法，主要包括传统的群众监测方法和依靠科学技术的专业监测方法。传统的群众监测是一种发动广大群众，特别是受到威胁的个体或集体采用简单的设备，通过观测直接参与潜在突发事件监测的监测方法。专业的监测方法是指利用 3S、视频、无线、卫星等监测方法对潜在风险进行测量和监控。

---

[1] 赵晓雪：《城市突发事件综合监测预警机制研究》，河南理工大学硕士学位论文，2022年。

第二节　突发事件的预警

一、预警的内涵与功能

（一）预警的内涵

从突发事件演进的过程来看，预警是应急管理在事发前最为重要的一个环节。所谓预警，就是指预先警告。这个词最早来源于军事领域，主要是指通过各种手段提前发现、分析和判断敌情，并将其威胁程度报告给指挥部，以便提前采取措施应对的活动。后来，预警逐步被人们应用到政治、经济、社会、自然等多个领域，包括灾害管理领域。

在应急管理中，预警主要是指危险要素尚未转变为突发事件之前，将有关风险的信息及时告知潜在的受影响者，使其采取必要的行动，做好相应的准备。1997 年，联合国发表的《有效预警的指导原则》（*Guiding Principles for Effective Early Warning*），指出预警的目标是：赋予受灾难或其他危险要素威胁的个人及社区力量，使其能够有充足的时间，以适当的方式采取行动，减少个人的伤害、生命损失、财产和周边脆弱环境受到破坏的可能性[①]。

预警的过程包括三个阶段：监测、预警、响应，显示了预警的三个不同纬度。

（二）预警的功能

预警处于应急管理的"前哨"地位。其主要的功能是：预测可能发生的突发事件危害程度，社会公众做好应急准备，启动应急响应，最大限度地降低突发事件所导致的损失，为有效地应对突发事件赢得宝贵时间。具体来说，包括以下四个方面。

（1）预测功能。预警通过对政治、经济、社会、自然领域的一系列指标进行监测，及时发现其异常变化与特征，事先对突发事件发生的可能性及其严重程度进行分析、判断。

（2）警示功能。当监测分析指标突破一定阈值时，预警机制就会实现从预测向预警的过渡，向特定的受众发出警报，引导人们采取相应的措施来加以应对。

（3）消解功能。在应急管理中，一方面，有效的预警可以抑制风险和突发事件的升级和扩大，避免风险演变为突发事件，一般突发事件演变为重大突发事件；另一个方面，有效的预警可以减轻突发事件造成的损失，减缓突发事件带来的震荡。

（4）教育功能。预警可以培养人的忧患和风险意识，有利于公众居安思危，塑

---

① Philip, H., Early Warning Systems. (2007). Reframing the Discussion. *The Australian Journal of Emergency Management*, 22 (2): 32-36.

造公共安全文化，具有一定的教育作用。

二、突发事件预警的分级及工作流程

（一）突发事件预警分级

突发事件预警分级是指根据有关突发事件的预测信息和风险评估结果，依据突发事件可能造成的危险程度、紧急程度和发展态势，确定相应预警级别，标示预警颜色，并向社会发布相关信息。《突发事件应对法》第六十三条规定："可以预警的自然灾害、事故灾难和公共卫生事件的预警级别，按照突发事件发生的紧急程度、发展态势和可能造成的危害程度分为一级、二级、三级和四级，分别用红色、橙色、黄色和蓝色标示，一级为最高级别。

（二）突发事件预警的工作流程

从预警工作开展流程来看，预警通常要经过潜在突发事件信息收集、分析与预测、风险评估、应急决策、预警实施五个步骤，其一般工作程序如图4-1所示。

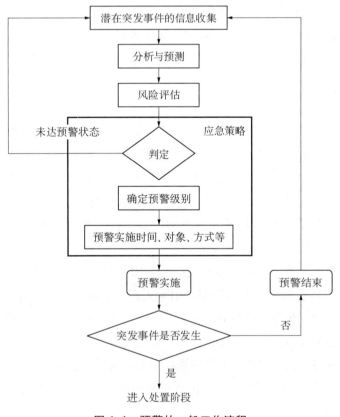

图4-1 预警的一般工作流程

1. 潜在突发事件信息的收集

通过各种手段和工具,实时收集各种潜在突发事件信息,在信息收集方面要做好以下两方面工作:明确监控突发事件的对象范围;明确监控信息的收集要求、空间范围要求、收集方法要求以及收集过程要求。

2. 分析与预测

在信息收集之后,通过各种手段,对原始信息进行分析:一方面要去伪存真,防止虚假信息,以免造成后续应急管理工作的决策失误;另一方面要透过现象看本质,进行深度性、关联性分析,以防关键信息的遗漏。在分析的基础上,通过各种技术工具,对突发事件的潜在风险开展预测工作,以便及时识别和判定危害的存在。

3. 风险评估

预测发现有潜在危害存在后,要将特定的突发事件信息输入风险评估系统,以确定突发事件可能造成的风险级别和产生危害的程度。风险评估需要做好以下工作:确定突发事件的性质,确定与突发事件相应的评估方法;要果断实施评估,不要因犹豫不决而贻误应急良机。

4. 应急决策

在确定突发事件发生的可能性和风险程度后,按照突发事件应对的步骤进行应急决策,确定预警级别、发布时间、发布范围、发布对象、发布方式、警示事项和发布机构等内容。

5. 预警实施

预警实施一是要对公众告知,做到公开事态事情,使公众做好应对突发事件的各项准备;二是采用内部通信系统和办公系统迅速通告应急部门,已准备启动各项应急管理工作。预警信息的发布、调整和解除可通过广播、电视、报刊、通信信息、网络、短信群发、公用显示系统、警报器、宣传车或组织人员逐户通知等方式进行,而对老幼病残孕等特殊人群以及学校等特殊场所和警报盲区,应当采取有针对性的公告方式[①]。

三、突发事件的预警机制

(一)预警机制的构建原则

2005年7月,全国应急管理工作会议上提出:建立健全预警体系,加强应急管理工作,就是要提高国家保障公共安全和处置突发事件的能力,预防和减少自

---

① 张沛、潘峰:《现代城市公共安全应急管理概论》,清华大学出版社,2007年。

然灾害、事故灾难、公共卫生和社会安全事件及其造成的损失，保障国家安全、公众生命财产安全、维护社会稳定。我们在构建预警机制体现以下三个原则。

1. 及时性原则

突发事件预警机制功能实现的前提是：在突发事件发生之前，识别存在的各种威胁。在此基础上，采取适当的措施发出警报，敦促社会公众采取行动，避免突发事件的发生或者最大限度地减轻突发事件的影响。预警机制如果不能及时发现潜在的风险并传递相关的警情，也就不能为提前采取相应措施赢得宝贵的时间，其存在也就失去了意义和价值。

《国家突发公共事件总体应急预案》规定：各地区、各部门要针对各种可能发生的突发公共事件，完善预警机制，建立预警系统，开展风险分析，做到早发现、早报告、早处置。这就体现了及时性原则。

2. 准确性原则

准确性原则要求突发事件预警机制必须从客观实际出发，尊重历史和现实资料，分析突发事件相关因素之间的本质联系以及突发事件的演化，发展趋势，进行准确的预警。警报一旦发出，公众采取应对措施，就会产生一定的成本。如果预警不准，付出的成本就不会带来预期的收益。长此以往，社会公众对预警的信任度就会降低，进而导致人们对预警信息熟视无睹，预警机制就会名存实亡。

3. 全面性原则

全面性原则要求预警信息涵盖所有的利益相关者，不能挂一漏万、顾此失彼，在突发事件中，损失的降低程度通常与获得警报的人数成正比。为此，在预警信息的传播中，我们要采用多样化的信息传递渠道，不仅要运用现代化的信息手段，如电视、广播、互联网、手机等，而且要兼顾传统的预警方式，如高音喇叭、鸣锣敲鼓、奔走相告等。同时，传播预警信息要特别关注弱势群体。

能否落实突发事件预警机制构建的三个原则，这直接影响着预警的效果。我们可以用这样一个公式来表述，即：预测预警的效果＝及时性×准确性×全面性。换言之，预警的效果与其及时性、准确性和全面性呈正相关关系。预警越及时、越准确、越全面，预警的效果就越好。

（二）突发事件预警监测的主体

按照"专业监测社会监测"的模式来确定，将社会各个系统的触角都作为监测的主体。突发事件预警监测的主体可从五个方面来划分[1]，如图4-2所示。

---

[1] 金俣昕：《突发事件预警的情报监测与分析》，南京大学硕士学位论文，2011年，第33—34页。

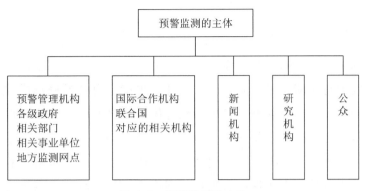

图4-2　预警监测的主体

1. 预警管理机构

预警管理机构是监测主体的主要组成包括各级政府和相关部门、相关的事业单位以及由专职或兼职信息报告员构成的地方监测网点。

2. 国际合作机构

很多突发事件的影响是全球性的，别的国家的突发事件也可能是国内发生类似事件的预警信号，因此在预警信号监测方面，应该加强全球相关机构之间的预警合作，协助共进。在这种合作中，联合国发挥重要的作用，不仅是预警合作事务的协调者，而且其下属的各类机构本身也是预警监测的主体。

3. 新闻机构

新闻机构是重要的突发事件预警监测机构，很多突发事件都是由新闻机构进行曝光的。新闻机构因其性质和职责担负着监视人类的政治、经济、文化等环境的任务，掌握了大量的信息。

4. 研究机构

研究机构因研究需要对某一个领域也会持续关注，这种关注就会使研究人员获知许多潜在的风险因素。研究机构因研究的需要，会对某一领域持续关注，这种关注就会使研究人员获知许多潜在的风险因素。将这些风险因素进行分析并及时传递相关警情，就能会采取相应措施赢得宝贵时间。

5. 公众

在突发事件中，社会中的每个人都是预警信号的监测者，因为突发事件可以在各个领域发生并影响到每个人，而作为预警信号监测者的公众，又是人际情报的信息源，因此每个人都参与监测预警信息就相当于每个人都成为人际情报源，他们将从客观世界中感知到的预警信号通过自己的语言或者行为进行"转播"。要使公众最大限度地担任好预警信号的人际情报源这一角色，就要使公众对于突发事件前兆的感知、解读更为敏感，然而人们往往会对这些前兆视而不见[①]。

---

① 金俣昕：《突发事件预警的情报监测与分析》，南京大学硕士学位论文，2011年，第33—34页。

(三) 突发事件预警的技术

监测技术是预警的基础和支撑，没有对孕灾环境和致灾因子的动态监测，就不可能及时发现有关能量的"临界值"变化，也就不可能准确形成警示信息。因此，发展监测技术，提高监测水平成为预警体系建设的一个先决条件，也成为公共安全预警机制建设的一个着力点。

政府预警系统是一个高科技的信息系统，技术是否先进对系统的效率至关重要。这个系统应该是一个集话音、数据、图像为一体，以信息网络为基础，以通信、报警、求助、多媒体人机交互指挥平台、领导决策指挥和决策支持、信息综合查询和预警等分系统且各分系统有机互动为特点的整体。此外，该系统还应当包括 GPS 子系统与 GIS 子系统，信息发布交互平台、监控与记录、安全子系统，电源子系统，遥测、遥控子系统，无线指挥通信系统，统计分析子系统等。这样，该系统就能为政府应急管理预警和指挥、管理提供强大的技术支持①。

以地震预警为例。地震预警是指突发性大震已发生、抢在严重灾害尚未形成之前发出警告并采取措施的行动，抢在地震波传播到设防地区前，向设防地区提前几秒至数十秒发出警报，以减小当地的损失，也称作"震时预警"②。20 世纪 90 年代以来，随着计算机技术、数字通信技术和数字化强震观测技术的成熟，日本、美国、墨西哥等国家应用实时强震仪先后建成了现代地震预警系统。目前经地震实践检验，最为成功的地震预警系统就是墨西哥的 SAS 系统。它在 1995 年 Guerrero 7.3 级地震中为墨西哥城 2 000 万人中的 440 多万人提供了 72 秒的预警时间，尽管情况特殊，但它证明了地震预警系统的有效性，说明地震预警技术的实施具有重要意义③。因此，在技术上极力提高系统的反应决策速度以及预警的准确性和可靠性意义重大，同时地震预警系统将和地震速报系统、智能地震应急控制系统紧密地结合在一起，成为防震减灾的有效手段。

第三节 突发事件预警的效果反馈

预警机制并非单纯的灾情监测和信息发布，预警只是先导，关键还要落实到

---

① 张维平：《政府应急管理预警机制建设创新研究》，《中国行政管理》，2009 年第 8 期。
② 从技术的角度说，地震研究人员早已认知，地震 P 波传播的速度快于地震主运动 S 波和面波的速度，而电磁波的传播速度（30 万 km/s）远大于地震波速度（约 10 km/s），地震预警技术就是利用 P 波和 S 波的速度差、电磁波和地震波的速度差，在地震发生后，当破坏性地震波尚未来袭的数秒至数十秒之前发出预警预告，从而采取相应措施，避免重大的人员伤亡和经济损失。
③ 袁志祥、单修政、徐世芳：《地震预警技术综述》，《自然灾害学报》，2007 年第 6 期。

防控行动上。因此,对于特大城市应急管理体系建设来说,完整的预警机制应该包括"监测—警示—行动"三个相互衔接、逐步递进的过程和内容。监测的对象是致灾因子,主要内容是监控孕灾环境的变化,识别和发现致灾因子形成过程,这是预警机制的基础和前提。警示的对象是政府工作部门、应急队伍,以及广大社会成员,主要目标是确保有关人员准确、全面知晓和理解有关风险信息(致灾因子、风险等级、灾害后果),这是预警机制的核心和内容。行动的主体是专业部门和社会成员,主要内容是采取有效防控措施,提早进行应灾准备,防范和规避风险。

图4-3将预警机制的"三段六步法"具体展现出来。监测、警示和行动是预警机制的三个基本阶段,每个阶段中分别有六个具体步骤,分别是:信息收集、情势研判、警讯发布、准确接收、控制措施和准备措施。这六步的主要内容和方法可见表4-1①。

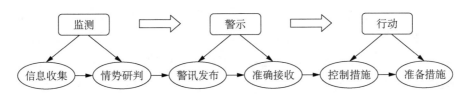

图4-3 灾害预警机制运行的"三段六步法"

表4-1 预警"三段六步法"的具体内容

	主要内容	技术手段	基本要求	举例
1. 信息收集	对物质、能量活动进行监测	监测网络、技术、设备	覆盖面广、介入程度深、快速、准确	监测高气压生成、活动过程
2. 情势研判	判断物质、能量聚集是否达到阈值,是否产生致灾因子	指标体系	临界情况判断准确	是否形成台风,可能的移动路径
3. 警讯发布	向管理人员和社会群体发布有关致灾因子的信息	发布网络、技术、设备	覆盖面广、及时、快速	通过广播、电视、网络发布预警
4. 准确接收	管理人员和社会群体准确、及时接收信息、理解情势	网络、广播等	简单易懂、深入人心	专业管理人员和社会群体接收并了解
5. 控制措施	阻止形成致灾因子或次生性致灾因子	封堵、关闭、隔离、加固等	正确操作	建筑物加固、构筑物加固、生命线保护
6. 准备措施	减少承灾体暴露,提高抗逆性	物资、人员、队伍的整合	应对及时	人员疏散转移、减少外出

---

① 容志:《从分散到整合:特大城市公共安全风险防控机制研究》,上海人民出版社,2014年,第134—135页。

(1) 信息收集工作。主要是通过监测设备和系统实时掌握有关物质、能量、信息等要素的活动情况，表现形式以数据的统计、跟踪、储存等为主。例如，道路危险品运输的预警机制建设中，两个方面的情况监测和信息收集非常重要：一是交通事故防范信息收集，主要是对现有的车载货物状况及环境信息进行统计、分析和数据挖掘，从中找出导致危险品事故的分布特征、成因及其影响因素，如车载货物的温度、异常天气下的交通安全管理的措施等，并对道路运输情况（气温、车速、位置、运行等）进行动态监测。二是交通事故信息收集，主要是当危险品运输事故发生后，利用多种交通事故信息收集方式，包括报警电话、巡逻车、视频监测器、交通流监测器、气象监测器等，动态监测交通事故，以及倒覆车辆、危险品容器和装置的基本情况等。信息收集工作的基本要求就是覆盖面广，监测点多，能尽可能详尽、动态、持续地跟踪物质、能量和信息的活动情况。在某种程度上说，监测点的覆盖程度、监测精度与信息收集的能力呈正相关的关系。

(2) 情势研判工作。主要是在信息收集的基础上，通过指标体系的对比，判断致灾因子是否生成，以及其规模、能量、等级、影响等要素，也就是识别致灾因子的形成。研判的一个重要指标就是风险临界阈值。这里就涉及风险临界阈值中的准确度问题。正常情况下，风险只是以潜在的状态存在，按照社会物理学中的社会燃烧理论，潜在的风险只有达到"燃点"时才能爆发出积蓄的破坏性力量。因此，在整个预警体系中，风险临界阈值的识别和判定就变得尤为重要。风险不可避免，但可以被控制在一定的安全区间内。而且风险临界阈值也直接关系到风险的等级判定和后续的应对措施。在自然灾害中，致灾因子的生成和临界阈值可能是一个客观的技术问题，如量化的数值，但在社会风险中（社会运动、社会冲突等）风险临界阈值的确定并不是一个简单的技术问题，它涉及整个社会的结构特征、发展状况、内外环境等众多综合因素，不仅需要大量的数据汇总分析，还需要一批有经验的专家在参考国内外同类或相似风险预警系统中设置的临界阈值的基础上，根据本国本地区的具体情况做出详细的判断[①]。判断出风险的临界阈值就意味着在很大程度上控制了风险产生灾难性后果的概率，而且也使得整个预警工作做到有的放矢，不至于在繁杂的状况面前束手无策。

(3) 警讯发布工作。主要是通过各种传播媒介，将致灾因子、灾害信息以及需要采取的行动指引向有关人员进行传递。根据传播的基本理论，这一过程包括信息符号和传播媒介两个基本要素。信息符号是指有关致灾因子的规模等级、影响范围和运动情况，是前期"信息收集""情势研判"工作的结果。对信息符号的要求首先是准确、全面、清晰，能够被快速识别和认知。因此，一般来说，各种灾

---

① 姜玉欣：《风险社会玉社会预警机制：德国社会学家贝克的"风险社会"理论及其启示》，《理论学刊》，2009年第8期。

害警示符号要统一、规范、简洁、容易识别。其次，还要比较简明扼要地描述在不同等级的预警信息下，建议目标人群（管理者、市民）采取的控制措施、准备方案或规避行动，也就是让大家知道"该怎么做"。比如，针对全国各地灾害性天气预警信息多样、混乱、不清楚的问题，中国气象局2007年发布了《气象灾害预警信号发布与传播办法》，该办法明确规定了预警信号的组成（名称、图标标准和防御指南），分类（台风、暴雨、暴雪、寒潮、大风、沙尘暴、高温、干旱、雷电、冰雹、霜冻、大雾、霾、道路结冰等）和级别[①]。而上海市政府2014年在气象预警的信息上又发布了《关于本市应对极端天气停课安排和误工处理的实施意见》，明确提出：当上海市发布台风、暴雨、暴雪、道路结冰等气象灾害红色预警时，各级各类学校和各区县教育行政部门将通过"上海教育督查"短信平台、微博、微信等方式及时通知学生和家长采取相关措施[②]，这就有效发挥出了预警信息的指导意义。

传播媒介的要求是覆盖面广、传播快速和全面准确。例如，2006年1月3日凌晨2时许，北京东三环路京广桥东南角辅路因污水管线漏水导致路面塌陷出一个宽5米、长20米左右的大坑。事故发生后，北京市政府相关部门立即成立京广桥南引桥污水管抢修现场指挥部，启动预警与应急机制。由于路面塌陷影响到东三环及现场周边多条道路的交通，交管部门迅速通过广播电台、电视、手机短信、室外信息显示屏、移动电视5种方式的联合运用将相关信息准确地告知北京市民，提醒出行注意事项。

（4）对象准确接收。主要是管理人员和社会成员能够全面、准确、快速接收预警信息，并能理解，为采取相应行动奠定基础。20世纪60年代，社会科学研究开始认为，灾害预警不仅是一个技术问题，其实际效力还与社会心理、社会结构以及阻止行为等问题相关，个体、群体和组织这些社会性问题也会对预警机制产生重要影响。换句话说，从实际功能来看，预警的过程其实也是政府、专家、民众、文化、社会、组织等各种复杂要素围绕风险的一个沟通过程。因此，预警机制要产生最大效果，除了准确的预警信息、高效的传播平台等要素以外，还需要推动预警对象的风险态度的转变，即通过社会与组织灾害风险文化建设，实现有效风

[①] 总体上分为四级（Ⅳ，Ⅲ，Ⅱ，Ⅰ），按照灾害的严重性和紧急程度，颜色依次为蓝色、黄色、橙色和红色，同时以中英文标识，分别代表一般、较重、严重和特别严重。根据不同的灾种特征、预警能力等，确定不同灾种的预警分级及标准。

[②] 《意见》规定：当日22:00前本市发布气象灾害红色预警且在22:00维持的，或当日22:00至次日6:00（含6:00）发布过红色预警的，各中小学校（含幼托园所、中等职业学校，以下统称"学校"）要于次日全天停课，并对因不知情等原因到校的学生做好相应安排；6:00以后至上课前发布红色预警的，学校要灵活安排教学活动，并对延误到校（未到校）的学生不作迟到（缺课）处理，为学生上学提供交通工具的学校，要落实措施，切实保障学生交通安全；上课期间发布红色预警的，学校可继续上课，并做好安全防护工作。

险沟通①。这就需要两个先决条件：一是通过长期的风险知识普及和教育，在全社会形成良好的风险文化和认知传统，克服普遍性的侥幸心理，从而帮助个体理解致灾因子的危害和进行基本的风险评估活动，这是预警机制能产生效果的最重要的社会心理基础；二是个体具备基本的风险控制和规避技能，了解基本的行为选择，甚至形成一种有效的"条件反射"，为采取行动做好铺垫。例如，在飓风警报来临时，市民不仅要能够读懂政府部门的预警信息，准确接受警示信息，还要在平时就了解逃生路线、逃生工具、逃生目的地等情况。没有这些条件，突发事件状态下也无法采取有效行动。

（5）采取控制措施。主要是管理人员和社会群体能够在警示信息的基础上，根据基本操作流程，采取科学、有效的办法对致灾因子或次生致灾因子进行控制，阻断风险演进或灾害链的形成。在自然灾害中，直接控制致灾因子的形成和活动的可能性并不大，因此，主要是加强承灾体的抗逆性，降低脆弱性，以及防止灾害链的形成。例如，在台风灾害中，虽然人们不能阻止恶劣天气的运动，但可以加固堤坝、闸门、建筑物、构筑物等建筑，防止倒覆引发的次生灾害；居民还可以加固房外的空调设备，移走窗台的花盆、重物等；还可以设置警示标识，防止人们走入危险区域等。

在人为灾害中，控制致灾因子的形成就成为这个阶段的重要任务。一般来说，致灾因子的形成和运动都有一个过程，因此，预警信息能为人们及时采取控灾措施提供宝贵的机会。例如，在每起火灾事故中，致灾因子都是火源，但火势的发展是一个过程，在外界干预下，这个过程的演进路径和结果可能表现出巨大差异。当火灾初起时，一般都是较小的明火，然后更多的可燃物被点燃，火势进一步扩大，甚至变成巨灾。如果室内安装了烟雾报警器，并在明火和烟雾形成后快速预警，就能引起人们注意，快速喷淋灭火，控制火势的进一步蔓延。

（6）采取准备措施。主要是减少承灾体在致灾因子的暴露性和脆弱性，提高抗逆性，做好防护和规避。特别是在自然灾害中，人类的准备措施就是离开致灾因子的影响区域和范围，减少暴露性，从而防范致灾因子给人类社会和人类本身造成的伤害。例如，台风暴雨预警后，往往需要排查棚简屋等脆弱性较大的区域，并对其中的居民进行转移安置。上海每年都会受到台风的影响，预警后的准备措施也是常抓不懈。2011年为因应台风"梅花"来袭，在24小时内，上海浦东、杨浦、黄浦、嘉定、奉贤、崇明等17个区县已转移撤离各类人员20余万人，最终转移撤离人数约达30多万人，一举超过2007年"韦帕"台风来临时的29.1万人，成为申城防台史上一次性转移人数最多的一次。

值得进一步探讨的是，灾害预测和预警既具有技术逻辑，也具有社会逻辑，

---

① 陶鹏、童星：《从碎片到整合：灾害公共预警管理模式的嬗变》，《中州学刊》，2013年第6期。

如何统筹考虑这两个方面,不断提高预警系统的实效性,是特大城市公共安全风险防控机制建设的重点。

以2005年美国卡特里娜飓风中的人群转移问题为例,就可以发现很多话题。2005年9月,《华盛顿邮报》、凯撒家庭基金会和哈佛大学公共卫生学院共同完成了一项"卡特里娜转移人口情况调查"。他们在休斯敦8个临时避难所抽样了680个年满18周岁的受灾居民,其中98%来自新奥尔良市。调查显示,在接受调查的受灾居民中,38%的人是在飓风来临前转移出来的,同时,61%的人是在飓风来临后才撤离新奥尔良市。为什么三分之二的人没有提早撤离呢?73%的人承认在飓风来之前就听到了疏散的命令,有25%的人没有听到任何转移的消息。这说明,大多数人还是知道飓风要来,且需要进行疏散。进一步调查显示,在听到转移命令的人中,有66%的新奥尔良人听清了转移的通知,也清楚地听到了转移的方式,那些知道转移方式的人更有可能在飓风前采取行动。在实施提前转移的人中,那些知道转移方式的人比那些知道要转移但不清楚怎样转移的人多出29%,比那些没有收到转移通知的人多39%。

在接受调查的人群中,通过电视机获得紧急疏散信息的人最多,占79%,通过收音机获得疏散信息的人占13%,通过家庭其他成员或朋友获得紧急疏散信息的人占4%,通过警察知道转移情况的人只占1%。由此可见,电视和收音机还是美国普通居民获得灾害紧急情况的最常用和最有效的渠道。

由表4-2可以看出,虽然政府发布了警报和撤退指令,但实际效果受到了较大影响。其中,最主要的三个原因是"当时没有自己的车或没有办法转移""自己低估了飓风以及飓风后的巨大危险"和"根本就没有想过要离开"。对这一具体案例的分析,可以得出结论,预警机制的实效性与以下几个要素高度相关。

表4-2 卡特里娜飓风中未实施转移的原因分析

没有转移的原因	占比(%)			主要原因(%)
	是	不是	其他	
1. 当时没有自己的车或没有办法转移	55	45		36
2. 身体不便不能离开	22	78		5
3. 不得不照顾身体残疾的人不能离开	23	76	1	7
4. 想等等,结果等待的时间太长	42	58		7
5. 自己低估了飓风以及飓风后的巨大危险	64	35	1	29
6. 担心自己离开后财产被偷或被破坏	27	73		4
7. 不想离开我的宠物	9	90	1	1
8. 根本就没有想过要离开	37	62	1	10

资料来源:《凯撒家庭基金会和哈佛大学·卡特里娜转移人口情况调查》,《华盛顿邮报》,2005年9月。转引自徐富海:《城市化生存:卡特里娜飓风的应急和救助》,法律出版社,2012年,第31页。

（1）预警信息的覆盖面。有25％的人没有听到任何转移的消息，这说明四分之一的城市人口没有被预警信息所覆盖。这就会降低预警信息的社会效果。

（2）预警信息的完整性。政府发布的预警信息不仅要告知人们"会发生什么"，还要进一步明确"该怎么办"。新奥尔良市32％的人虽然听到了转移的命令，但是没有听清楚怎么进行转移。而在实现提前进行转移的人中，那些知道转移方式的人比那些知道转移但不清楚怎样转移的人多出29％，比那些没有收到转移通知的人多39％。这就启示我们，预警信息要完整、明确，具有可操作性。

（3）采取行动的条件。新奥尔良市的非洲裔黑人占多数，达到总人口的70％以上，同时，它是美国最贫穷的城市之一，28％的人口处于贫困线以下，远远高于全国平均数（9％）。其中，有近5万个新奥尔良家庭没有汽车。因此，有高达36％的人表示"当时没有自己的车或没有办法转移"，这就是社会结构和条件制约了预警撤离的实际效果。如果当时能够充分考虑这一现实状况，提早一点进行"强制疏散"和"转移"，则灾害后果可能会减少。

（4）社会的风险态度和意识。有29％的人表示"自己低估了飓风以及飓风后的巨大危险"，10％的人表示"根本就没有想过要离开"，这说明，全社会的风险态度和意识需要进一步提高。在巨灾面前，侥幸心理往往会造成严重的损失和后果。

第四节　预警机制建设的思考

预警信息的发布效率直接决定了预警响应和应对处置的效果。我国突发事件预警在标准规范、业务体系、发布能力和组织响应等方面不尽完善，从预警的全过程视角看仍存在监测对象不够综合、技术手段"最后一公里"缺失、公众参与程度不高等问题，这在很大程度上制约了预警能力的提升。

一、构建精准预警机制需处理好的三对关系

在2019年主持中央政治局第十九次集体学习讲话时，习近平总书记强调"预警发布要精准"。精准的预警发布离不开精准的监测与风险研判。同时，预警机制的构建还必须以人为核心。精准的突发事件预警机制的构建要特别处理好以下三对关系。

一是以人为本与依靠科学的关系。预测预警必须依靠科学，但更要以人为本。科学是手段，人的需要才是目的。在构建预警机制时，必须以公众的需求为转移，以最终效果为导向。多一些人性化的关怀，预警的效果将会更加突出。预警信息的发布、调整和解除可通过广播、电视、报刊、通信、信息网络、警报器、宣传车或组织人员逐户通知等多种方式进行，对老、幼、病、残、孕等特殊人群以及

学校等特殊场所和警报盲区应当采取有针对性的公告方式，以满足特殊的需求。

二是政府主导与公众参与的关系。在中国这样一个政府主导型的社会中，应急管理预测预警机制的构建和运行都离不开政府。但是，预警机制要为社会公众的参与预留足够的空间。社会公众的参与不仅可以分担政府在预测预警方面的负担，而且还可以促进人防与技防相结合的局面，极大地提高预警的效率。

三是常态与非常态的关系。非常状态下的精准预警是要以正常状态下的持续监测为基础的。不仅如此，预测预警的最终效果还要取决于公众是否接受了报警信息并采取了响应的行动。这与人们在正常状态下接受公共安全教育的程度、社会的准备与响应能力是不能断然分开的。因而，我们要处理好常态与非常态的关系，在平常状态下为迎接非常态的挑战做好全面的准备。

二、构建"以人为本"的精准预警机制的重点

（一）加强多灾种的部门协同合作

为了适应"全灾种、大应急"的要求，突发事件预警要打破部门的局限，建立统筹的信息共享平台，将水利、气象、水文等部门的数据加以整合，并建立常态化的联合会商机制、形成协同联动的工作流程，解决"最后一公里"的问题。在实践中，我们要依托应急管理部的综合优势和其他部门的专业优势，对突发事件的生成、演进的总体趋势进行前瞻性的预判，未雨绸缪地采取措施，如前置资源与队伍、转移安置群众等。

（二）为公众多样化需求供给有效信息

首先，要开展差异化的预警信息编制和传递，面向特定风险感知人群，同时提升预警信息的可接收和可接受的程度。特别是"十四五"时期，我国将进入中度老龄化社会。预警信息的编制需要契合老年人的需求，便于老年人接收和理解。残疾人、妇女、儿童等其他脆弱性群体的特殊需求也必须得到关注。而且，预警信息还要对避灾疏散、应急准备提出对策建议。真正"以人为本"的预警机制要考虑满足不同人群的差异化、多元化需求。

（三）让科学技术为预警全流程赋能

在流程上，预警要将注意力更多配置在警报发布与激发响应环节上。我们可以采取以下措施：强化空、天、地、海一体化监测，推动卫星资源与技术在预警中的应用，消除难以触及的"死角"，加快预警地区多项指标数据采集速度；依靠大数据支持，注重对提高公众响应个性化需求的满足，增强智能化预警的能力；推进小区广播工程，提高预警的速度与覆盖率；强化无人监测支撑，等等。总之，以人为本要让技术贯穿于预警的各环节、全过程，从而更好地服务公众。

(四) 发挥动员群众的传统优势

中国共产党在长期革命和建设过程中，尊重群众的首创精神，形成了"从群众中来，到群众中去"的工作作风，强调"专群结合""群防群治"。这个优良传统在我国构建以人为本的突发事件预警机制中需要加以弘扬。这样，公众参与本身就是自我灾害教育、强化风险认知的最好方式，有利于预警信息激发适当的应急响应。

本章小结

本章介绍了监测与预警的基本原则、内容及基本流程，指出突发事件监测机制与预警机制的内容及其重要性。重点介绍突发事件预警机制的主体：预警管理机构、国际合作机构、新闻机构、研究机构和公众，五方面相互作用，可进行多方面多触角的监测与预警。通过深入分析"卡特里娜飓风事件"中人群的转移情况，提出提高预警系统的实效性的意义，并指出预警机制的实效性与预警信息的覆盖面、预警信息的完整性、采取行动的条件、社会的风险态度和意识等因素高度相关。

关键术语

监测　监测机制　预警　预警机制

复习思考题

1. 监测的目标、原则是什么？
2. 监测的方法有哪些？
3. 预警的功能体现在哪些方面？
4. 突发事件预警机制的主体有哪些，请举例说明。
5. 预警机制的构建原则是什么？

第五章

处置与救援

📖 知识目标

1. 了解处置与救援内涵、重要环节
2. 了解处置与救援的基本原则
3. 了解先期处置的概念、原则及内容
4. 了解快速评估的概念、特点及内容

📖 能力目标

1. 结合具体案例,分析基层决策指挥能力、态势研判能力
2. 结合具体案例,阐释快速评估能力

📖 思政目标

1. 阐释处置救援中的以人为本基本原则
2. 理解总体国家安全观的内涵与重要意义

滑坡事故中的处置与救援

2015年12月20日11时35分54秒,深圳市公安局110指挥中心接到群众报告,称"在光明新区长圳红坳村看见山坡垮塌,导致煤气站爆炸,多人被困",立即向辖区光明分局南风派出所下达出警指令,要求核实处理并及时反馈。深圳市公安消防支队指挥中心同时获知相关信息,立即指令光明公安消防大队迅速组织车辆及指战员赶赴事故现场。11时48分,光明办事处接到光明公安消防大队事故报告,立即报告办事处值班负责人;12时30分,在凤凰社区红坳工业园管理处组建临时现场指挥部,开展先期应急救援工作。

11时49分,光明新区管委会总值班室接到光明公安分局报告;12时13分,光明新区向深圳市政府总值班室报告"发生山体滑坡,导致煤气站围墙以及厂房、楼房倒塌,正在核实相关情况";12时50分,光明新区值班领导到达现场,立即组织成立新区救援现场临时指挥部,开展应急救援工作。13时15分,深圳市政府总值班室电话报告国务院总值班室、广东省政府应急办和广东省安全监管局:"发生一起滑坡,目前已造成十几栋厂房倒塌、1人受伤,其他信息正在核查";14时20分,深圳市委办公厅分别向中共中央办公厅信息综合室、国务院总值班室、省委值班室、省委办公厅信息综合室书面报告了事故信息。

14时30分,深圳市政府成立了光明新区滑坡救援现场指挥部(简称指挥部),下设现场搜救、医疗保障、新闻发布等12个工作组,总指挥暂由常务副市长张虎担任;19时许,深圳市委书记马兴瑞、市长许勤从北京紧急返回深圳,总指挥转由市委书记马兴瑞担任。指挥部第一时间将事故现场分成35个网格,打通6条救援通道,组织力量24小时连续开展现场救援,利用生命探测仪、搜救犬开展9次地毯式排查,调集飞艇现场测绘,并结合光学雷达、地质雷达、高密度电法等高科技手段探测,对被埋区域建筑物进行定位,开展救援。

21日15时,广东省委、省政府成立滑坡事故救援工作领导小组,省长朱小丹任领导小组组长,省委副书记、深圳市委书记马兴瑞任领导小组副组长。省委常委、省委政法委书记、省应急委副主任林少春接报后,第一时间赶赴深圳,指挥现场救援。

21日,深圳市光明新区滑坡救援现场指挥部在滑坡现场确定了3个重点搜救点，采取机械加人工网格式搜救方式开展搜救。22日，挖出3栋不同构造的建筑物。23日，指挥部在原3个重点搜救点基础上新增4个点，加快现场作业速度，多栋建筑物实现"露头"，并于当日6时40分在东二作业区成功救出1名幸存者。24日，就近征集土地开辟临时弃土受纳场，增加外运泥土汽车单车载重，就地利用砖石渣土铺通道路，改善现场东侧作业条件，提高泥土外运效率。此后，现场救援除对掩埋者重点位置实施定点挖掘外，主要是调配挖掘机、推土机等大型设备，开展大规模的推土、翻土、运土作业，同时安排近400名观察员24小时坚守现场，辅助救援人员进行作业观察，尽最大努力找人、救人和搜寻遇难者遗体。截至2016年1月14日16时，累计外运土方278万立方米，现场见底验收面积18.4万平方米。在高峰时期，参加救援的各方力量达10 681人，投入大型机械设备达2 628台。

在组织开展现场搜救工作的同时，指挥部还协调国家和省市岩土、燃气、地质等领域的200多名专家对现场进行分析，评估再次发生灾害的可能性，对滑坡事故现场山体进行实时监测，严密防范二次滑坡。组织专业力量对现场各类危化品进行彻底核查、登记并进行妥善处理。安排中石油抢修队对现场受损的"西气东输"管道进行抢修，铺设临时管道350米，于2016年1月8日恢复向香港支线供气。同时，针对滑坡区域"残留体"出现裂缝现象，开展"削坡"作业，加强实时监测，防止二次滑坡发生。

2016年7月15日，国家安全监管总局向社会公布了经国务院批复的广东深圳光明新区渣土受纳场"12·20"特别重大滑坡事故调查报告。事故调查组认定"12·20"事故是一起特别重大生产安全责任事故。调查组对110名责任人员提出了处理意见。"12·20"事故发生后，接报核实的失联人员总数为77人。事故共造成73人死亡，4人下落不明，17人受伤（重伤3人，轻伤14人，均已出院）。事故还造成33栋建筑物（厂房24栋，宿舍楼3栋，私宅6栋）被损毁、掩埋，导致90家企业生产受影响，涉及员工4 630人。核定事故造成直接经济损失88 112.23万元。其中，人身伤亡后支出的费用为16 166.58万元，救援和善后处理费用为20 802.83万元，财产损失价值为51 142.82万元。

资料来源：国家行政学院应急管理案例研究中心：《应急管理典型案例研究报告（2017）》。

第一节　处置与救援的内涵

国内外有关文献对应急处置与救援进行活动细分和范畴界定。借鉴美国《国家应急准备指南》(National Preparedness Guidance) 和《国家应急准备报告》(National Preparedness Report)，李湖生等提出了突发事件应对通用任务框架，在任务框架中，应急响应环节包括抢救与保护生命、满足基本需要、保护财产和环境、消除现场危险因素以及事件管理协调等[1]。张勇进和汪玉凯指出，战时应急处置阶段的主要工作环节包括预案启动、物资调运、组织结构建立、抢险救援、人员安置、灾害监控、应急运输以及生命线工程恢复等八项内容[2]。周友苏认为，政府在公共危机应急处置救援阶段的主要行为有启动应急预案、成立领导与指挥系统、抢险救援、社会秩序控制、信息收集与发布、社会动员等[3]。孙文波在构建我国事故灾难应对的政府绩效评估指标体系时，将应急处置与救援过程分为动员与组织、指挥与决策、协调与沟通、应急保障、应急救援、应急控制六个部分[4]。李雪峰在对突发事件案例进行分析时，也对应急响应环节的分析维度进行了界定，并提出了形势研判、决策制定、领导指挥、协调协同、公众沟通和危机终止六个主题[5]。已有研究对应急响应流程或者环节的界定划分存在些许差异、各有侧重，也各有缺失，但总的来说，都是围绕响应目标开展的任务分析。

应急处置与救援根据主要任务环节可以细分为：(1) 先期处置（启动现场处置预案、成立指挥机构、现场封闭、疏导交通、人群疏散、伤员救治、排除险情、事态控制、上报信息）；(2) 快速评估（事件损失和影响评估、需求评估）；(3) 决策指挥（启动响应、现场指挥、资源调配、交通保障、治安维护、预防次生衍生灾害、信息上报）；(4) 协调联动；(5) 危机沟通（发布、舆情引导和媒体沟通），如图5-1所示。

本章节重点围绕应急处置与救援中的先期处置和快速评估两个环节进行展开，对于决策指挥、协调联动两个环节将在第八章指挥与协调机制中进行详细论述，对危机沟通环节将在第十三章媒体沟通中进行详细阐述。

---

[1] 李湖生：《非常规突发事件应急准备体系的构成及其评估理论与方法研究》，《中国应急管理》，2013年第8期。
[2] 张勇进、汪玉凯：《政府应急管理需求识别》，《国家行政学院学报》，2010年第5期。
[3] 周友苏：《重大公共危机应对研究》，人民出版社，2013年，第102—103页。
[4] 孙又波：《我国事故灾难应对的政府绩效评估研究》，浙江大学硕士学位论文，2012年。
[5] 李雪峰、曾小波、董晓松：《"4·20"芦山强烈地震应对案例研究》，社会科学文献出版社，2013年。

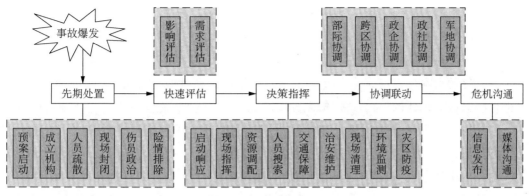

图 5-1 应急处置与救援的基本环节

第二节 处置与救援的原则

一、以人为本，减少危害

《国家突发公共事件总体应急预案》明确规定，应急处置的工作原则包括"以人为本，减少危害"，即切实履行政府的社会管理和公共服务职能，把保障公众健康和生命财产安全作为首要任务，最大限度地减少突发公共事件及其造成的人员伤亡和危害。以人为本的理念就是在应对突发事件的过程中，把人的生命放在高于一切的地位，把"人"置于应对突发事件时的核心地位，把保障公民生命安全作为应急处理的首要任务。在处置紧急突发事件时，如遇"人"和"财产"同时处于危险，首先考虑的是人的生命。

突发事件由一系列复杂的原因引发，往往具有突发性、短暂性和严重的社会危害性，极易对公民的权利造成严重的侵害。其危害性在宏观上表现为对国家的经济甚至是政治秩序造成严重的破坏性影响，在微观上则表现为对作为社会关系最小单元的公民权利的侵害。在一定的外界条件下，突发事件可能会进一步恶化，发展成最为严重的危机，对公共财产、公共安全和公共秩序造成毁灭性的破坏，并最终导致公民基本权利的减损。而人的基本权利是人作为构成社会整体的自律的个人，为确保其自身的生存和发展、维护其作为人的尊严而享有的权利。因此，在突发事件中，维护基本权利是公民作为人的本能的需要。而公民在突发事件面前是极为弱小的，其避免和减少突发事件对其权利造成侵害的唯一办法就是得到国家的帮助。通过国家权力超出社会常态的行使，集合各种人力、物力和资源优势来与突发事件相抗衡，以最大限度地保障公民的基本权利[①]。从"以人为本"原

---

① 王祯军：《论"以人为本"原则在突发事件应对法中的体现》，《大连理工大学学报（社会科学版）》，2010年第12期。

则的内涵上看,它为国家应对突发事件设定了义务,要求国家在突发事件中从维护公民的基本权利出发积极地行使权力,这正是国家权力的一种价值体现。可见,国家在突发事件应对中坚持"以人为本"的原则,将维护公民的基本权利作为其权力行使的根本出发点,是宪政秩序下公民基本权利对国家权力的一种必然要求,也是国家权力行使的正当性的体现。

  2008年汶川发生地震后,胡锦涛总书记立即作出重要指示,要求"尽快抢救伤员,保证灾区人民生命安全"。温家宝总理在赶往灾区的专机上说:"党中央国务院高度重视这次特别重大的地震灾害,成立了以我为总指挥的抗震救灾指挥部,设立救援组、预报监测组等8个工作组。"消息在第一时间迅速通过媒体传递给全国公众。与此同时,总参谋部的应急预案立即启动,成都军区所属部队协助地方政府查明震情,按照应急预案投入抢险救灾。国家地震局派出的专家、救援队工作组赶往灾区。四川省地震灾害紧急救援队赶往灾区,一份份发自中南海和军委总部的命令、电报、指示,一场场争分夺秒拯救人民群众生命的殊死决战,生动地记录下党中央、中央军委和国家领导人心系灾区群众,一切为了人民,指挥13万大军不畏艰险、奋力救灾、共克时艰的伟大壮举。这次汶川地震,从国务院抗震救灾总指挥部到国务院新闻办公室,从中央各部委到各省区市,应急机制都在全力高速运转。应急预案迅速启动,速度之快,彰显了我们应对灾难的能力,也增强了公众战胜灾难的信心。中国政府和各界出色的应急救灾行动和灾区的秩序井然让世界赞叹。

二、统一领导,分级负责

  统一领导,即我国的应急管理体制是在党中央和国务院的统一领导之下,由各级地方政府分级负责,并且依法按照预案进行分工。这是由我国目前的政治架构所决定的组织开展突发公共事件的应急处置,要在党中央、国务院的统一领导下,建立健全分类管理、分级负责,条块结合、属地管理为主的应急管理体制,在各级党委领导下,实行行政领导责任制,充分发挥专业应急指挥机构的作用。中华人民共和国应急管理部是国务院组成部门,2018年3月根据第十三届全国人民代表大会第一次会议批准的国务院机构改革方案设立。2018年11月9日,中华人民共和国综合性消防救援队伍授旗仪式在人民大会堂举行。应急管理部组织编制国家应急总体预案和规划,指导各地区各部门应对突发事件工作,推动应急预案体系建设和预案演练。建立灾情报告系统并统一发布灾情,统筹应急力量建设和物资储备并在救灾时统一调度,组织灾害救助体系建设,指导安全生产类、自然灾害类应急救援,承担国家应对特别重大灾害指挥部工作。指导火灾、水旱灾害、地质灾害等防治。负责安全生产综合监督管理和工矿商贸行业安全生产监督管理等。中华人民共和国是灾害多发频发的国家,为防范化解重特大安全风险,健全公共安全体系,整合优化应急力量和资源,推动形成统一指挥、专常兼备、反应灵敏、上下联动、平战结合的中国特色应急管理体制,提高防灾减灾救灾能力,确保人民群众生命财产安全和社会稳定。2018年3月中共中央印发的《深化党和国家机构改革方案》提出,将国家安全生产监督管理总局的职责,国务院办公厅的应急管理职责,公安部的消防管理职责,民政部的救灾职责,国土资源部的地质灾害防治、水利部的水旱灾害防治、农业部的草原防火、国家林业局的森林防火相关职责,中国地震局的震灾应急救援职责以及国家防汛抗旱总指挥部、国家减灾委员会、国务院抗震救灾指挥部、国家森林防火指挥部的职责整合,组建应急管理部,作为国务院组成部门。公安消防部队、武警森林部队转制后,与安全生产等应急救援队伍一并作为综合性常备应急骨干力量,由应急管理部管理,实行专门管理和政策保障,制定符合其自身特点的职务职级序列和管理办法,提高职业荣誉感,保持有生力量和战斗力。

需要说明的是,按照分级负责的原则,一般性灾害由地方各级政府负责,应急管理部代表中央统一响应支援;发生特别重大灾害时,应急管理部作为指挥部,协助中央指定的负责同志组织应急处置工作,保证政令畅通、指挥有效。应急管理部要处理好防灾和救灾的关系,明确与相关部门和地方各自职责分工,建立协调配合机制。考虑到中国地震局、国家煤矿安全监察局与防灾救灾联系紧密,划由应急管理部管理。

三、依法规范,加强管理

依据有关法律和行政法规,加强应急管理,维护公众的合法权益,使应对突发事件的工作规范化、制度化、法治化。《中华人民共和国突发事件应对法》第四条明确规定:"完善党委领导、政府负责、部门联动、军地联合、社会协同、公众参与、科技支撑、法治保障的治理体系。"将法治保障作为社会管理和应急管理的重要原则,是国家治理体系和能力现代化的重要内容。

就中国而言,2003年以前,政府对于应对突发事件的重视程度还没有上升到全面和理性地长期应对的高度,预防机制薄弱,危机发生后多半只能被动应对。1988年上海甲肝事件发生后,虽然政府很快就出台了《传染病防治法》,但并没有就此对各类可能的突发事件做好应对方案。2003年的"非典"事件,由于其广泛影响以及对经济造成的损害,终于促使党和政府下定决心,从制度上、技术上寻找正确应对突发事件的办法和措施。

据初步统计,截止到2017年我国至少已经出台涉及突发事件的应急法律35件、行政法规37件、部门规章55件。2006年1月,国务院发布了《国家突发公共事件总体应急预案》，以此为标志，我国形成了以《国家突发公共事件总体应急预案》为总纲，以 25 件专项预案、80 件部门预案以及全国 31 个省级突发公共事件总体应急预案为主体的全国应急预案框架体系。这些预案以有关法律、法规和国务院规定为依据，既有机衔接相关应急法律、法规，又对应急法律、法规加以具体化，使整个危机管理沿着法制的轨道推进，使我国突发公共事件的危机管理进入了规范化阶段。

《中华人民共和国突发事件应对法》于 2007 年 11 月 1 日生效实施，这是中国公共危机立法从单项治理过渡到综合治理的历史性标志，从根本上解决了政府应急行为的合法性、正当性和合理性问题。这部法律的一个重要意义是，通过强化政府在突发事件中的法定权力、职责和责任，使政府依法应对突发事件的能力不断提高，执政能力不断增强。

2024 年，《中华人民共和国突发事件应对法》正式修订。这次全面修订是应急管理法治建设进程中具有里程碑意义的一件大事，必将为应急管理事业高质量发展提供有力法治保障。

实践表明，政府能否在非常状态下做到依法办事，有效地处理应急情况，不滥用权力，不破坏法治，这是对一个政府行政能力和法治水平的重大考验。因此，如何深入贯彻落实《中华人民共和国突发事件应对法》，如何满足依法应对突发事件的时代要求，是中国社会尤其是政府今后很长时期内的一个重大课题。

依法应对突发事件，也就是要排除法外行政。有人认为在应对突发事件行使紧急权力时，不应受到法律约束，否则无法完成使命。这个观点是不成立的。应对突发事件可能需要特事特办，但不能以此为理由而背离法治的轨道和原则。依法行使危机管理权，是现代民主法治原则的基本要求。危机事件属于非常规决策和非程序性问题，因此，在危机事件的应对过程中，政府危机管理权力运作的合法性就显得特别关键。在危机状态下，管理者虽然拥有许多紧急权力，但不能滥用危机管理权。

四、快速反应，协同应对

加强以属地管理为主应急处置队伍建设，建立协调联动制度，充分动员和发挥乡镇、社区、企事业单位、社会团体和志愿者队伍的作用，依靠公众力量，形成统一指挥、反应灵敏、功能齐全、协调有序、运转高效的应急管理机制。

国务院安委会办公室 2019 年印发《国家安全生产应急救援联络员会议制度》（以下简称《制度》）强化沟通协调密切交流协作，进一步完善部级应急联动机制建设。《制度》的修订主要有四个特点：一是充分发挥联络员会议制度破解应急管理突出问题的作用。利用联络员会议统一研究解决各联络员单位提出的问题，开展救援实践和事故案例分析交流。二是充分发挥联络员单位的职能作用。利用联络员会议建立事故救援力量投送"绿色通道",统筹推进军地协作工作程序等重点工作,解决事故应急救援处置中的实际问题。三是进一步完善了部际联动机制。在《国家生产安全事故应急预案》和部门职责分工的基础上,利用联络员会议进一步提高国家层面的生产安全事故应急响应实效。四是提高部门联动的实战能力。利用联络员会议围绕新修订的《国家生产安全事故应急预案》,积极开展桌面演练、联合处置等应急联动交流活动,让联络员会议真正"实"起来,切实提高国家层面应急响应实效。

2018年3月,机构改革方案中新设立了应急管理部。有学者认为,"在转轨过程中,自然灾害和安全生产事故相对来讲还是比较频发的,在这种情况下把资源进行有效的整合,针对问题进行积极应对有它的长处,但是也有其局限性。整合成一个部以后,尤其是把国务院应急管理办公室整合到应急管理部里面来,也有一个新的问题产生,应急管理部和其他部门是平级的部门,协调各个部门去应对突发事件的时候,其作用有可能不如原来国务院应急管理办公室,因为它是在国务院办公厅下,相对来讲它的综合协调的能力会更强。所以这方面是有所取舍的。另外,这一次的整合还有两类没有整合进来,公共卫生突发事件还是在卫生部下,社会安全类的还是在政法委体系下。所以说它不是完整的突发事件应对部。"而在这样的格局下,国务院层面综合协调能力怎么更好地加强,也是个亟须研究和实践探索的问题。

五、依靠科技,提高效率

应急管理需要加强公共安全科学研究和技术开发,采用先进的监测、预测、预警、预防和应急处置技术及设施,充分发挥专家队伍和专业人员的作用,提高应对突发事件的科技水平和指挥能力,避免发生次生、衍生事件;加强宣传和培训教育工作,提高公众防范应对突发事件的综合素质。

在科技方面,国家高度重视构建公共安全和应急管理的科技支撑体系。在中长期科技发展规划纲要中把公共安全列为我国科技发展的重点领域。国家自然科学基金委构建突发事件应急管理的重大研究计划,标准委正在构建公共安全技术标准化体系。事实证明,应急处置救援离不开科学技术的支撑,特别是在如地震、海啸、泥石流等巨灾的救援中,高科技装备发挥了不可或缺的作用,对于拯救生命、减少损失至关重要。

同时,要建设公共安全的技术标准化的组织体系和标准体系,促进公共安全产业链的形成和规范发展。随着全民公共安全意识的提高,实际上,居民自我防护、自我救助、相互救助的相关设备也是一个非常有发展前途的产业。

第三节 先期处置

灾害危机的先期处置需要将应急管理资源能力向下转移,在适度分权条件下提升基层应急管理组织的能力,特别是提升灾害危机事件的先期处置能力。先期处置主体不仅包括政府基层应急部门,还包括事故现场的各类人员。先期处置机制应当注重灾害危机第一反应群体的能力建设。为此,各类有关公民安全教育与自救互救的宣传教育机制、基层政府应急组织的救援能力、危机领导力均应纳入灾害危机先期处置能力建设之中。在群防群治理念下,注重非正式救灾能力在先期处置过程中的重要作用,同时加强基层应急管理机构的投入、培训、演练等相关支持政策的制定与执行。

一、先期处置的内涵

先期处置是指在突发事件即将发生或刚刚发生后的初期,有关部门对事件性质、规模作出初步判断,或还不能作出准确判定的情况下,对事件进行的早期应急处置,并随时报告事态进展情况,最大限度地控制事件恶化或避免升级的一系列决策与执行行动[1]。先期处置的主要任务包括现场处置预案,成立现场处置指挥机构,封闭现场,疏导交通,疏散群众,救治伤员,排除险情,控制事态发展,上报信息等。

突发事件发生后,先期处置是地方政府需要应对的首要环节,在对灾情大小做出判断后,可以自动启动相应的应急预案,不需请示、不等上级政府指示、不等外部支援,按照职责分工和相关预案开展前期处置工作。比如立即组织应急队伍,以营救遇险人员为重点,防止发生次生、衍生事故,避免造成更大的人员伤亡、财产损失和环境污染;要及时组织受威胁群众疏散、转移,做好安置工作;组织群众积极自救、互救,服从统一指挥。当上级政府、部门和单位负责现场指挥救援工作时,地方政府要积极配合,做好现场取证、道路引领、后勤保障、秩序维护等协助处置工作。

二、先期处置的原则

先期处置中,信息及时是基础,做到信息及时,地方政府就能对灾情和响应

---

[1] 闪淳昌、薛澜:《应急管理概论:理论与实践》,高等教育出版社,2012年,第105页。

全局做出正确判断，做好先期处置，做到适度响应，快速科学救援，满足灾区群众的需求；科学应对是核心，地方政府的主要处置任务就是科学应对，重点是重特大突发事件发生以后，地方政府能否在外来救援力量到达和上级政府到达现场前做好相关处置，启动适应的响应规模，最大限度拯救人民生命财产；以人为本是关键，灾区群众是突发事件应对所关照的对象，充分考虑人的因素，一切从人的需求出发，不论发生多大级别的突发事件，都能使地方政府快速厘清多元信息与关系，做出最合理的处置措施。

(一) 先期处置基本原则

（1）统一指挥。必须建立应急处置现场指挥制度，确定越级指挥先期处置，落实并完善应急管理行政领导负责制和责任追究制。

（2）依据具体环境和情境处置。先隔离事态，后控制处置。不同类别的突发事件采用不同的方法，对原因不明的突发事件，要边隔离边控制，判明事件的性质和发展趋势尤为重要。

（3）处置与报告同时进行。对把握不准的问题，应当及时请示。当情况紧急来不及请示时，应当边处置边报告，或边报告边处置。

(二) 先期处置的主体

《突发事件应对法》第七十二条规定："突发事件发生后，履行统一领导职责或者组织处置突发事件的人民政府应当针对其性质、特点、危害程度和影响范围等，立即启动应急响应，组织有关部门，调动应急救援队伍和社会力量，依照法律、法规、规章和应急预案的规定，采取应急处置措施，并向上级人民政府报告；必要时，可以设立现场指挥部，负责现场应急处置与救援，统一指挥进入突发事件现场的单位和个人。"根据"属地管理为主"的原则，基层政府和基层组织应依法依规，迅速高效地做好由上级政府组织处置的各类突发事件的先期处置工作。先期处置的主体应该依据"分级处置"原则，根据级别不同启动相应预案，组成不同级别的救援与处置的主体力量。

三、先期处置的内容

(一) 最短时间内采取妥善应急措施

强化属地管理为主，充分授权，及时决策的原则，提高当地应急指挥机构的就近决策与处置权，以保证突发事件能够得到及时有效的处置，细化突发事件发生后的处置方案，进行先期处置，防止事态进一步扩大，建立先期处置队伍和后期增员队伍工作的衔接机制，提高应急管理的能力和水平。

（二）有序、合理配置资源

先期处置需要向有关部门和领导报告事态进展情况，必要时可向上级有关部门和领导请求支援，向有关部门和领导报告事态进展情况，提高信息报送的质量，明确先期处置队伍，向上级有关部门和领导报送需要支援的具体内容。

（三）发挥基层作用

基层是先期处置的重要主体，而且往往是出现在先期处置第一时间的群体，也是先期处置的最佳主体。突发事件发生后，基层可以早干预，早预防，为开展先期处置赢得宝贵时间。同时，基层工作可防止事态扩大，避免造成更大的人员伤亡和财产损失。基层组织和群众积极配合上级和外部专业救援队伍开展救治工作，在现场取证，道路引导，后勤保障，维护秩序等方面，充分发挥协助处置的作用。因此，基层群体可以加强政府、企业、社团和个人之间的自救互救能力，防止灾情的进步扩散。

（四）提升舆论引导

作为先期处置的主体，在舆论引导方面可以发挥重要作用。事故发生后，媒体到现场第一时间接触的就是基层人员。在与媒体沟通过程中，可以改变事态的恶化。对事故采取实事求是的态度，及时公布有关事故的救援进展等舆论关注话题。要充分利用新媒体，如官方微博，从而及时有效地发布有关信息，主动引导舆论的走向。

四、先期处置的困境

先期处置工作直接影响后期应急处置的效率，因此，必须明确先期处置的主体定位和责任义务。先期处置的主体具有一定的相对性，国家层面的县级组织，第一项内容应该包括各省市区的组织和主体部门，明确处置主体的责任和义务，给先期处置者一定的灵活处置空间，使其能够充分利用现场资源。处置突发事件必须明确主体的权责空间，杜绝权责不明确的现象发生。在目前阶段，中国先期处置工作的主体、过程和权责缺乏明确的界定，造成了先期处置工作中出现的责任主体缺位，过程无章可循，权责不明确等现象，给先期处置工作造成了极大的困难。

事件发生地的先期处置机制的实现存在能力困境，从而影响整体应急处置能力。先期处置机制在实际运作中往往只强调信息通报功能，而对危机干预重视不够，这与基层应急处置能力欠缺有关。在应急资源和能力"头重脚轻"式的分配模式下，地方应急能力建设严重滞后。在危机初期，地方应急管理系统感知到各种应急需要，但难以满足救援需要，地方应急先期处置能力的短缺严重影响了较高级别组织对突发事件的整体处置能力。

第四节 快速评估

一、快速评估的内涵

快速评估是指在不确定性较高、时间紧迫、资源与信息有限的情况下进行的评估。突发事件应急处置和救援的快速评估是指在突发事件发生后，在较短时间内由相关领导或处置突发事件的政府及有关部门按照国家相关规定，通过指定的工作组或者相关机构，针对特定的问题进行快速调查，为决策部门提供信息和方案，为后期采取的行动提供咨询。

（一）快速评估的主体

快速评估主体包括组织者和基层调查人员。组织者通常为突发事件应急处置与救援的指挥者或指挥部。基层调查人员通常由相关专业的专家或社会组织来承担，可以指派有关专家牵头成立快速评估工作组，也可以指定专门的机构开展快速评估工作。

（二）快速评估的目的

快速评估目的是为突发事件应急处置与救援阶段的非常规的决策提供支持，因此为了满足时间的要求，很难达到精准。

（三）快速评估的对象

评估对象包括应急处置与救援相关的各类信息。通过信息收集手段向上级部门报送。评估的内容与对象需要满足应急处置和救援的需求，把事件的时间、地点、演进发展趋势、后果影响及灾区和灾民的短期需求，如实向上级部门报送。

二、快速评估的特点

快速评估属于评估中的一类，具备了调查评估的一般特点，但因为其突发性和紧急性，又具有一定的特殊性。由于突发事件的高度不确定性，导致快速评估有如下特点。

（一）紧迫性

快速评估受到时间的严格约束，因此不同于常规性的评估工作。常规评估是采用理性的决策模型，遵循较为科学的方法，根据严密的逻辑推理，获取客观真实、精确的结果。而快速评估无法做到这一点，因为时间的紧迫，快速评估必须要快速完成。快速评估为应急指挥决策服务，在第一时间进行，为应急指挥决策提供及时、有效的信息支持。

（二）重视定性的方法

目前我国的公共管理理论倾向于采用量化的分析方式，但是快速评估的约束性决定了其无法获得精确的定量结论，更多的是一个估计范围，或者是概率的空间，快速评估虽然也大量使用了定量分析的方法，但更重视定性的讨论和先期处置态势研制。

（三）注重科学性

快速评估需要根据实际情况，因地制宜开展评估，最大限度地利用已有的或容易获取的信息。根据科学决策的原则，倾向于对资深的专家意见和建议的采纳。基于以往事件处理方法收集信息，再获取结论。在对突发事件的精细调查的基础上，准确把握突发事件的宏观性质和发展方向。

三、快速评估的内容

快速评估的内容由包括多种内容，比如突发事件的性质或者灾民的类别，遇难和伤员数量，一般快速评估的内容包括两大类。

（一）突发事件的损失和影响快速评估

评估的内容包括事件的影响范围，突发事件的级别，灾情、隐患影响，区域人员伤亡，直接经济损失，房屋倒塌与人员安置，影响区域的环境情况，避难场所，人员疏散情况，以及对社会所造成的次生灾害。

（二）灾民和影响区域需求快速评估

此类评估的内容包括，抢险救灾所需要的人、财、物资源情况，抢险救灾的情况，影响区域群众的生活生产及物质需求情况，影响区域救援的医疗、防疫需求情况。应急处置决策者能迅速地掌握应急资源的数量和分布等信息，但是实践中，准备工作往往是不充分的，先期处置及快速评估工作中存在一定的盲点，因此，需要加强应急救援快速评估工作。应急指挥机构可根据突发事件事态发展，适时地开展多次快速评估活动。

四、快速评估的方法

快速评估的方法可以广泛应用社会科学的多种调查方法，主要可以分为两类：定量研究方法和定性研究方法。

（一）定量研究方法

定量研究方法较为科学，主要在应对时间充分的情况下采用，主要包括以下三种方法：

（1）灾害模型法。采用数学的方法，建立灾害模型，被称为灾害模型法，可以相对准确评估突发事件的级别、涉及范围、影响区域。该方法将社会的统计资料输入已经建好的模型中，快速评估所需要的一些内容，通过灾害模型，能够较为迅速地得到较为准确的评估结果。

（2）模拟仿真法。这种方法与灾害模型法类似，通过计算机仿真技术，用计算机模拟真实灾害的发生，通过输入灾害的各种参数，获得相应的仿真结果。

（3）遥感法。该方法是利用卫星的遥感技术，拍摄灾区上方的图像资料，再利用图像处理技术，分析灾区的损失和影响情况。

（二）定性研究方法

这种方法较多用于时间紧迫的突发事件，主要包括以下三种方法：

（1）案例法。该方法是利用历史上较为类似的事件或相似的案例，与本次事件进行类比，进而根据历史事件的相关数据，推断出快速评估的结果。

（2）考察法。该方法较为适用于相关领域的专家或领导，对灾区进行实地考察，该方法需要投入较多的时间和人力、物力资源。评估的结果也较为依赖事前的调查方案设计，但快速评估的时间约束非常紧迫的时候，这种方法可能无法提交评估结果。

（3）综合法。综合法就是用两种或者数种方法的混合方式，将定量和定性两种方法综合，得到比较准确的评估结果，综合法通常可以结合多种方法的优点，相互补充，获取更准确的信息，但是该方法会增加快速评估的工作时间。

飓风"桑迪"极端天气的启示

2012年10月29日晚,飓风"桑迪"在美国新泽西州大西洋城附近沿海登陆,登陆时中心附近最大风力有12级。"桑迪"共造成美国100余人死亡,一度有18个州超过820万住户和商家停电,1.95万架次航班取消,纽约、华盛顿与费城三大城市交通中断,美国大选中断,石油冶炼公司Motiva的30万加仑柴油因储油设施破裂而泄漏,数百台银行自动取款机(ATM)无法运作,纽约市及新泽西州的约半数加油站关闭。"桑迪"带来的经济损失可能高达500亿美元,仅次于2005年卡特里娜造成的1 080亿美元,远远超过飓风给美国造成经济损失的多年平均值(142.2亿美元),成为美国历史上最严重的自然灾害之一。本案例从"桑迪"的发生发展、致灾成因等方面进行分析,为我国应对极端天气提供一些有益的启示。

"桑迪"与"卡特里娜"(2005年8月登陆美国)相比,登陆时均同时具有风、雨、潮三类灾害因子,也同样导致了大面积的内涝灾害,但由于"桑迪"登陆时的强度(一级)远小于"卡特里娜"登陆时的强度(三级),同时,气象部门预警早、政府应对早、人员疏散撤离措施及时得力,其灾害总体规模远小于"卡特里娜"。

从各项防御措施来看,美国政府和民众吸取了2005年"卡特里娜"飓风的教训,防御"桑迪"措施基本得力,但"桑迪"带来的灾害损失仍然较重,这一事实警示我们:

(一)要高度重视极端强台风灾害防御工作

"桑迪"在秋季以一级飓风强度登陆美国东北部,是一次极端天气气候事件。在全球气候变暖背景下,强台风等极端天气气候事件发生的概率增大、影响趋重。2012年,我国两次出现双台风影响,"达维"和"苏拉"在相距不到12小时内相继登陆,"天秤"和"布拉万"相互作用、影响时间长,"布拉万"在汛期后期给东北地区带来罕见狂风暴雨等情况,这些都说明极端性气候事件在增加。应加强对双台风互相影响等极端台风灾害的研究,不断提高预报准确率,把灾害损失降至最低。

(二)台风防御要特别注意强台风与天文大潮相遇的情况

"风、雨、潮"三碰头会加剧台风的破坏力。因此,在防御标准和防御措施建设等方面应充分考虑台风灾害的极端性,高度重视极端强台风的灾害防御。

我国也曾经发生登陆台风与风暴潮、天文潮叠加并造成重大灾害损失的情况。如2009年第8号台风"莫拉克"于9日16时20分在福建省霞浦县沿海登陆，其间恰逢天文大潮，造成浙江东南部、福建中北部沿海频频出现大范围超警戒洪水，福建长乐市梅花站实测潮位也达到了4.73米，是该站有历史纪录以来第三高潮位。相比较而言，我国东南沿海城市防御台风、风暴潮的能力更强一些。

（三）北方城市要着力增强台风灾害防御能力

与"桑迪"登陆偏北相似，今年我国北方地区十分罕见地先后遭遇了"达维""布拉万"两个台风的严重影响。"达维"在江苏省响水县登陆，登陆时中心最大风力12级（35米/秒），是1949年以来登陆我国长江以北地区最强的台风，造成江苏、山东、辽宁、河北、河南等省10人死亡，直接经济损失超过百亿元；"布拉万"经朝鲜半岛一路北上进入我国吉林、黑龙江，与冷空气相互作用给东北地区带来罕见的狂风暴雨，东北平原出现了9~12级大风，阵风达14级，大面积农作物倒伏，造成直接经济损失超过100亿元。

我国北方沿海城市应借鉴纽约在"桑迪"飓风应对工作中的教训，着力增强台风灾害防御能力，在城市规划和建设特别是重点工程、海岛开发、海洋工程建设时应充分考虑台风灾害风险，强化灾害风险管理，开展气候可行性论证。应科学规划城市建设和经济布局，强化台风灾害防御工程措施及避灾场所建设，切不可因为受强台风影响概率小而降低防台工程建设标准。

（四）进一步加强预警信息发布工作

"桑迪"影响期间，美国联邦政府和受影响各州相继进入紧急状态，广播、电视等各类媒体中断正常节目播出，及时高密度插播预警信息，学校停课，体育比赛和娱乐活动取消。由于联动高效，应急处置有力，民众行为高度一致，在一定程度上降低了灾害损失，否则损失可能更大。我国目前已建立了"政府主导、部门联动、社会参与"的气象灾害防御机制，在气象灾害防御中取得了明显成效。例如，2012年5月10日，"5·10"甘肃岷县泥石流灾害的重灾区茶埠镇茶埠卡村的信息员在收到预警信息后及时组织1 186人转移，村民无一伤亡。但是，我们也应看到，目前我国重大气象灾害预警信息发布机制还不健全，信息发布系统和灾害应急联动机制还需进一步建设完善，公众防灾减灾意识有待进一步提高。

（五）加强国际范围内台风等巨灾影响评估

超强台风、流域性洪水、地震等巨灾不仅给人民生命财产、基础设施等带来巨大伤亡和损失，同时还可能影响社会和政局的稳定。2005年在卡特里娜飓风事件中反应迟缓、饱受批评的布什政府，与2000年因为旱情在总统大选中丢失了280万张选票而败北的戈尔都说明，天气因素特别是重大自然灾害是美国政治中的一个重要变数。

（六）加强气象灾害基层救援队伍和公众防灾能力建设

将气象灾害救援系统建设纳入各级政府灾害管理体系，建立相应的救援队伍和救援启动机制，借助制度安排提高灾害救援行动效率。同时，应培养专业的救援队伍和公众的防灾自救能力。达到这个效果最主要的实施途径就是演习和培训。在美国，联邦应急管理学院开展了一系列应急计划方法的培训，国土安全部经常组织大范围的演习。我国也应进一步提高应对气象灾害演习和培训的系统性和针对性，通过预设不同的情景模式，培养专业的救援队伍，强化协调救援能力。

资料来源：国家行政学院应急管理案例研究中心.《应急管理典型案例研究报告（2017）》。

 本章小结

本章将处置与救援阶段根据主要任务环节可以细分为：先期处置（启动现场处置预案、成立指挥机构、现场封闭、疏导交通、人群疏散、伤员救治、排除险情、事态控制、上报信息），快速评估（事件损失和影响评估、灾民需求评估），决策指挥（启动应急响应、现场指挥、资源和人员调配、交通保障、治安维护、预防次生衍生灾害、信息上报），协调联动，危机沟通（包括灾情发布、舆情引导和媒体沟通）。重点围绕应急处置与救援中的先期处置和快速评估两个环节进行展开，对于决策指挥、协调联动两个环节将在第八章"指挥与协调机制"中进行详细论述，对危机沟通环节将在第十三章"应急沟通方法"中进行详细阐述。

 关键术语

应急处置　应急救援　先期处置　快速评估

? 复习思考题

1. 应急处置的基本原则是什么?
2. 先期处置的主体是什么?
3. 先期处置的基本原则有哪些?
4. 请简述快速评估的特点及内容。
5. 快速评估的方法有哪些?

第六章

恢复与重建

📖 知识目标

1. 了解恢复与重建的基本概念
2. 理解恢复与重建的基本原则
3. 了解"风险学习"的概念与特征

📖 能力目标

1. 联系实际阐释物质系统、社会系统的恢复与重建
2. 运用风险学习的机制分析实际问题

📖 思政目标

1. 理解恢复重建在维护人民群众切身利益方面的重要意义
2. 理解恢复重建在提高受灾地区韧性方面的意义

汶川特大地震灾区十年重建发展的历程与启示

2008年5月12日,四川省汶川县发生里氏8.0级特大地震,地震波及大半个中国及亚洲多个国家和地区,是1949年以来继唐山大地震之后破坏力最强、伤亡最严重的一次地震,创下了世界地震灾害的多项历史纪录,给灾区人民带来了巨大的生命和财产损失。地震发生后,党中央、国务院果断决策,制定了"以人为本、民生为先、科学重建"的基本原则和"三年基本恢复、五年发展振兴、十年全面小康"的重建目标。2008年6月8日国务院印发《汶川特大地震灾后恢复重建总体规划》,这是汶川地震灾后重建正式启动的标志。从四川到甘肃、陕西的广大地震灾区陆续从震后排险救援阶段转入恢复重建阶段。

地震摧毁了灾区群众的家园,灾后恢复重建的首要任务就是尽早让灾区群众住进永久性住房,重新拥有一个温暖的家。四川省委、省政府在城乡住房重建、规范建设标准、基础设施建设、促进群众就业、落实银行贷款等方面采取了一系列政策措施,帮助灾区群众重建家园。在重建规划上,坚持高标准、高起点、高水平,覆盖了城乡区域、公共服务、产业生态等方方面面,既克服了盲目性和随意性,又充分考虑恢复与提升的关系,避免恢复重建成为原样复制。经过艰苦卓绝的努力,灾区的交通、通信、能源、水利等基础设施功能全面恢复,一大批关系长远发展的重大项目相继建成,防灾减灾能力不断增强,生态逐步修复,公共资源与公共服务逐步实现全域覆盖、城乡均等。灾区产业重建与优化经济布局、转变发展方式紧密结合,工业经济优化升级,一批新兴产业集群兴起;农业生产设施和农业服务体系全面恢复,一批特色农产品生产基地建成,龙头企业带动作用初步显现;旅游业加快发展,集吃、住、行、游、购、娱为一体的旅游新业态初步形成。重建后的北川新县城已具"现代化的羌族文化城"雏形,汶川映秀镇成为自然风光秀丽、民族风情浓郁的旅游小镇。

灾后重建发展不仅要满足群众基本的生存条件和物质需求,让群众安居乐业,更要关注精神家园建设,抚平群众的心灵创伤,保护优秀传统文化,传承优良民风民俗。

如何抚慰灾区群众遭受重创的内心世界是灾后恢复重建中的持久"隐性工程"。震后第一时间,一大批心理医生到灾区开展心理治疗和服务,众多民间组织和社会工作者在教育、卫生、司法、就业服务、社会救助、社区建设等方面帮助灾区重建精神家园。许多在地震中失去亲人的家庭逐步融化了过去的悲伤，失去孩子的父母又重新燃起了新的希望。抢修维护羌寨碉楼，大力保护民族传统工艺，传承弘扬乡风民俗，建设文化馆、影剧院、图书馆、体育馆等公共文化设施，近千种农技书籍通过农家书屋广为传阅。家风、校风、民风、政风"文明四风"建设持续开展，各类群众性精神文明创建活动和技能培训蓬勃兴起，社会公德、职业道德、家庭美德、个人品德教育扎实推进。

经过前三年的艰苦奋战和科学重建，灾区经济加快发展，人民生活持续改善，城乡面貌发生巨大变化，基本实现"家家有房住、户户有就业、人人有保障、设施有提高、经济有发展、生态有改善"，为灾区经济社会全面发展振兴打下了坚实基础。十年来，灾区干部群众风雨兼程、不懈探索，寻求适合自身的特色发展之路。汶川提出"南林北果＋绿色工业＋全域旅游（康养）"的总体发展思路，以康养汶川转型发展为核心，着力构建充满活力的县域经济发展新格局；北川提出"品牌先导，绿色崛起，双创驱动，开放粘合"的发展战略，着力打造文创发展引领区、精品农业示范区、通航经济创新区、应急产业先行区，加速建设"大美羌城、生态强县、小康北川"……灾区正朝着与全国同步实现全面小康的目标大步迈进。

灾后重建，不仅是在一片废墟上进行基础设施和公共服务设施等"硬件"建设，更重要的是当地社会的系统重建，需要持续投入大量人力、物力、财力和科技文化等诸多资源。无论政府还是社会都难以独担此任，需要政府、市场、社会组织形成合力，有效解决项目推进难、资金筹措难、产业发展难、扩大就业难等问题。

在重建发展过程中，灾区坚持政府主导、社会参与，探索建立起政府、企业、社会组织和个人多方联动参与的协作共建机制。通过引入社会资本破解资金难题，源源不断为灾区发展注入新动力；社会组织与地方政府良性互动，及时了解灾区发展意愿与发展需求，积极发挥宣传动员、组织协调、慈善捐赠、专业特色、资源整合、凝心聚力等作用，有效解决灾区内部需求与外部资源的合理配置，降低重建成本，提高重建效率，确保灾区恢复重建效益最大化。

抗震救灾和灾后重建发展的伟大实践，进一步彰显了党的领导和社会主义制度优越性，合力铸成中国共产党团结带领人民实现中华民族伟大复兴中国梦的一座不朽精神丰碑。

资料来源：《灾后重建与发展振兴的四川答卷——汶川特大地震灾区10年重建发展的历程与启示》，《四川日报》，2018年5月4日。

第一节　恢复重建的内涵与原则

一、恢复与重建的概念

突发事件对正常的社会生产生活秩序造成了影响，给人民群众的生命、健康、财产造成了一定损失。在突发事件应急处置与救援工作基本完成之后，需要采取各种措施，消除突发事件所造成的现实破坏和社会影响等负面因素，使遭受灾害的地区和人们向灾前正常的生活和生产秩序回归，即进入到恢复与重建阶段。

恢复即英文中的"recovery"，通常指人们从突发事件的紧急状态中恢复到常态。联合国减灾署（UNISDR）把"恢复"定义为：复原并尽可能改善受灾社区的设施、生活和生存条件，包括努力减轻与灾害风险有关的因素。美国联邦政府的"NIMS（National Incident Management System）"系统中把应急管理系统分为五大核心环节（mission area）：预防（preventing）、保护（protecting）、减缓（mitigating）、响应（responding）和恢复（recovering），其中恢复这个环节的主要内容是指"制定和实施复原预案，使得政府功能重新运转，并对社会各主体提供援助，分别在经济、社会、环境、灾民心理方面进行协助，采取相应措施，并进行后期的评估"。

我们认为恢复与重建是指从突发事件处置后期开始的，综合利用内部和外在资源，对遭到破坏的社会生产生活秩序进行复原，对各类有形和无形的资产进行重建，以使受影响的区域和社群回到突发事件发生之前的和谐状态，并提高防范预防和准备能力的过程，包含以下五个方面内容。

（1）从时间上看，应急恢复与重建通常开始于突发事件处置的后期，而不一定是突发事件处置的结束。也就是说，应急处置与恢复重建可能并没有十分严格的时间界限，往往在应急处置的后期，人们即开始着手事后的恢复和重建，例如残骸的处理、人员的安置和交通的恢复等。

（2）从主体上看，应急恢复与重建在由本地政府主导的前提下，也可能包括其他主体的参与、帮助和指导，如上级政府、中央政府、国际人道主义组织等。同时，用于恢复重建的资源往往不仅来自本地区，还可能从外部输入，甚至国际力量的参与，正如中国人说的"一方有难，八方支援"。

（3）从目的上看，应急恢复与重建不仅要重新构建被突发事件破坏的社会秩序和状态，推动政府和社会正常运转起来，还需要通过灾后评估、风险学习等行动，减少受害地区的脆弱性，提高应对突发事件的整体韧性，防范类似的事件再次发生，从而达到有效保护人们生命财产安全的目的。

（4）从内容上看，应急恢复与重建是对突发事件造成的物质系统、社会系统以及应急管理系统损害的复原和再次建设。在物质系统层面，包括对毁坏基础设施、房屋建筑的修复重建，以及企业家庭受损财产的补偿等。在社会系统层面，包括受伤人员的长期救助照护，心理创伤的弥合和救助，社会关系和结构的修复，受损文化资源的保护和修复等。在应急管理系统层面，包括对灾害影响全面的评估，应急处置过程的评估，原有预案的评估，进一步改革完善应急管理系统，提高整体的防灾减灾能力。

（5）从任务上看，应急恢复与重建强调减少突发事件对社会整体的破坏和损害，保障人民的正常生产生活和社会的平稳运行。因此，恢复重建也不仅仅意味着单纯恢复到突发事件前的状态，也可能是未来一段时间内经济与社会发展重新规划与配置的机遇。换句话说，恢复重建要尽量减轻灾害的影响，使社会生产生活复原，并以此为契机推动社会进一步发展。

二、恢复与重建的基本原则

（1）积极稳妥、深入细致。在2006年颁布的《国家突发公共事件总体应急预案》中，提出"要积极稳妥、深入细致地做好善后处置工作"。其中，积极稳妥的一个重要体现就是要编制"恢复重建计划"并据此有序开展恢复重建工作。此外，恢复重建的工作不能做表面文章，更不能将恢复重建视为彰显政绩的试验田，要深入基层调查研究，细致开展工作，坚持将恢复重建工作落小落细落实，让受灾群众切实受益。

（2）依法开展、以人为本。中国应急管理的基本框架是"一案三制"（即应急预案、应急体制、应急机制与应急法制）。因此，应急善后与恢复的过程也必须遵循"一案三制"的总原则和要求，应制定合理科学的预案，并建立配套机制来依法开展各项善后恢复工作。在灾后恢复重建工作中，面临的最大挑战是人的问题，包括受灾群众的基本生活、居住、生计以及发展。灾后恢复重建政策的核心内容是民生，各级政府应当本着以人为本的理念，通过各种方式，整合城市资源，有效支持和帮扶灾区的恢复重建。譬如，《国务院关于印发汶川地震灾后恢复重建总体规划的通知》就将"以人为本，民生优先"列为首要原则。

（3）分类推进、急缓相宜。应急善后与恢复的过程需要分类推进。对于那些基本的保障，必须迅速予以恢复和保障；而对于那些长远性的恢复项目，则必须统筹规范，循序渐进。应急善后与恢复工作需要各级政府的政策支持和保障，与恢复重建过程相对应的相关政策也应体现出"急缓相宜"[①] 的特点。"急"主要体现

[①] 钟开斌：《中外政府应急管理比较》，国家行政学院出版社，2012年，第333页。

灾后恢复重建工作对政策需求的紧迫性。对于部分灾区群众正面临的生存困难问题，需要打破常规，特事特办，尽快出台相关政策。"缓"主要体现在面临灾区情况的多样性，有必要稍缓出台政策，以待基础信息更完备汇集，避免过于急迫出台的恢复重建政策与基层实际情况脱节，造成基层执行困难或者违背灾区群众的实际需求。

（4）因地制宜、全面推进。在《国务院关于印发汶川地震灾后恢复重建总体规划的通知》中，就提出了"因地制宜，分步实施"的原则，即"要从当地实际情况出发进行恢复重建，充分考虑经济、社会、文化、自然和民族等各方面因素，合理确定重建方式、优先领域和建设时序。要统筹安排、保证重点、兼顾一般，有计划、分步骤地推进恢复重建"。从善后恢复工作的具体内容上讲，则要强调全面推进的原则。突发事件的社会影响是全方位的，这决定了应急善后与恢复过程也要确立整体性的恢复方案。物理方面涉及生产、生活所必需的住宅、商店、医院、学校、企业、交通、通信等；而社会方面则涉及人们的精神生活、社会氛围、社会关系以及涉灾人群对于未来的信心等多方面的因素。

（5）统筹行动、注重基层。大城市突发事件的善后恢复与重建，需要纵向的各层级政府的统筹，也需要横向各政府部门之间的协同配合。基层是大城市应急善后与恢复政策、计划的具体实施者，因此，基层政府在应急善后与恢复中有重要作用。根据《突发事件应对法》第八十七条规定："突发事件应急处置工作结束后，履行统一领导职责的人民政府应当立即组织对突发事件造成的影响和损失进行调查评估，制定恢复重建计划，并向上一级人民政府报告。受突发事件影响地区的人民政府应当及时组织和协调应急管理、卫生健康、公安、交通、铁路、民航、邮政、电信、建设、生态环境、水利、能源、广播电视等有关部门恢复社会秩序，尽快修复被损坏的交通、通信、供水、排水、供电、供气、供热、医疗卫生、水利、广播电视等公共设施。"

（6）政府主导、社会参与。在突发事件的善后恢复阶段，"政府主导"是基本要求。与此同时，应急管理专家斯蒂文斯强调"受灾者不是受害者"，这种"受灾者不是受害者"的理念意味着，在善后恢复阶段要加强受灾群体的自主恢复的能力建设与支持。与此同时，这也意味着应急善后与恢复过程亟须社会组织、企业、社区以及家庭等主体的积极参与。《国务院关于全面加强应急管理工作的意见》明确强调："健全社会捐助和对口支援等社会动员机制，动员社会力量参与重大灾害应急救助和灾后恢复重建。"

（7）需求导向、积极回应。在灾后恢复与重建阶段，根据《突发事件应对法》第八十八条规定："受突发事件影响地区的人民政府开展恢复重建工作需要上一级人民政府支持的，可以向上一级人民政府提出请求。上一级人民政府应当根据受影响地区遭受的损失和实际情况，提供资金、物资支持和技术指导，组织协调其他地区和有关方面提供资金、物资和人力支援。"第八十九条规定："国务院根据受突发事件影响地区遭受损失的情况，制定扶持该地区有关行业发展的优惠政策。受突发事件影响地区的人民政府应当根据本地区遭受的损失和采取应急处置措施的情况，制定救助、补偿、抚慰、抚恤、安置等善后工作计划并组织实施，妥善解决因处置突发事件引发的矛盾纠纷。"

（8）系统评估，总结经验。调查评估、总结经验教训是善后恢复与重建阶段的重要工作内容，通过系统评估，有助于总结经验教训，尽可能地防范相关突发事件的发生。2023年11月10日，习近平总书记在北京、河北考察灾后恢复重建工作时强调，经过一次灾害，就要总结经验，举一反三，使我们在防灾减灾救灾方面，有更完备的预案和更好的措施。在应急善后与恢复中，要吃一堑长一智，按照风险管理的基本原则即预防性原则，指导整个应急善后与恢复工作。正如《国务院关于全面加强应急管理工作的意见》所强调的，"灾后恢复重建要与防灾减灾相结合，坚持统一领导、科学规划、加快实施"。

第二节 物质系统的恢复与重建

物质系统的恢复与重建主要是指将受到突发事件破坏的建筑、基础设施、财产和人员等要素进行修复和重新建设，以减少突发事件对社会运行秩序造成的影响，恢复社会运行的正常机能。依据《国家突发公共事件总体应急预案》规定，地方政府要积极稳妥、深入细致地做好善后处置工作，包括对突发公共事件中的伤亡人员、应急处置工作人员，以及紧急调集、征用有关单位及个人的物资，要按照规定给予抚恤、补助或补偿，并提供心理及司法援助。有关部门要做好疫病防治和环境污染消除工作。保险监管机构督促有关保险机构及时做好有关单位和个人损失的理赔工作。根据受灾地区恢复重建计划组织实施恢复重建工作。

一、人员救护、安置和生活救助

如果突发事件造成人员伤亡，政府卫生和民政部门会按照有关规定，对伤病员进行医疗救治。同时，还要进行灾区受灾群众紧急转移安置、过渡性生活救助、因灾死亡人员家庭发放抚恤金、困难群众临时救助等。特别是针对重点优抚对象、五保户、低保户、贫困残疾人、倒损房屋重建户等人群，需要进行重点帮扶和救助。

事故灾害事件的应急善后工作依据《国家安全生产事故灾难应急预案》，在安全生产事故灾害应急处置之后的"后期处置"阶段，重点需要做好"善后处置""保险"以及"事故灾难调查报告、经验教训总结及改进建议"等三方面的工作。

二、物资返还与补偿

《突发事件应对法》第十二条规定，县级以上人民政府及其部门为应对突发事件，可以征用单位和个人的设备、设施、场地、交通工具等财产。被征用的财产在使用完毕或者突发事件应急处置工作结束后，应当及时返还。财产被征用或者征用后毁损、灭失的，应当给予公平、合理的补偿。

一般来说，应急征用补偿工作应在当地政府的统一领导下，按照"谁征用谁补偿，谁牵头谁负责，就近征用，效能优先，保障权益，合理补偿"的原则组织实施。同时，补偿工作还要遵循一定的原则和程序。例如，根据《上海市应对突发事件应急征用补偿实施办法》的规定①，实施应急征用单位在物资、场所使用完毕或者突发事件应急处置工作结束后，应当及时汇总物资的使用情况，在10个工作日内制作应急征用物资使用情况确认书，并将可返还的物资交付被征用单位或者个人。被征用单位或者个人自收到书面通知或者公告发布期限届满之日起6个月内，向实施应急征用单位书面提交补偿的相关书面材料，包括应急征用凭证、应急征用物资使用情况确认书、被征用单位或者个人对于物资的权属证明财产毁损或者灭失情况、补偿金额及计算依据、投保及理赔情况等。实施应急征用单位将补偿方案初步核定结果报送应急处置的牵头部门（机构）审核后，按照规定报送审批。补偿方案批准后，实施应急征用单位与被征用单位或者个人签订应急征用补偿协议，财政部门按照财政资金管理办法规定的程序，向被征用单位或者个人拨付补偿资金。

补偿形式原则上采用资金补偿。实施应急征用单位与被征用单位或个人另有约定的，可采用实物补偿等其他形式，补偿价值应当与资金补偿相当。征用物资、场所因被征用或者因突发事件应急措施导致毁损、灭失的，根据下列情况分别处理：（1）经维修能够恢复使用功能的，补偿金额应当在保险理赔后，按照必要维修费用支出等因素确定；（2）无法维修或者经维修无法恢复使用功能、灭失或者维修费用超过其毁损前价值的，补偿金额应当在保险理赔后，综合考虑财产重置成本、综合成新率、净残值等因素确定。

三、房屋的重建

衣食住行是人民最基本的需求，关乎群众切身利益，是最大的民生，而住房重建则是重中之重，安居才能乐业。因此，发生突发事件，特别是自然灾害类突

---

① 上海市人民政府办公厅2020年5月发布《上海市应对突发事件应急征用补偿实施办法》。

发事件后,各地政府都高度重视损毁房屋的修缮与重建。

目前,世界各国的住房重建方式主要分为三种:个人自力重建、公房重建、社区重建。个人自力重建是家庭自身,或者利用商业保险的力量进行房屋重新修缮和建设。公房重建则是由政府用公共财力兴建公有住房,以无偿或者低偿的方式提供给受灾人员居住。社区重建则是以社区为单位,整合居民、市场和政府的力量,共同开展房屋重建。其中,自力重建可以加速灾后重建,居民能够获得喜欢的房屋样式,但主要是以市场方式开展重建,建房成本较大,即使政府提供资金补助,仍有部分中低收入者无力重建。而公房重建方式能够较好地解决弱势群体的居住问题,由政府负担建筑费用、兴建住房,并以较低价格出售或出租给受灾居民。在日本阪神灾后重建中,这种重建方式发挥了重要作用,在神户及大阪兵库县两地共兴建了 26 000 间公共住房,单亲家庭、残疾者、高龄者、低收入者等受灾户,可以优先入住,政府全额提供住宿费用,居住期间为 6 个月到 1 年,视情况可以延长居住期限。社区重建在 1994 年美国洛杉矶灾后重建中大范围开展后已成为世界各国最感兴趣的焦点,这是一种"自下而上"的住房重建方式,是以受灾地区的居民为中心,成立中小型规模的社区重建组织,居民共同参与重建工作,制定重建计划,政府审查认定重建计划后,派遣专家给予支持的重建方式[①]。

四、基础设施的修复和建设

基础设施是指为社会生产和居民生活提供公共服务的物质工程设施,是用于保证国家或地区社会经济活动正常进行的公共服务系统。基础设施主要包括交通运输、机场、港口、桥梁、通信、水利及城市供排水供气、供电设施等,是现代城市运转的生命线。在重大突发事件之后,修复和新建基础设施是恢复城市运转的基础和保障。

例如,2008 年汶川地震后,由国家发展改革委、交通运输部、铁道部、工业和信息化部、水利部、国家能源局于 2008 年 10 月 17 日联合印发了《汶川地震灾后恢复重建基础设施专项规划》,成为灾后恢复重建基础设施的重要指南和依据。根据规划,灾后基础设施重建主要包括交通(高速公路、干线公路、铁路、民航),通信(通信、邮政),能源(电网、电源、煤矿、油气)和水利四个方面内容,涉及四川、甘肃、陕西三省 51 个严重受灾县市区,规划恢复重建期限为三年,估算总投资 1 670 亿元。表 6-1 列出了交通基础设施恢复重建的主要内容和工程项目。

---

① 李连祺:《灾后住房重建政策的国际经验》,《中国减灾》,2008 年第 8 期。

表 6-1　汶川地震后交通基础设施恢复重建的主要内容①

高速公路	修复勉县至宁强至广元、广元至巴中、雅安至石棉、都江堰至映秀、成都至绵阳、绵阳至广元、成都至邛崃、成都至都江堰、成都至彭州、宝鸡至牛背等高速公路
干线公路	修复国道108、212、213、316、317、318线等受损路段共约1 910公里，以及22条省道（含2条省养县道）约3 323公里，12条其他重要干线公路约848公里，适时启动绵竹至茂县、成都至汶川高等级公路
铁路	修复加固宝成、成昆、成渝等干线铁路和成汶、广岳、德天、广旺等支线铁路，改建或重建宝成线109隧道等路段及受损严重的绵阳、广元、江油、德阳等主要车站，建设成都至都江堰城际铁路、成绵乐客运专线、兰渝铁路、成兰铁路、西安至成都铁路
民航	修复成都、九黄、绵阳、广元、康定、南充、泸州、宜宾、汉中、咸阳、安康、兰州、庆阳等机场以及民航空管、航空公司、航油等单位受损的设施设备

五、生产恢复

城市是经济生产，特别是工商业经济生产的聚集地，恢复和扩大这些行业企业的运营，是城市恢复与重建的重要内容之一。这里包括：一是对城市"生命线"工程的抢修恢复，如电力抢险和恢复，供水的恢复，公共交通（如地铁、轻轨、公交车辆）的恢复等，这是生产恢复的前提和保障；二是市政清理和除障，包括对倒伏树木的清理，积水点进行排除，清除雨水篦树叶垃圾，疏通下水口，加大排水量，尽快排尽积水等；三是开展防疫消毒工作，确保无传染性疾病的暴发；四是企业开工生产和物资调配，最大限度降低损失，尽早恢复生产、生活。

第三节　社会系统的恢复与重建

一、调查与评估

《突发事件应对法》第九十二条规定了政府事后总结和报告的相关制度。首先，从突发事件应对的整个过程来看，整个突发事件应对工作以突发事件应急处置工作的评估总结报告的上报为最终结束标志。事后总结与报告制度是突发事件应对

---

① 参见国务院：《汶川地震灾后恢复重建总体规划》，http://www.gov.cn/zwgk/2008-09/23/content_1103686.htm。

工作中的最后一个重要制度。其次，从突发事件应对的成效来看，这是对突发事件的预防、监测与预警、应急处置与救援、事后恢复与重建等各项工作的总结。最后，自上而下汇报各类突发事件处置的评估报告，有助于经验总结和交流，从而在整体上（区域或国家）提高应急处置的能力。

评估与反思的基本内容是我国《突发事件应对法》所强调的两个方面，即"突发事件的发生经过和原因"（调查与反思）和"突发事件应急处置工作的经验教训"（评估与总结）。其特点是：首先，它是一种事中事后评估工作，调查评估是以事件为中心、为基础的评估工作。其次，它是一种系统全面的评估工作，旨在全面深刻地评估、反思与总结。最后，它是一种面向实践的评估工作，源于实践、扎根于实践，且致力并服务于实践。

从世界各国的应急管理工作来看，事件过后的评估反思都是一项必备的程序与方法。如美国"9·11"事件以后，美国一方面进行救援、善后的社会创伤抚平；另一方面，全面调查和反思造成这一灾难的原因，并进行学习改进。2002年年底成立独立调查委员会，负责对"9·11"事件前后美国的外交、情报、移民、商业飞行以及恐怖组织的资金流动等进行调查。委员会在20个月的调查取证过程中，共查阅了250万页文件资料，询问了来自10个国家的1 200多人，并举行了12次公开听证会，最后发表了调查报告。调查报告长达560多页，分为13章，详细阐述了"基地"组织产生、发展以及策划实施的一系列恐怖事件，以及美国有关部门过去10多年来在打击恐怖主义活动方面采取的措施。报告还详细介绍了2001年9月11日发生恐怖袭击的过程以及美国有关部门在袭击事件发生后作出的反应。报告指出，美国政府在想象力、政策、能力和管理方面存在失误，负责保卫边境、民航和国家安全的机构未能理解恐怖威胁的严重性，没有及时调整政策、计划和措施以阻止或挫败袭击阴谋。联邦调查局和中央情报局在"9·11"事件前在情报分享和情报分析方面的失误是导致劫机者阴谋得逞、袭击事件最终发生的重要原因之一。经过评估与反思，美国在这方面的防范工作有了质的提升。

再如，2005年4月25日，日本JR福知山线出轨事故发生，整个事故调查前后进行了3年之久，前后实施了15次。2007年6月28日，事故调查委员会向公众发布了近300页的调查报告正文及图表、照片等多份附加材料。调查项目非常详尽，仅出现在最终报告中的乘客证词就多达17份。报告并没有把事故原因的分析停留在当事司机操作失误上，而是追根溯源，指出导致司机应对不当的背后隐藏着JR西日本公司的经营和管理问题，如发车频度过密，司乘人员惩罚机制过于苛刻等。这起事故导致了日本政府和国会修改了《铁道事业法》，规定各铁路公司必须在铁路沿线安装"自动列车停止装置（ATS）"等。如今，西日本旅客铁道公司的网站主页最显要位置仍是有关福知山线事故的专栏，介绍事故概况、改进对策及对遇难者的安抚措施①。

二、调查评估的原则及流程

(一) 调查评估的原则

(1) 客观性原则。调查评估是一项严肃的工作,必须具备客观性,即通过调查获得的数据和通过评估得出的结论必须以事实为基础,与事实相符合,从而使突发事件的起因、性质、影响等在调查评估的报告中得以真实清晰地再现。

(2) 规范性原则。规范性是指调查评估的程序、指标、标准、内容与结果等应形成相对固定的模式。其作用有三:一是可以降低调查评估的成本;二是可以保证调查评估的质量,避免出现避重就轻的现象;三是可以增强横向和纵向的比较,确保调查数据的连续性,从而有利于不同区域、层级的政府对调查评估的结果进行比较。

(3) 独立性原则。调查评估的主体要具有独立性,其任务只能是如实调查突发公共事件的事实和影响,客观地评估应急管理机构的工作绩效,而不是为其他原因(譬如权力、金钱等)所驱使。在很大程度上,独立性也意味着权威性,即组织调查评估机构应当具有足够的权威,无论是法理权威还是知识权威。

(4) 参与性原则。在调查评估中增强参与性,原因有三:一是突发事件涉及广大社会公众的切身利益,他们有权参与相关调查;二是社会公众的参与可为调查评估提供翔实的资料;三是社会公众的满意度本身就是调查评估的重要数据类型和数据基础。

(5) 完善性原则。调查评估的终极目的是提高应急管理的效能,而非分出不同个体或组织在应急处置或应急救援中各自表现的优劣②。坚持终极目标导向,有助于在调查评估中抓大放小,总结出可操作、可推广、可复制的应急管理经验。

(二) 评估与反思的流程

调查评估过程一般由三个阶段构成:准备阶段、实施阶段和总结阶段。

(1) 准备阶段。这个阶段主要有以下几个方面的工作:首先,成立调查评估小组,合理配置组员并选出组长;其次,制定调查评估方案,确定调查评估对象、目的、意义、要求、标准以及基本设想等;最后,还要说明调查评估的场所、时间、进度以及相关经费来源,等等。

(2) 实施阶段。这个阶段是调查评估最为实质性的阶段,因而具有相当的重要

---

① 张涵:《日本最大火车事故六年问责》,《21世纪经济报道》,2011年8月1日第9版。
② 王宏伟:《重大突发事件应急机制研究》,中国人民大学出版社,2010年,第179页。

性。其重要任务包括：收集信息和数据、分析数据继而得出结论。

（3）总结阶段。这个阶段的主要工作是，处理调查评估的结果，撰写调查评估报告。报告撰写要力求客观，不要受到先入为主的判断、假设和价值观念的影响。实际的调查评估过程要比上述三个阶段刻画的流程复杂生动得多，同时也艰难得多。然而，明确这样三个阶段，有助于应急善后的调查评估工作有条不紊地进行①。

三、调查评估的运行机制

大城市应急管理评估与反思的价值追求是客观、公正和全面，这需要具备两个前提条件：一是在技术上，要遵循科学原则，运用科学技术，还原灾害发生过程，找到风险演化过程中各要素的因果逻辑关系。二是在主体上，要保证调查者与事故责任者之间没有利益共容性，不会受到责任者的干扰和影响，出现"避重就轻"的判断和结论。因此，要真正从灾害中学习，就必须通过体制机制建设确保突发事件调查的专业性和独立性，通过这一机制推动全社会的共同反思和改进，不断优化公共安全管理体系，提升公共安全水平。从特大城市来说，需要从三个方面推进调查评估和灾害学习建设。

（1）建立独立的调查机制，变自我评估为第三方评估。调查主体的独立性，是保证独立视角和公正立场的前提和基础，也是保证参与调查的机构和人员都独立于被调查对象、确保调查过程不受被调查对象等各种干扰的基本做法②。事实上，重大灾害事故的独立调查已经成为世界通行做法。各国在重特大事故灾害发生后，一般都会成立相对政府部门独立的第三方调查机构和组织，开展对事故原因的彻底调查，彻底还原事件真相，并提出改进措施和建议。例如2011年3月12日，日本受9级特大地震影响，福岛第一核电站的放射性物质发生泄漏。在善后调查阶段，日本国会专门成立了福岛核事故独立调查委员会。时任日本首相菅直人表示，要彻查原因，将本次事故的教训通过国际原子能机构（IAEA）提供给国际社会，"希望能对世界各国提高核电站安全性能作出贡献"。2012年7月5日，日本国会福岛核事故独立调查委员会在东京召开第20次会议，汇总了福岛第一核电站事故正式调查报告，并向参众两院议长提交了这份报告，报告认为，"事故并非自然灾害，明显是人祸"：东京电力公司（Tepco）福岛第一核电站事故是由于政府、监管机构和东电的一些串通行为以及上述各方缺乏明确指导造成的。委员会认为，

---

① 王宏伟：《重大突发事件应急机制研究》，中国人民大学出版社，2010年，第172—173页。
② 薛澜、沈华、王郅强：《"7·23重大事故"的警示——中国安全事故调查机制的完善与改进》，《国家行政学院学报》，2012年第2期。

事故的根本原因是指挥体系和监管体系具有错误理由的决定和行动,而不是与任何个人的能力相关的问题。东电与日本原子能安全保安院在此次事故前均已指导,为了满足新安全导则的要求,需要对电站进行结构性加固。但新安全导则并未强制要求东电采取这项行动。

一旦发生重特大事故,特大城市可启动特别调查程序,由人民代表大会成立特别调查小组,邀请有关人大代表、专家学者、政协委员、媒体代表等共同参与事故调查,并邀请事件当事人以及其他社会各界人士有序参与或旁听调查、质询过程,一方面使公众能真正观察和体验调查过程的公平、公正、公开;另一方面,也通过这一过程形成全社会的风险学习氛围,客观、理性地正视公共安全领域存在的各种问题,提高全社会的公共安全意识。人大启动的特别调查机制形成的报告具有权威性和约束性,成为追究相关责任和进行后期改进的基本依据。

(2) 资源保障机制,即要给予事故调查以充足的资源、技术和时间支持。调查评估涉及技术、管理、文化、设备、组织等各个方面,专业性、技术性和知识性都很强。这就要求调查机构除了具有独立于利益相关方的权威性外,还必须具有足够的专业性,能够整合多学科、多领域的专家学者形成强有力的合作团队共同攻关。同时,调查过程可能需要大量的辅助力量,以及各种高精尖的设备、装备、设施,越是巨大而复杂的灾害,所需要的调查资源和资金就越多,如果缺乏这些支持,调查评估工作就很难顺利进行。而且,对事故调查要有时间容忍度。大量的灾害事故往往具有复杂的原因,包括直接原因和间接原因,主观原因和客观原因,如致灾因子、脆弱性、暴露性等,因此,调查需要充足的时间和耐心。1998年德国城际特快列车(ICE)发生脱轨事故,造成101人死亡,88人重伤。事故现场救援和搜寻工作整整持续了3天,而技术调查和法律审判则持续了5年。除了德国联邦铁路局成立独立调查组进行技术调查外,检察院也对相关工程师展开公诉。检察院收集事故资料、技术报告等文件证据,到2000年,事故的文档已超过600个文件夹。因此,对于重特大事故,要克服急躁心理,秉持严肃、客观的态度,给予充分的时间和耐心用于事故调查和评估。

(3) 建立完善反馈落实机制,即要通过调查评估查找原因,提出改进管理、加强风险防控的意见,并逐步落实,提高公共安全水平。例如,美国参议院关于2005年卡特里娜飓风灾害的特别调查报告有700多页,全面分析了美国应急体系面对卡特里娜飓风所存在的缺陷,提出在国土安全部内组建能准备和应对所有自然灾害和巨灾的新型综合应急机构等7项对整个美国应急体系战略调整的建议以及包括加强应急协调、提高应急技术支持、提高应急准备等其他三方面的81项具体建议[①]。特大城市一旦启动重特大事故特别调查机制,不仅要彻底查明原因,还原

---

① 张欢:《应急管理评估》,中国劳动社会保障出版社,2010年,第281—282页。

真相，还要就安全管理、规章条例、应急机制、人员培训等方面存在的问题提出解决、调整意见和建议，要求相关部门逐条落实、整改，向全社会公布，形成强烈关注和变革压力。

四、社会心理干预

危机事件的突发性甚至破坏性等特性决定管理，危机事件发生过程势必在一定范围内引起相关群体的焦虑、恐慌、抑郁、强迫反应、脾气暴躁、过度警觉等心理反应或创伤。譬如，2008年5月12日四川汶川地震之后，就曾经出现多起自杀事件。由此可见，在应急善后恢复阶段，有必要有组织、有计划地实施心理辅导和心理援助，以帮助相关人群——包括受灾者、救灾者，尤其是突发事件中的儿童等特殊群体——尽快恢复正常的心理状态。

2002年，劳动和社会保障部开始实施心理咨询师的国家职业标准。2007年，中国心理学会通过临床与咨询心理学专业机构和专业人士注册标准及临床与咨询心理学工作伦理守则，这是我国心理治疗发展步入职业化的开端。2008年，四川汶川特大地震发生之后，来自政府部门和各地科研院校、社会团体、民间个人等成千上万心理工作者赶赴灾区，为受灾群众提供心理救援服务。卫生部在2008年5月15日发布了《心理危机干预方案》，5月19日印发了《紧急心理卫生干预指导原则》，并积极开展心理救援工作。据统计，在灾后不到3周的时间里，全国有50多支心理救援队伍到达灾区。随着灾区生活恢复正常，有关部门还制定了长期的心理援助计划①。

应急管理中的心理疏导或心理救援分为三个阶段②。第一阶段为应急阶段。这段时间生存是第一要务，人们联合起来对抗灾难，心理问题并不明显。第二阶段为灾后阶段。此阶段，如果没有心理援助，受灾者马上就会因为灾难的损失和困难，而感到强烈的失落。第三阶段为恢复和重建阶段。这个阶段可能需要几个月甚至几年的时间。上述阶段分析属于一般规律。实际上，在同一阶段针对不同群体亦需要提供不同种类的心理疏导。因此，心理疏导工作需要一个科学的需求表达和评估、规划以及管理的过程。如在科学规划方面，将心理疏导方面的计划列入《灾害恢复和重建的计划》当中。譬如《国务院关于印发汶川地震灾后恢复重建总体规划的通知》中就在精神家园的栏目下列入了"心理康复工程"，具体措施包括：在中小学校开展心理疏导教育，在医院设置心理门诊，在新闻媒体开办专栏节目，组织专业人员和志愿者进社区（村庄），开设心理咨询热线，培训

---

① 钟开斌：《中外政府应急管理比较》，国家行政学院出版社，2012年，第328页。
② 中国心理援助志愿者网，http://www.54zyz.org/。

心理疏导专业人员，编写灾区志愿者服务工作手册和心理辅导手册。通过这些心理援助，旨在从心理层面帮助受灾者恢复良好的心理状态，尽可能快且好地恢复社会秩序。

第四节 应急管理系统的恢复与提升

一、风险学习的概念及特征

大城市突发事件经历过孕育、暴发、治理到结束后评估与反思阶段之后，开始进入下一阶段，即"风险学习"，也就是大城市突发事件暴发后的改革与减缓阶段。这一阶段是针对突发事件暴发后，针对大城市应对过程中存在的问题进行改革与整治的阶段。所谓"风险学习"，是指全社会基于城市公共安全的共识，在城市运行和公共安全管理过程中，及时发现风险管理的错误、缺陷和漏洞，并通过机制梳理、风险沟通和矛盾排除来纠正错误、克服缺陷、弥补漏洞，就风险管理达成新的共识，推动公共安全风险防控体系不断优化和完善，最终提升公共安全水平。风险学习的特征主要有三个。

(1) 变革性：特大城市的脆弱和易损特质，以及人们对公共安全重视程度的提高，都是推动公共安全管理现代化的强大动力；只有不断提高公共安全管理能力和水平，才能适应特大城市快速发展、要素不断集中的形势变化，也才能更好地保证社会安全、实现可持续发展。

(2) 整体性：特大城市公共安全管理涉及的主体众多，既有政府内部的专业职能部门，还有综合协调部门，更有广大的社会群体、组织和市民，因此，这个学习过程是全面性、多层次和多角度的。仅仅有政府部门和少数官员的学习和成长，并不能带来安全管理系统的整体提升。

(3) 累积性：灾害和突发事件虽然造成了损失甚至巨大损失，但人类在应对灾害和处置突发事件过程中也在积累经验和教训，如果将这些经验和教训转化为变革行动，改进和优化公共安全管理机制，就能不断提升公共安全水平。从某种意义上说，人类社会的发展进步历史就是一部"灾害—斗争—再灾害—再斗争"的循环发展史，这正是恩格斯名言"没有哪一次巨大的历史灾难不是以历史的进步为补偿的"所表达的真义。

二、风险学习的重要性

之所以提出"风险学习"的概念，主要是因为目前特大城市公共安全管理机制还存在诸多的问题和不足，变革、发展和创新是解决这些问题和不足的重要方式。

（1）缓解公共安全管理体系的变革压力。随着经济社会的快速发展，特大城市的繁荣程度、聚集程度、便利程度都在不断提高，在区域、国家甚至全球范围内配置资源的能力不断增强，人们的物质文化生活水平不断提升，信息传播手段和速度相比之前有了质的提升，因此，社会安全风险逐渐扩大，新的突发事件及灾害事件种类逐渐出现并造成严重的损害。但由于风险治理知识的局限，大城市中的人们对很多新形态和新类型的风险还认识不足，甚至完全没有认知，不用说其发生演化规律的掌握，这就导致其最终表现出来的结果就是各种灾害事件层出不穷。随着全球化进程加速，风险也正在全球化，并发生着循环。维护特大城市安全运行，确保社会安全稳定，成为城市政府所面临的共同课题。风险学习应通过改革不断学习新的经验，总结突发事件暴露出来的教训，使城市政府和居民对于新的、潜在的风险有一个较为清晰的认知，为城市应急预案的制定打好基础。

（2）提高灾害中学习的动力。从灾害中学习、积累经验是公共安全管理和风险防控机制不断优化和改进的重要途径和方式。在很多灾害中，都存在人为失误、秩序混乱和管理不善等问题，因此，减少灾害损失的必经之路就是不断发现城市运行和安全生产中的失误、混乱和错漏，并解决这些问题，切实提高公共安全水平。但由于涉及现实的"责任"和"责任承担"问题，人们往往会避重就轻，甚至逃避责任，进而放弃对现实问题和隐患的彻底反思。或者以赔偿补偿的方式安抚伤者，息事宁人；或者直接将涉事官员罢官免职，给社会所谓的"交代"，却放弃了对体制机制的深层次问题的反思。可以说，这是一种面对灾害的消极观念和态度，其结果只会造成类似事件再次发生。

（3）提高公共安全的共识。目前特大城市的突发事件频发，以及管理机制的脆弱性，说明全社会围绕公共安全问题的共识还较为薄弱，公共安全的理念尚未真正落实到社会运行的每一个环节，公共安全的标准也并未得到认真全面的执行。提高全社会公共安全共识是进行灾害治理的前提与基础。而这种共识的主体不仅仅是政府官员、企业生产者和管理者，事实上囊括全社会成员。在这种情况下，公共安全体系的优化、变革和提升就需要具有坚实的心理、结构基础，并形成导向于安全的传统和文化，为现代社会运行提供良序保障和有效支撑。通过全社会共同参与的风险学习和沟通，有助于形成这种共识，转变社会风险态度，整合公共安全管理资源。

三、风险学习的机制建设

学习应该是一个动态的过程，可以持续反复进行，因此，表现为一个周而复始的"回路"。结合公共安全管理和风险防控体系的特点，这里提出风险学习机制的基本过程：发现（discovery）、沟通（communication）、创新（invention）和推广（generalization）四阶段（见图6-1）。其中，推广与发现是连接起来的，并未隔断，因为推广的结果代表现有问题的解决，公共安全管理水平的提升，但还会继续发现新的问题，于是新的一轮学习机制就启动了。

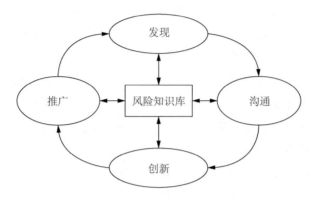

图6-1 风险学习机制的基本过程

（一）发现机制

发现阶段的主要任务是全面寻找并及时发现公共安全管理中的"危险状态"。所谓危险状态，是指灾害形成条件聚集和重叠的状态。发现的方式和途径主要分为主动型和被动型两类。主动型是指政府和管理体系内部的自上而下的检查和评估行为，主要表现为政府相关职能部门组织的安全大检查、隐患大排查和风险评估等工作，力图发现工业生产过程中"人、物、器械、管理"等方面的不足和缺陷等，或者被管理者、利益相关方就公共安全问题提出的"举报"和"警报"，提醒管理者注意客观存在的风险隐患问题。被动型是指灾害事件发生后对风险隐患的暴露，主要是特定灾害事故（事件）发生后，暴露出安全管理、应急管理和风险管理中存在的问题和不足。例如，地震灾害发生后，暴露出一定区域内房屋的抗震标准普遍偏低，洪水灾害发生后，暴露出城市防洪堤坝等级和标准不足等。显然，被动型"发现"相对于主动型"发现"已经付出了一定的社会成本和社会损失。不论是主动发现还是被动发现，都是风险学习机制的起点和初始，只有找到现实问题，才有进一步提升和变更的可能。

（二）沟通机制

这一阶段的主要任务是针对存在的公共安全问题，风险相关方就应对态度和解决对策进行沟通、协商，并达成新的社会共识。风险相关方是指受到风险影响的特定社会群体，包括政府职能部门的官员、特定管理主体、作为承灾体的社会群体等。风险沟通的过程，是就安全理念、解决对策和制度安排形成广泛社会共识的过程。这个过程是"管理者—被管理者""政府—社会"之间的双向互动过程，而不是单向交流过程。

沟通的主要方式包括三种。一是科学知识的普及。公共安全管理是一个科学性、技术性很强的交叉学科和领域。因此，风险相关方的知识程度决定了其风险态度。如果大多数社会群体对风险管理、风险社会、风险演化等规律性知识、信息一无所知或半知半解，则风险学习、风险讨论行为就无从谈起。二是讨论协商，表现为信息、意见和观点之间的交流、对话和辩论等。之所以需要沟通，最重要原因在于社会不同群体之间的利益、观点会产生差异甚至冲突。而这些冲突就可能激活致灾因子形成，或者降低承灾体的抗逆性，增加社会的脆弱性，进而形成灾害。三是公开性的调查听证。围绕全社会关注的安全问题和突发事件，特定主体进行公开性的调查听证，公布相关信息、数据等，引发全社会的关注并就特定问题形成共识，也是一种社会学习过程。

（三）创新机制

这一阶段的主要任务是基于现实问题和社会共识，通过顶层设计和规范管理，对现有的规章制度、操作流程、管理方式、技术支撑进行改进、变更和创新，消除风险隐患、错漏不足，以提高公共安全管理水平和公共安全质量。可以说，这一阶段是风险学习的核心内容。如果没有改革创新，则风险学习就无从谈起，安全管理体系的改进和优化也只能是一句空话。事实上，正是"纠正错漏"的创新在推动公共安全管理体系的优化。例如，1911年3月25日，美国纽约市三角工厂爆发了一场火灾，造成146名女工死亡。事发当天的下午4点30分，工人们正准备下班。8楼的剪裁车间里，男剪裁工都已经下班离厂，约有130名女工正在排队领取本周的薪水。9楼是缝纫车间，几百名车衣工正纷纷离开机器，到盥洗间去取自己的手袋，然后，她们排成一条长队，从工头面前走过，打开手袋，让工头检查，以确保她们没有夹带布头纽扣什么的。突然，8楼发出一声闷响，紧接着，一个姑娘凄厉地尖叫："火！火！失火啦！"没人知道火是怎样烧起来的。8楼车间里有很多张木制的大裁剪桌，桌上堆放着次日要裁剪的布匹，地上到处是碎布头，几只装满了碎布线头、棉纱等废物的大垃圾箱，在墙角放了不知多久。火势借着满地的易燃物，迅速蔓延；火舌从一张桌子跳到另一张桌子，很快吞没了8楼，又窜到9楼。浓烟弥漫，几百名女工在呛人的浓烟和烈火中惊惶地乱跑，哭喊声、惨叫声、玻璃碎裂声，混成一片。事后发现，为了防止女工在工作时间随意走动，该工厂剪裁车间的逃生大门被锁死，这成为逃生瓶颈和救援困难的重要原因。在惨剧发生后，纽约建立了有25个成员的"改进工作场所安全委员会"。委员会头一年就在纽约视察了1 836个工作场所，听取了222个人的相关证言。这个委员会的第一个4年任期，是大家公认的"工厂立法修法的黄金时期"。美国的《劳动法》

就是在这一时期通过的。三角公司火灾惨案成为立法的依据。美国的《劳动法》规定，工作场所每3个月就必须进行一次防火训练。1912年，立法规定，在7层以上超过200名工作人员的楼层，必须安装自动防火喷淋系统。而在任何一个超过两层、雇员超过25名的工作场所，都必须安装自动报警系统。这些改进就是一种"组织创新"，正是这些组织创新提高了管控风险的能力和承灾体的抗逆性，为防止类似灾害事件再次发生，提供了坚实的制度保证。

（四）推广机制

这一阶段也可以称为"一般化""标准化"阶段，主要任务是将创新阶段的成果通过顶层设计、制度变迁等方式推广和普及开来，成为相关领域公共安全风险防控的一般性、普遍性做法，提升社会防控风险的整体性能力和水平。在现实条件下，这种推广有"纵向"与"横向"两种路径和方向。纵向是指自上而下的学习过程，表现为行政指令、命令的贯彻执行，如某一管理标准的出台，行业内的各级管理部门的流程和方式都随之发生改变。横向是指没有隶属关系的部门和主体之间的平行扩散，如某一成功经验和做法被其他地区、部门或领域的相关人员学习和借鉴，产生了类似的创新。

推广阶段完成后，一个标准的"风险学习"过程得以完成。当然，这并不意味着风险学习的结束。事实上，推广阶段与发现阶段是首尾相连的。虽然以创新为核心的风险学习提升了管理水平和安全质量，但问题和挑战还是客观存在的。同一问题还可能具有其他存在形式或内容，如某一次地震后的"学习"将抗震等级提高，但若干年后发生了更大级别的地震；或者发现了其他类别的安全问题。因此，就社会层面来说，风险学习是一个不断循环往复的过程。

地震灾区的恢复与重建

2008年"5·12"汶川地震抗震救灾中，中国人民以无所畏惧的英雄气概、团结一致的强大力量、可歌可泣的伟大壮举，铸就了"万众一心、众志成城，不畏艰险、百折不挠，以人为本、尊重科学"的伟大抗震救灾精神。2013年"4·20"芦山强烈地震发生后，习近平总书记就抗震救灾工作先后作出重要指示，强调"大力弘扬伟大抗震救灾精神，大力发挥各级党组织领导核心和战斗堡垒作用、广大党员先锋模范作用，引导灾区群众广泛开展自力更生、生产自救活动""要继续大力发扬伟大抗震救灾精神，全力救治伤员，妥善安置受灾群众，科学布局灾后恢复重建"。

汶川大地震造成的直接经济损失达8 451亿元,其中,四川省损失最严重,占到总损失的91.3%。为加快汶川地震灾区恢复重建,党中央决定按照"一省带一重灾县"原则,建立对口支援机制。22个省(自治区、直辖市)和香港特别行政区、澳门特别行政区组织人力、物力、财力参与到灾后重建对口支援中,形成强大合力,大大加快了灾后重建进程,提高了灾后重建质量。与汶川大地震恢复重建不同,"4·20"芦山强烈地震后,中央首次将灾后恢复重建的"指挥棒"交给了四川,实行以地方党委政府为决策、实施和责任主体的"地方负责制"。从汶川到芦山,尽管灾后恢复重建模式不同,但在以灾后恢复重建为新起点,推动经济社会高质量发展过程中,防范灾害风险、减轻灾害损失却是一以贯之的主题。

1. 提升基础设施设防水平

《"4·20"芦山强烈地震房屋应急评估情况的分析报告》指出,在"4·20"芦山强烈地震中,"5·12"汶川地震灾后重建的公共建筑经受住了地震考验,但重灾区城镇居民自建房和部分公共建筑受破坏较大,重灾区农村居民自建房毁损非常严重,重灾区城镇基础设施严重受损。鉴于此,"4·20"芦山强烈地震灾后恢复重建过程中,芦山县紧扣山区灾害特点,全面落实建筑物"三有三避让"要求,灾后重建房屋全部按照7度抗震设防要求建设,针对学校、医院等重要公共场所均按国家规定提高抗震设防烈度。为确保所有房屋真正达标、落实到位,芦山县加强抗震设防要求管理工作,逐步将农村民居抗震设防管理纳入基本建设管理程序,严格对农村自建房进行监督管理。同时结合棚户区改造等重点项目实施,持续加大危房拆除工作力度,切实保障群众基本住房安全。

在2022年"6·1"芦山地震中,这些严格按照抗震设防标准修建的房屋经受住了考验,没有一间房屋出现整体垮塌情况。

2. 地灾隐患防治结合

泥石流、滑坡、崩塌……无论是汶川大地震还是"4·20"芦山强烈地震,都造成灾区地质灾害隐患点数量猛增。地质灾害隐患点防治成为灾后恢复重建的一项重要工作。"4·20"芦山强烈地震后,在专业排查和评估的基础上,雅安市很快出台了《芦山地震灾后恢复重建地质灾害防治专项规划》。根据该规划,以监测预警工程、避让搬迁工程、能力建设工程、科技支撑工程等为主的预防工作,被摆在了首要位置。在以防为主、防治结合的理念指导下,雅安纳入灾后重建总体规划的地质灾害防治项目"打捆"有76个,其下细分为子项目7 190个,包含排危除险、勘察设计、工程治理、受损工程修复、避险搬迁、群测群防体系建设等方方面面。经过近年来的系统治理，芦山县地灾隐患点已从地震后的600多个减少到现在的74个。

3. 重建更美好家园

351国道改扩建工程是"4·20"芦山强烈地震灾后恢复重建项目之一。该项目建成后，不但为雅安通往芦山县和宝兴县打开了一条全新生命通道，改变了以往经常因地震或地质灾害中断交通的困境，而且为芦山县禾茂新村等交通闭塞的山村带来了发展机遇。2018年，禾茂新村通过实施农民工"归雁计划"，吸引优秀返乡农民工投资兴业，现已建成集农耕文化园、科普教育园、康养休闲园为一体的农业田园综合体，成为远近闻名的乡村振兴样板。专家认为，从联合国《2015—2030年仙台减轻灾害风险框架》提出的"重建更美好"理念来看，像禾茂新村这样，通过将灾后恢复重建和乡村振兴结合，促进灾区防灾减灾能力提升和群众增收致富，值得作为中国故事进行交流。

如今，在废墟上崛起的汶川，正在全力打造创新型、开放型、数字型、花园型"四型汶川"。2022年，汶川县实现地区生产总值85.41亿元，是2008年的5倍多，近6年5次获得"全省县域经济发展先进县"称号。同样遭受地震重创的芦山践行"中央统筹指导、地方作为主体、灾区群众广泛参与"的恢复重建新路，在"继续发力""更好发展"的总体要求下，实现了由结构单一走向工业、服务业多点支撑、多元发展的重大转型，于重建中走上绿色低碳的发展振兴之路。2022年，芦山全县规模以上工业总产值达79.75亿元，与2013年相比，增长了199%。

资料来源：付瑞平、胡嘉岩：《充分准备　高效应对——"5·12"汶川地震灾区防灾减灾之变》，《中国应急管理》，2023年第5期。

本章小结

本章基于突发事件的恢复与重建对其概念和原则进行了界定，并且主要从内容层面上展开对恢复与重建的探讨，将其分为三方面：物质系统、社会系统和应急管理系统的恢复与重建。

物质系统的恢复与重建主要是指将受到突发事件破坏的建筑、基础设施、财产和人员等要素进行修复和重新建设，以减少突发事件对社会运行秩序造成的影响，恢复社会运行的正常机能。

针对社会系统的恢复与重建要进行调查与评估，并遵循调查与评估的原则和流程，对于特大城市来说，需要从三个方面推进调查评估和灾害学习建设。

应急管理系统的恢复与重建要把握风险学习的概念和特征，认识到风险学习的重要性。风险学习机制的建设过程主要有发现、沟通、创新和推广四个阶段。

关键术语

恢复与重建　调查与评估　风险学习　机制建设

复习思考题

1. 什么是恢复与重建？基本原则有哪些？
2. 什么是物质系统的恢复与重建？有哪些内容？
3. 对于特大城市来说，如何推进调查评估和灾害学习建设？
4. 什么是风险学习？特征是什么？
5. 风险学习的机制建设过程是什么？

第七章

信息报送和发布机制

📖 知识目标

1. 了解信息报送的责任主体及职责
2. 了解信息报送的阶段及内容
3. 了解信息发布的内涵与原则
4. 了解应急值守和信息发布的工作流程

📖 能力目标

1. 联系实际阐释信息报送的渠道、目标与原则
2. 举例说明信息发布的阶段及内容

📖 思政目标

1. 理解突发事件信息公开对于保障群众基本权利的重要意义
2. 思考新媒体环境下突发事件信息报告工作面临的新机遇和新挑战

中国石油吉林石化公司双苯厂特大爆炸事故

2005年11月13日,中国石油天然气股份有限公司吉林石化分公司双苯厂硝基苯精馏塔发生爆炸,造成8人死亡,60人受伤,直接经济损失6 908万元,并引发松花江水污染事件。国务院事故及事件调查组认定,中石油吉林石化分公司双苯厂"11·13"爆炸事故和松花江水污染事件是两起特大生产安全责任事故和特别重大水污染责任事件。

根据调查,该事故的原因有以下几个方面。

(1)爆炸事故的直接原因:硝基苯精制岗位外操人员违反操作规程,在停止粗硝基苯进料后,未关闭预热器蒸汽阀门,导致预热器内物料气化;恢复硝基苯精制单元生产时,再次违反操作规程,先打开了预热器蒸汽阀门加热,后启动粗硝基苯进料泵进料,引起进入预热器的物料突沸并发生剧烈振动,使预热器及管线的阀门松动、密封失效,空气吸入系统,由于摩擦、静电等原因,导致硝基苯精馏塔发生爆炸,并引发其他装置、设施连续爆炸。

(2)爆炸事故的主要原因:中国石油天然气股份有限公司吉林石化分公司及双苯厂对安全生产管理重视不够,对存在的安全隐患整改不力,安全生产管理制度存在漏洞,劳动组织管理存在缺陷。

(3)污染事件的直接原因:双苯厂没有事故状态下防止受污染的"清净下水"流入松花江的措施,爆炸事故发生后,未能及时采取有效措施,以防止泄漏出来的部分物料和循环水及抢救事故现场消防水与残余物料的混合物流入松花江。

(4)污染事件的主要原因:

① 吉化分公司及双苯厂对可能发生的事故会引发松花江水污染问题没有进行深入研究,有关应急预案有重大缺失。

② 吉林市事故应急救援指挥部对水污染估计不足,重视不够,未提出防控措施和要求。

③ 中国石油天然气集团公司和股份公司对环境保护工作重视不够,对吉化分公司环保工作中存在的问题失察,对水污染估计不足,重视不够,未能及时督促采取措施。

④ 吉林市环保局没有及时向事故应急救援指挥部建议采取措施。

⑤ 吉林省环保局对水污染问题重视不够,没有按照有关规定全面、准确地报告水污染程度。

⑥ 环保总局在事件初期对可能产生的严重后果估计不足，重视不够，没有及时提出妥善处置意见。

资料来源：中国网，吉林石化特大爆炸事故及松花江特别重大水污染事件。

第一节 信息报送的内涵与原则

一、信息报送的内涵

信息是贯穿应急管理全过程的要素。突发事件的信息报送是指各级人民政府及其有关部门、专业机构、监测网点及公民、法人或其他组织在应急管理过程中收集、报告、传递突发事件信息的活动①。

根据《突发事件应对法》的有关规定和精神，信息的报送活动主要包括：各级人民政府及其有关部门向上级人民政府及其有关部门报告突发事件信息；专业机构、监测网点和信息报告员及时向所在地人民政府及其有关主管部门报告突发事件信息；获悉突发事件的公民、法人或者其他组织立即向所在地人民政府、有关主管部门或指定的专业机构报告突发事件信息。有关单位和人员报送、报告突发事件信息，应当做到及时、客观、真实，不得迟报、谎报、瞒报、漏报。

二、信息报送的意义

信息报送是应急管理的基础性工作，突发事件信息贯穿突发事件应对处置的全过程。突发事件信息报送渠道畅通与否和传递效率高低，直接影响到对突发事件的预测预警、应急处置、善后恢复等各项工作。及时准确报送突发事件信息，既是《突发事件应对法》规定的法律责任，也是省、市对应急管理工作的基本要求，必须认真履职尽责，严格执行；既是应急管理的内在要求，也是突发事件快速妥善处置的关键环节，必须及时准确，赢得先机；既是现代传媒条件下克服信息滞后的必然选择，也是维护广大人民群众根本利益的现实需要，必须争取工作主动，积极作为。建立、健全信息报送机制，提高信息报送工作的规范化、程序

---

① 李喜童：《政府应对突发事件的信息报送机制研究》，《中国应急救援》，2012年第2期。

化、制度化水平，对于及时掌握情况、科学决策，有效开展应对工作，具有重要意义[①]。

信息报送工作不仅涉及信息的"上传下达"，还包括对信息进行分析、研判、总结和提炼，使普通信息转化为有效信息，使海量信息转化为重点信息，从而达到有效防范环境风险，妥善处置突发环境事件的目标。及时、准确、全面的信息报送，有利于快速有效地处置事件，有利于地方政府及时掌握并发布准确、全面的事件处置进展，从而有效主导信息发布、有效影响和引导舆论，避免因信息不畅引起的猜测和恐慌，维护社会稳定。

三、信息报送的原则及要求

《发事件应对法》第六十一条规定："有关单位和人员报送报告突发事件信息，应当做到及时、客观、真实，不得迟报、谎报、瞒报、漏报，不得授意他人迟报、谎报、瞒报，不得阻碍他人报告。"在突发事件应对中，及时、准确、持续的信息报送对于提高政府快速反应能力，及时有效地采取处置措施、控制事态发展至关重要。因此，信息报送必须遵循及时、准确、持续三大原则。

（一）及时报送

突发事件的演进与发展瞬息万变。信息报送的迟延将影响应急救援资源的及时组合与有效配置，导致事态和局势的进一步恶化。为了提高应急的快速响应能力，信息报送必须体现及时性的原则。为此，《国家突发公共事件总体应急预案》在运行机制部分对信息报告作了专门的规定："特别重大或者重大突发公共事件发生后，各地区、各部门要立即报告，最迟不得超过4小时，同时通报有关地区和部门。在应急处置过程中，要及时续报有关情况。"其中特别强调了"立即报告"和"及时续报"的问题。在突发事件的处置中，很多失败的案例都是因为信息报送不及时所导致的。信息迟滞的原因有多种，或是缺乏风险和危机意识，低估事情的严重程度；或是信息报送渠道不畅通，致使信息梗阻；或是因为害怕被问责，徘徊不定；等等。例如，贵州铜仁万泰锰业锰渣库泄漏，就是一起严重的信息迟报、瞒报事件。

（二）准确报送

准确性就是要求信息报送必须按照实事求是的方针，既不缩小，也不放大，客观地反映突发事件的实际情况。在应急管理中，准确的信息报送才有价值。首

---

① 李喜童：《政府应对突发事件的信息报送机制研究》，《中国应急救援》，2012年第2期。

先,当突发事件处于潜伏时期,决策者如果能够获得准确的信息,便有可能作出准确的判断,并及时采取有效的措施进行预控。其次,突发事件发生后,准确的信息是应急管理部门进行决策与处置的客观依据。最后,突发事件平息后,准确的信息有利于应急管理部门认真总结经验、教训,为恢复重建奠定坚实的基础。

为了保证信息报送的准确性,信息来源必须实现多元化。人们可以对来自不同渠道的信息进行比较。如果差异很大,则需要进一步核实信息。需要特别强调的是,在突发事件信息报送过程中,我们必须加大对瞒报、谎报查处的力度。例如,2005年松花江水体污染事件,由于当地政府和中石化对于污染事件的信息屏蔽,后续又发布"对市区市政供水管网设施进行全面检修",导致居民中出现了普遍的恐慌,甚至引发"哈尔滨近期将发生地震"的传言,最终该事件由地区事件演变成了跨国事件。

(三) 持续报送

信息的不完备是制约决策的一个重要因素。在现实决策中,人们往往难以获得完备的信息,特别是在紧急状态下进行决策更是如此。持续的信息报送可以使应急决策部门所掌控的信息更加全面和真实。突发事件的性质、原因等要素往往在初始阶段暴露得不够充分,甚至出现一些假象。只有不断地进行续报,形成信息链,事态才有可能越来越清晰。此外,丰富的信息综合在一起还会产生"整体涌现效应"。例如,美国政府有关部门在"9·11"事件前就曾发现恐怖分子试图发动恐怖袭击的迹象。假如美国能够将相关的信息综合起来分析研究,或许恐怖袭击的阴谋就能够被挫败。

(四) 信息直报新机制

突发事件信息直报制度,是指发生或可能发生特别重大、重大突发事件时,事发地县级政府要首先向省政府直接报告事件信息。县级政府在向省政府报告突发事件信息的同时,应向所在省辖市政府和上级政府主管部门报告事件信息。各省辖市政府和省政府各部门要按照有关规定,及时向省政府报告突发事件信息。

建立突发事件信息直报制度,对于简化突发事件信息报告程序和减少运转环节,使省政府及早获取突发事件信息,快速应对,有效化解风险,最大限度地减少突发事件给人民生命财产造成的损失具有重要意义。突发事件早一分钟发现、早一分钟报告、早一分钟处置,人民群众就会少一分损失、多一分安全。建立信息直报制度,重在信息首报,贵在建立机制,旨在提高效率。各地、各部门要采取有效措施,研究建立高效快捷的报告机制,确保信息直报制度落到实处。

第二节 信息报送的机制

一、信息报送的责任主体

"政府主导，社会参与"是现阶段中国特色应急管理模式的具体体现。同时，单一的信息来源必然导致应急管理信息的缺失和扭曲，直接影响决策的成效。因此，应急管理信息报送的主体也必须是多元的。《突发事件应对法》对信息报送的主体及其责任作了明确的规定。责任主体主要包括以下几类：政府及其相关组织和个人；企事业单位；公民、法人和其他组织①。

（一）第一类主体

政府及其相关组织和个人，主要包括政府及其有关部门、专业机构、监测网点和信息报告员。

按照统一领导、综合协调、分类管理、分级负责、属地管理为主的应急管理体制，突发事件发生地人民政府是信息报送的重要责任主体，其职责主要表现为：地方各级人民政府负责报告本行政辖区内的突发事件；政府各部门、单位按照职责分工，负责报告主管工作方面及发生在本部门、单位或系统的突发事件。同时，专业机构、监测网点以及信息报告员有义务向所在地人民政府及其有关主管部门报告突发事件信息。对此，《突发事件应对法》和其他有关规章有明确的规定。

（1）属地政府负有收集信息、上报（必要时越级上报）信息、先期处置和控制事态的职责。

《突发事件应对法》第六十条规定："县级以上人民政府及其有关部门、专业机构应当通过多种途径收集突发事件信息。"第十七条规定："突发事件发生后，发生地县级人民政府应当立即采取措施控制事态发展，组织开展应急救援和处置工作，并立即向上一级人民政府报告，必要时可以越级报告"，"突发事件发生地县级人民政府不能消除或者不能有效控制突发事件引起的严重社会危害的，应当及时向上级人民政府报告。上级人民政府应当及时采取措施，统一领导应急处置工作"。《突发事件应对法》第六十九条规定："对即将发生或者已经发生的社会安全事件，县级以上地方人民政府及其有关主管部门应当按照规定向上一级人民政府及其有关主管部门报告，必要时可以越级上报，具备条件的，应当进行网络直

---

① 李飞：《〈中华人民共和国突发事件应对法〉释义及实用指南》，中国民主法制出版社，2007年，第13页。

报或者自动速报。"

另外，国务院《关于全面加强应急管理工作的意见》中对于特别重大、重大突发事件发生后的信息报送，明确要求事发地省级人民政府、国务院有关部门要按规定及时、准确地向国务院报告，并向有关地方、部门和应急管理机构通报。

(2) 专业机构、监测网点和信息报告员负有报告突发事件信息的义务。

《突发事件应对法》第六十条第二款规定："县级人民政府应当在居民委员会、村民委员会和有关单位建立专职或者兼职信息报告员制度。"《突发事件应对法》第六十一条第一款中规定："专业机构、监测网点和信息报告员应当及时向所在地人民政府及其有关主管部门报告突发事件信息。"

(二) 第二类主体

企事业单位负有控制事态，并向所在地人民政府或者人民政府有关部门报告本单位可能发生的突发事件和采取安全防范情况的责任。

《突发事件应对法》第三十五条规定："所有单位应当建立健全安全管理制度……定期检查本单位各项安全防范措施的落实情况，及时消除事故隐患；掌握并及时处理本单位存在的可能引发社会安全事件的问题，防止矛盾和事态扩大；对本单位可能发生的突发事件和采取安全防范的情况，应当按照规定及时向所在地人民政府或者有关部门报告。"

(三) 第三类主体

公民、法人和其他组织。公民、法人和其他组织负有收集和报告突发事件信息的义务。

《突发事件应对法》第二十三条明确规定："公民、法人和其他组织有义务参与突发事件应对工作。"第六十条第三款规定："公民、法人或者其他组织发现发生突发事件，或者发现可能发生突发事件的异常情况，应当立即向所在地人民政府、有关主管部门或者指定的专业机构报告。""政府主导，社会参与"是中国特色应急管理的治理格局。"社会参与"必然要求公民、法人及其他组织具有很强的公共安全意识，对突发事件具有高度的敏锐性和责任感，在突发事件信息报送过程中应该充分发挥其收集、传递和报告的作用。例如，2013年1月，上海市金山区朱泾镇苯乙烯等 C_8—C_{10} 类化学物质泄漏致环境污染事件。群众举报称空气中有异味，环保、公安等部门获知污染信息，随即开展排查，锁定污染源，为应急处置工作争取到了宝贵时间。

二、信息报送的内容

(一) 突发事件信息报送的范围

在我国，突发事件根据发生原因、机理、过程、性质和危害对象的不同而被分为四大类：自然灾害、事故灾难、公共卫生事件和社会安全事件。因此，突发事件信息报送的范围也应隶属这四大类突发事件。

(二) 突发事件信息报送内容的要素

突发事件信息报送内容的要素，一般包括：时间、地点、信息来源、事件起因和性质、基本过程、已造成的后果、影响范围、事件发展趋势、处置情况、采取的措施以及下一步工作建议，等等。例如，在突发环境事件信息报告工作中可能需要包括以下内容：信息收集和预处理、信息调度和分析、统计和预测等方面。

(1) 信息收集和预处理。多渠道收集涉及突发环境事件的相关信息，进行初步筛选和分析研判，根据事件的性质、等级、发生地等基本特征，采取存档、调度、上报、移交等不同的处理方式，使各类信息得到及时有效的识别和处理。

(2) 信息调度和分析。在事件的应对过程中，通过调度获取全面有效的信息点，进行汇总分析，提出政策建议，为妥善处置突发环境事件提供决策依据。

(3) 统计和预测。利用相对较长时间尺度内的突发环境事件相关信息，对其发生发展的特点和趋势进行分析评估，为确定环境风险防范和环境应急管理的优先领域提供政策建议。

(三) 突发事件信息报送的阶段及内容

突发事件信息报送的过程可以分为以下三个阶段：①初报——当突发事件发生时我们要进行初次报送；②续报——当突发事件演化、产生次生和衍生灾害或者应急处置取得新的进展时我们要及时续报；③终报——突发事件处置结束后我们要进行总结报告。在不同的阶段，信息报送内容的侧重点也有所不同，如表 7-1 所示。以某区为例，突发事件信息报送的流程见图 7-1。

此外，《国务院办公厅关于加强和改进突发公共事件信息报告工作的意见》规定：在特别重大、重大突发事件的处置过程中，现场指挥机构负责人或授权专人要与上级政府应急管理部门保持密切联络，及时、主动报告有关情况。其他级别公共事件现场也应明确专人，具体负责相关信息的收集、汇总、报告。

表 7-1 信息报送阶段及内容

信息报送过程（三个阶段）	重点内容	要求
初报	（1）报告单位；（2）报告人姓名；（3）信息来源；（4）接报时间；（5）突发公共事件发生的时间、地点、类别和简要情况	"接报即报"，注重时效性
续报	（1）突发事件的基本情况；（2）应急响应情况；（3）事件发展趋势和建议	"及时续报"，注重连续性；因情况特殊当天不能处置完毕的实行"日报"制度，必要时随时续报
终报	报送正式文件并附全部附件。 （1）突发公共事件情况（包括突发公共事件发生的时间，地点，原因，性质，涉及的人员，财产和事件分类、分级等情况）； （2）应急报告情况（包括接报时间、初次报告时间和阶段报告等情况）； （3）应急处置情况（包括预案启动时间、数量、名称等情况，开展应急处置的领导、部门、人员和设备、接报和到场时间、领导的指示，采取的主要措施的情况，人员伤亡和财产损失情况，事态影响的范围、控制和发展状况等）； （4）善后处置情况（包括死者抚恤、伤者救治、受灾人员安置等情况，受损财物的赔偿补偿、恢复重建等情况，相关责任单位、责任人的处理和相应措施等情况）	"立即总结"，注重全面性

资料来源：李喜童：《政府应对突发事件的信息报送机制研究》，《中国应急救援》，2012年第2期。

三、信息报送的渠道

《国务院关于全面加强应急管理工作的意见》中指出："在加强地方各级人民政府和有关部门信息报告工作的同时，通过建立社会公众报告、举报奖励制度，设立基层信息员等多种方式，不断拓宽信息报告渠道。"经过多年的实践探索，我国突发事件信息报送可依托的渠道主要包括以下几个方面。

（一）政府渠道

突发公共事件信息报告责任单位可通过政务专网应急平台信息报告系统、电话、传真、报送文件等形式，或者其他有效途径向上级政府应急管理部门报告突发公共事件信息。突发公共事件信息报告必须符合国家有关信息安全与保密的规定。政府制度内渠道的缺陷在于：当突发事件信息不利于地方政府时，当地官员

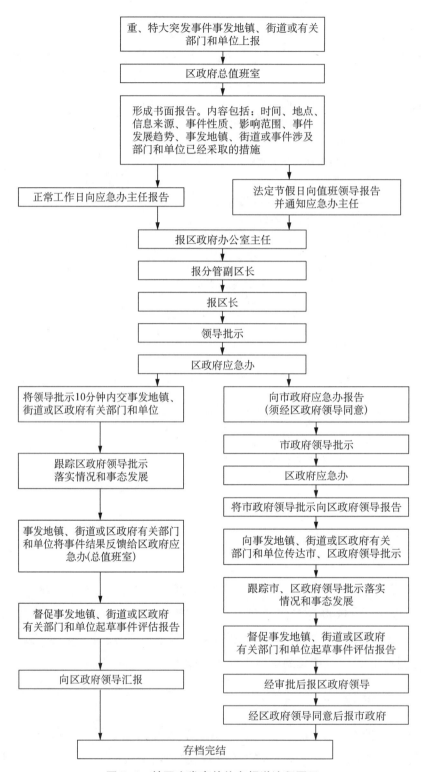

图 7-1 某区突发事件信息报送流程图示

有很强的动机去隐瞒事实真相，千方百计地干扰、阻碍信息报送，导致上级政府不能及时获得准确的信息，因而影响应急决策。例如，广西南丹透水事件就暴露了政府信息报告机制的失灵。

（二）新闻媒体

应急管理部门可从新闻媒体的报道中获取有关突发事件的信息，对其中所反映的重要情况及时核实，并视具体情况决定是否报告给上级政府。近些年，多起突发事件都是由媒体报道而引起政府关注并最终得到处理的，比如 2004 年 6 月 10 日北京大安山矿难等。但是，在市场经济条件下，媒体为了生存的需要，可能会不择手段地追求轰动效应，过度炒作突发事件，从而造成公众的过度恐慌。有一些新闻记者也可能在各种诱惑面前丧失职业操守，捏造事实、虚报或瞒报突发事件，如 2002 年 6 月 22 日山西繁峙矿难中新闻记者接受黑心矿主的贿赂，发布虚假新闻。

（三）信息报告员

基层政府可以结合实际，积极探索在企业、社区、农村、学校等基层单位建立专职或兼职信息报告员制度，建立风险隐患报告的激励机制等，以保证信息报告员在事发第一时间获得突发事件信息，并在第一时间将突发事件信息传递给有关部门，为快速开展应急决策提供依据。

（四）公众参与

各级政府可结合实际情况，开通统一公开的突发公共事件举报电话、短信平台、电子邮件等，接受社会公众有关突发事件信息的报告，并经核实后进一步报送至有关部门。要建立健全应急信息传递机制，整合各专业信息系统资源，形成统一、高效的应急决策指挥网络；要全面推进 110、119、122、120 等多台合一，实现"统一接报，分类分级处置"，并统一社会服务号码。例如，北京市整合 110、119、122、120 等报警服务，建立了以 110 为龙头的紧急报警服务系统；同时，还建立了 12345 "热线"的非紧急报警服务系统。这样，社会公众报送突发事件信息就非常简便。

第三节 信息发布的内涵与原则

一、信息发布的内涵

突发事件信息沟通从信息流向上来看，主要包括：信息的上报（上行沟通）、信息的发布（下行沟通）、信息的交换（横向与斜向沟通）。根据《突发事件应对法》第六十一条规定："地方各级人民政府应当按照国家有关规定向上级人民政府报送突发事件信息。县级以上人民政府有关主管部门应当向本级人民政府相关部门通报突发事件信息，并报告上级人民政府主管部门。专业机构、监测网点和信息报告员应当及时向所在地人民政府及其有关主管部门报告突发事件信息。"由此可见，突发事件信息发布的主体是法定行政机关，具体指有关信息发布的法律、法规所规定的行政部门；客体是广大的社会公众；内容是有关突发事件的信息；方式是行政机关主动向社会公开信息时采用便于公众知晓的方式[①]。

二、信息发布的意义

建立突发事件信息发布制度的意义主要体现在两个方面：一是确保社会公众及时获取真实的突发事件信息，便于社会公众积极配合、参与应急处置的实施工作；二是建立一个完整的信息传输渠道，有利于为政府的应急指挥决策提供科学的依据。

建立和完善突发事件信息发布机制，有利于社会公众获取真实的突发事件信息，从而积极配合、参与应急处置工作，也有利于建立完整的信息传输渠道，为政府的应急指挥决策提供科学依据。突发事件信息的发布贯穿于应急管理的全过程，发布的内容在应急管理的不同阶段各有侧重点。

三、信息发布的原则

行政机关向社会发布突发事件信息，应当采用便于公众知晓的方式，遵循基本的发布流程，坚持及时准确、客观全面的原则。

根据《突发事件应对法》第七十二条规定："履行统一领导职责或者组织处置突发事件的人民政府，应当建立协调机制，提供需求信息，引导志愿服务组织和志愿者等社会力量及时有序参与应急处置与救援工作。"根据这一精神和实践经验，在突发事件信息发布中，行政机关需坚持以下基本原则。

（一）统一性原则

信息发布的方式虽然多种多样，但以不同方式发布的信息内容必须具有一致性，做到数据统一、口径一致。否则，社会公众就无所适从，产生各种疑虑。比如，2005年，因吉林石化爆炸致使松花江江水受到污染，造成哈尔滨市水危机的

---

① 李喜童：《政府应对突发事件的信息报送机制研究》，《中国应急救援》，2012年第2期。

事件。哈尔滨市政府在 10 小时内发布两次说法不一的停水公告，加深了市民的恐慌和抢购，造成传言四起：有人说闹"地震"、有人说"水投毒污染"。由于突发事件具有极强的不确定性，加之在信息沟通过程中受各种障碍因素的干扰，会导致信息传递出现偏差的问题。当偏差得到纠正后，行政机关应在信息续报中予以说明。

（二）客观、全面性原则

客观性是指信息实事求是地反映突发事件的事实真相，不溢美、不隐恶；全面性是指信息完整没有断章取义或避重就轻。我们应发布真实、客观、全面、充分的信息，减少人们对突发事件的不确定感，增强公众战胜困难、渡过难关的信心。否则，如果信息的客观性和全面性缺失，则必然导致应急管理决策的重大失误，必然严重损害政府的权威形象，必然造成流言四起、谣言盛行以及社会的过度恐慌。《突发事件应对法》第七条规定："任何单位和个人不得编造、故意传播有关突发事件的虚假信息。"

（三）及时性原则

信息的价值随时间流逝而递减。突发事件信息的发布必须迅速、及时、快捷、高效，否则就起不到应有的作用，并引发小道消息的传播。突发事件发生后，社会公众希望能够在第一时间了解事件的真相。如果行政机关反应迟钝、不能及时发布信息，人们将会转向希望通过小道消息以满足知情的需要。小道消息在公众间私下传播，没有规则约束，随意性很大，在传递过程中会被误传和曲解，往往给社会带来严重的负面影响。而且，在政府失语、权威信息缺失的情况下，一旦小道消息捷足先登，就会在社会公众中间产生先入为主的效应。迟滞的真实信息将很难矫正小道消息，政府将很难树立自己的权威地位。有些情况下信息不公开反而使小道消息盛行，更加剧人们的恐慌和不安。因此，我们要提高危机沟通的效率，及时发布突发事件信息，保证人们的知情权；让政府权威信息主动填补信息空间，牢牢掌握信息发布的主动权；树立及时报道引导舆论的意识，坚持以我为主、以正面为主、以事实为主。

2014 年兰州 "4·11" 自来水苯超标事件中，兰州市政府在启动应急预案后近 9 个小时才正式对外公布，根据事故调查报告，兰州威立雅水务公司的主体责任不落实，运行管理存在缺陷，信息迟报延报，应主动对外公布 "自来水中苯含量超标"的信息，具体方式可通过授权发布、短信通知、接受采访等简要方式予以迅速发布，不宜在筹备新闻发布会、撰写通稿等环节上耗费时间[①]。

---

① 苟正金：《我国突发环境公共事件信息公开制度之检讨与完善——以兰州 "4·11" 自来水苯超标事件为中心》，《法商研究》，2017 年第 1 期。

(四)连续性原则

应急管理是一个连续的过程。突发事件往往连续一段时间,而且发展态势瞬息万变。因此,信息的发布应保持其连续性,要定期或不定期地向社会公众发布突发事件处置的最新进展情况。比如,在"非典"后期,北京市政府每天都向社会发布"非典"疑似病例、感染病例、死亡病例、出院病例等信息。突发事件发生之初,如果政府不能全面了解和掌握信息,可发布简单的信息以待未来补充,但切忌失语。比如,首份法航客机失事事件调查报告,因公布全部情况有难度,尚需一段时间,所以先发布了初步的调查情况。

(五)公众导向性原则

在突发事件发布的过程中,我们需要坚持以公众的知情需求为导向,在确保国家安全、公共安全、经济安全、社会稳定的前提下,向公众提供真实、准确的信息。同时,在信息发布的形式与技巧方面,我们要考虑公众的可接受性与理解能力,比如尽量使用通俗易懂的语言等。此外,在满足公众需求的同时,我们也要以信息发布的形式引导社会公众正确地对待突发事件。

第四节 信息发布的内容与渠道

一、信息发布的内容

突发事件信息发布的内容主要指突发事件公共信息,而涉及国家秘密、商业秘密和个人隐私的政府信息不在发布之列。2019年5月15日施行的《中华人民共和国政府信息公开条例》(以下简称《政府信息公开条例》)第十九条规定:行政机关应当主动公开涉及公众利益调整、需要公众广泛知晓或者需要公众参与决策的政府信息。第二十条列明了应主动公开的内容有15项,涉及政府应急管理的有两项,即"突发公共事件的应急预案、预警信息及应对情况"和"环境保护、公共卫生、安全生产、食品药品、产品质量的监督检查情况"。此外,该条例第二十一条规定:"设区的市级、县级人民政府及其部门还应当根据本地方的具体情况,主动公开涉及市政建设、公共服务、公益事业、土地征收、房屋征收、治安管理、社会救助等方面的政府信息;乡(镇)人民政府还应当根据本地方的具体情况,主动公开贯彻落实农业农村政策、农田水利工程建设运营、农村土地承包经营权流转、宅基地使用情况审核、土地征收、房屋征收、筹资筹劳、社会救助等方面的政府信息。"

对于应急管理阶段的界定学术界有许多说法。其中美国危机专家罗伯特·希斯提出了 4R 模型：减少（reduction）、预备（readiness）、反应（response）、恢复（recovery）。《中华人民共和国突发事件应对法》中体现了预防与准备、监测与预警、处置与救援、恢复与重建四个阶段。突发事件信息的发布贯穿于应急管理的全过程，即每一阶段都有信息发布的任务。由于信息客体——社会公众在不同阶段有不同的信息需求，因而信息发布的内容在应急管理的不同阶段也将各有侧重点，如表 7-2 所示。

表 7-2　信息发布阶段及内容

信息发布过程 （四个阶段）	重点内容	信息发布的目的
减少和预备 （预防与准备、监测与预警）	（1）与突发公共事件相关的法律、法规、政府规章； （2）突发公共事件应急预案； （3）预测预警信息等	（1）让公众了解相关法律、法规，明确自身在应急管理中的权利与义务；（2）让公众了解应急预案，知晓周围环境中的危险源、风险度、预防措施及自身在处置中的角色；（3）让公众接受预测预警信息，敦促其采取相应措施以避免或减轻突发事件可能造成的损失
反应 （处置与救援）	（1）突发公共事件的性质、程度和范围； （2）初步判明的原因； （3）已经和正在采取的应对措施； （4）事态发展趋势； （5）受影响的群体及其行为建议等	（1）传递权威信息避免流言、谣言引起的社会恐慌；（2）使社会公众掌握突发事件的情况，并采取相应措施以避免遭受更大损失；（3）让公众了解、监督政府在突发事件中的行为；（4）便于应急管理社会动员的顺利实施
恢复 （恢复与重建）	（1）突发公共事件处置的经验和教训； （2）相关责任的调查和处理； （3）恢复重建的政策规划及执行情况； （4）灾区损失的补偿政策和措施； （5）防灾、减灾的新举措等	（1）与社会公众一道反思突发事件的教训，总结应急管理经验，加强全社会的公共安全意识；（2）接受社会公众监督，实现救灾款物分配、发放的透明化，强化责任追究机制；（3）吸纳社会公众参与到灾后恢复重建活动之中

资料来源：李喜童：《政府应对突发事件的信息报送机制研究》，《中国应急救援》，2012 年第 2 期。

例如在食物中毒事件的应急管理工作中，信息报送和信息发布工作应贯穿于应急管理的全过程，为确保交流的有效性，必须将信息发布和信息报送制度化，并在此基础上进行常规性与危机性信息交流。在食品危机事件发生前，相关部门以预防与应急相结合为原则，通过公开食品信息，打造传播平台和优化传播模式，主动与公众交换意见和信息，采用坦诚、平等、开放的方式，获得公众的理解和信任，重视公众的风险感知觉；同时需建立灵敏、高效的食品风险监控与反应机制,做到尽早识别出潜在风险,分级预警与响应,及时传递给特定公众与社群,帮助公众全面理解风险信息并提醒利益相关方采取必要的行动;当食品危机事件发生后,让"职业"的发言人发布准确、明晰、一致的信息,还应重视突发事件下的风险交流中公众的态度,对受影响公众的关注与焦虑及时进行反馈,确保通过有效的沟通,引导公众对风险有更准确的理解;在后危机阶段,应就事件的原因、过错、责任等方面进行广泛的、开诚布公的讨论,敢于承认发现的问题,并提出改进措施,与公众一起总结经验教训,尽快恢复常态,恢复政府公信力。

二、信息发布的渠道

在应急管理中,为了保证最大范围的公众的知情权,突发事件信息的发布方式要多渠道、多样化,重要的是要保证信息渠道的权威性;为了确保突发事件信息发布的有效性,行政机关在选择信息发布的方式时,需要综合考虑以下因素:突发事件的性质、程度、范围等情况,传播媒体的特点,目标受众的范围与接受心理等;信息发布方式的选择要充分体现"公众知晓"和"适当"的基本要求。

《政府信息公开条例》第二十三条规定:"行政机关应当建立健全政府信息发布机制,将主动公开的政府信息通过政府公报、政府网站或者其他互联网政务媒体、新闻发布会以及报刊、广播、电视等途径予以公开。"根据目前的传播技术手段,我国突发事件信息的发布主要通过以下几种方式。

(1)举行政府新闻发布会。在突发事件发生后,政府出面举行新闻发布会,这是公布政府消息的主渠道和正规渠道,是一种快速、直接地让公众了解突发事件信息的方式。比如,2004年2月密云踩踏事故、2004年吉林"2·15"火灾发生以后,有关部门都在当地举行了新闻发布会,对遏制谣言、稳定社会秩序起到了积极的作用,同时增加了政府的威信,为政府顺利解决危机扫清了障碍。

(2)通过政府网站发布。当今时代互联网已成为人们获取信息和沟通必不可少的渠道。行政机关要充分利用受众广泛、传播迅速的政府网站发布准确、权威、全面的突发事件信息。

(3)发布政府公报。行政机关可以政府公报的形式,向社会公众正式发布有关突发事件应急管理预案、通知及办法等。

(4)通过报刊、广播、电视等大众媒体发布。报刊、广播、电视等大众媒体作为政府和公众沟通的纽带,在应急管理中对公众表现出更多的导向作用。危急中,政府的执政能力在很大程度上表现在对信息和传媒的控制和运用能力上。因此,行政机关应拟定关于突发公共事件的新闻稿,并通过与媒体合作,在具有一定权威和影响力的报刊、广播、电视等大众媒体上发布信息。

（5）散发宣传单、宣传手册，发送手机短信，设置热线电话等。在小的范围和区域内以及我国偏远地区和农村地区内，在重大突发事件，特别是发生重大灾情、疫情和公共卫生事件等需要公众自助自救时，可通过散发包括突发事件信息、防范措施和医疗救治等内容的通俗易懂的宣传单和宣传手册进行信息发布，以求最大覆盖面。比如，1999年西亚罗病毒袭击纽约，卫生部门在对该地区进行喷洒杀虫剂时，在宣传方面做得就很到位。他们挨家挨户发放宣传单和宣传手册，并用配备了高音喇叭的警车在街上巡逻，提醒居民：某个地区、在某个日期、某个时间进行喷洒工作①。此外，发送手机短信、设置热线电话，也是行政机关为公众发布信息的有效方式。通常情况，突发事件信息发布的流程包括以下四个关键环节，如图7-2所示。

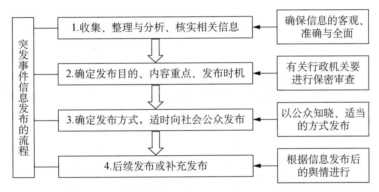

图7-2　突发事件信息发布的流程图示

上海市政府总值班室坚持"平战结合"，严格规范工作制度，合理做好工作分工，按章办事，充分发挥"上传下达、下情上报、联系左右、沟通内外"的服务职能和综合协调职能，当好突发事件处置的"司号兵、传令兵、通信兵"角色。严格按程序处置突发事件，做到指令清晰、畅通。突发事件发生时，上海市政府总值班室两名值班员按主班和副班分工职责，相互配合，以《值班快报》或电话、短信等形式，第一时间向市领导报告突发事件，同时向相关单位核实并通报情况。市领导有指示要求的，上海市政府总值班室按领导批示件处理规范，立即向相关单位传达；对各单位在处置过程中提出的需要市级层面协调的事宜，根据《突发事件应急处置手册》中的职责分工，以上海市政府总值班室名义向相关职能部门和单位发出指令，明晰职责，统筹协调，确保突发事件信息报送和信息发布工作的顺利进行。

---

① 孙玉红、王永、周卫民：《直面危机——世界经典案例剖析》，中信出版社，2004年，第110页。

本章小结

本章主要介绍在应急管理工作中，信息报送和信息发布机制中的责任主体、报送范围、内容要素、报送渠道、报送原则及要求等方面。强调建立和完善突发事件信息报送和发布机制，有助于社会公众积极配合参与应急处置工作，为政府的应急指挥决策提供科学依据。明确突发事件信息的报送和发布应贯穿于应急管理的全过程。而且，在应急管理过程的不同阶段，信息报送和发布的内容和目的各有侧重；信息报送发布的方式要多渠道、多样化，要保证信息渠道的权威性；信息报送和发布应遵循基本的发布流程，坚持统一性、客观全面性、及时性、连续性和公众导向性的基本原则。

关键术语

信息报送　信息发布　发布阶段　责任主体

复习思考题

1. 信息报送的原则是什么？
2. 信息报送的渠道和特点分别是什么？
3. 举例说明突发事件信息报送的内容。
4. 信息发布的渠道和特点分别是什么？
5. 举例说明突发事件信息发布的内容。

第八章

指挥与协调机制

知识目标

1. 了解决策指挥的内涵和基本内容
2. 了解决策指挥的目标与原则
3. 掌握协调联动的内涵和基本内容
4. 理解协调联动的目标和原则

能力目标

1. 结合具体案例,分析我国基层决策指挥中存在的问题
2. 结合具体案例,阐释基层不同部门协调联动中存在的问题

思政目标

阐释决策指挥、协调联动中的以人为本的重要意义

福建泰宁"5·8"泥石流地质灾害的处置救援

2016年上半年,受厄尔尼诺现象影响,福建省三明市泰宁县降雨量达1 478毫米,超出多年平均水平71%,创历史最高纪录。特别是5月,泰宁县连续遭受了5月6—10日(过程雨量为403.7毫米)的强降雨,部分乡(镇)出现持续暴雨到大暴雨,造成山洪暴发并伴发大范围山体滑坡,有的迅速形成严重灾害。

事故发生后,遵照习近平总书记的重要指示和李克强总理的批示,国务院派出了由国土资源部副部长汪民为组长,国土资源部、民政部、水利部、国资委、安全监管总局等部委有关人员和专家组成的国务院工作组,于5月9日凌晨2时抵达泰宁,深入灾害现场直接指导救灾工作。

中央军委国防动员部、东部战区陆军和武警部队等迅速响应,指挥调配福建省军区、31集团军、武警福建总队、公安消防总队和武警交通、森林、水电等部队及民兵预备役2 700多名官兵,携工程机械、生命探测仪等,紧急赶赴现场展开救援行动,迅速进行应急架桥,抢通应急救援通道,担负起土石清理、人员搜救、遗体搬运、封控警戒等任务。

作为泥石流灾害发生地的当地各级党委政府和相关部门,更是按照属地管理为主的要求,迅即启动应急响应机制。福建省委书记尤权、省长于伟国等省领导,省直相关单位领导,三明市、泰宁县、池潭乡三级党政领导及相关单位负责人,第一时间赶赴一线,会同军队、武警部队官兵,迅速行动,形成合力,协同开展现场处置、伤员救治和善后等工作。

泰宁"5·8"泥石流大型地质灾害发生后,中央和地方各个层级的优势得到充分发挥,迅速集合各种应急资源,形成党、政、军、警、民等各种力量的整体合力,有效实施联合行动,保证应急救援任务科学、及时、有效展开。泥石流地质灾害是中国山区比较常见的自然灾害,具有分布范围广、暴发突然、历时短暂、运动破坏力强、成灾率高等特点,往往造成重大人员伤亡和经济财产损失。特别是类似于福建泰宁"5·8"泥石流这种大型的地质灾害发生后,需要通过充分发挥中央和地方各个层级的优势,迅速集合各种应急资源,形成党、政、军、警、民等各种力量的整体合力,有效实施联合行动,才能保证各类应急救援任务的顺利完成。

首先,城市风险的复杂性、多样性和衍生性导致应急管理难度增大,处置的复杂程度升高。其次,由于突发事件的影响范围广泛,由此涉及的管理部门、队伍和人员也往往呈几何级数增多。"集体行动的逻辑"就给不同部门和队伍之间配合、协作增设了许多障碍和难度,由此造成应急管理体系常常不能快速反应和有效应对突如其来的危机事件。以地铁轨道交通事故为例,所涉及的就不仅仅是轨交公司,在救援处置过程中还涉及公安、消防、安监、电力、建交委、交管局、卫生、民政等一系列部门。如果城市发生台风暴雨引发的突发事件,则涉及部门更加广泛。这些部门和人员之间要在时间约束的条件下有效合作,就需要统一高效的指挥系统。

在突发事件应对处理的各项工作中,必须坚持由各级人民政府统一领导,成立应急指挥机构,对突发事件的处置实行统一指挥。各有关部门都要在应急指挥机构的领导下,依照法律、行政法规和有关规范性文件的规定,开展各项应对处理工作。突发事件应急管理体制,从纵向看,包括中央、省(自治区、直辖市)以及市、县地方政府的应急管理体制,实行垂直领导,下级服从上级;从横向看,包括突发事件发生地的政府及各有关部门,形成相互配合,共同服务于指挥中枢的关系。只有这样,才能保证整个政府系统步调一致,行动一致,构筑一道严密的防控网络。

资料来源:新华网:《一切为了生命的尊严——福建泰宁"5·8"大型泥石流灾害救援纪实》,2016年5月9日。

第一节 决策指挥机制

机制是指应急管理机制,指在突发事件应急管理过程中,应急管理体制运行的一些程序化、规范化和制度化的方法和策略。从内涵上看,应急管理机制是一组以相关法律、规则和部门规章等为基础的应急管理工作流程。从外在形式上看,应急管理机制体现了政府应急管理的各项具体职能[①]。我国应急管理机制具有"统一指挥、反应灵敏、协调有序、运转高效"的特点,具体包括突发事件预防与准备、监测与预警、处置与救援、恢复与重建等方面的运行机制。

---

① 钟开斌:《中外政府应急管理比较研究》,国家行政学院出版社,2012年,第7页。

一、决策指挥的内涵

决策指挥是指应急指挥者在对突发事件特定的原因、性质、时空特征、影响后果等进行快速评估的基础上,采取科学合理、及时有效的应急控制模式,对应急管理过程中的各种力量、各种活动进行时间上、空间上的安排与调整的过程①。应急决策指挥按级别进行划分,可以分为:战略决策、战役指挥、战术行动;按过程进行划分,可以分为:应急决策和应急指挥。

应急决策是指当突发事件发生时,决策者在时间紧急和事件不确定的情况下,为尽可能减少人员伤亡和财产损失,而确定应采取哪些应对突发事件的方案和措施的过程。应急决策由于受到时间的限制,具有紧迫性、主观性和时效性的特点,属于非程序决策。应急指挥是指当突发事件发生时,各级政府及行政主体依据客观情况,迅速调动应急资源采取一定措施进行处置救援的过程。

决策的失误往往会导致全盘皆输,酿成的后果无法衡量和弥补。可见,决策指挥在应急管理中是最为重要的环节。因此,我国政府在应急管理原则中提出建立权责统一、分工明确、综合协调的应急决策和处置机构,形成政府统一指挥,各部门协同配合,全社会共同参与的应急协调联动机制。

二、决策指挥的目标与原则

决策指挥目标是充分发挥各级各类应急指挥机构的统一指挥和协调作用,强化各方面之间的协调配合,形成有效处置突发事件的合力。决策指挥应当遵循以下工作原则。

(1) 统一领导,分级负责。在各级党委领导下实行行政领导责任制,依据突发事件的所属级别,根据应急预案规定,由相应级别的应急指挥机构负责指挥。

(2) 以人为本,控制风险。把人的生命放在首要位置,在确保人民群众利益的前提下,处置各类突发事件,进行救援,防止事态扩大。

(3) 专业化决策。指挥过程中尽可能利用和借鉴各种科技成果和专业人员的专业知识,发挥专家顾问组的作用,使决策指挥科学化,避免不必要的损失和人员伤亡。

(4) 属地为主。各级地方政府根据就近原则,处置突发事件。由于突发事件的紧迫性,应防止错过最佳的处置时机,尽可能前期控制事态,不能坐以待毙。

(5) 合理放权。应急决策机构和应急领导对于直接指挥和处置的负责人应该充

---

① 闪淳昌、薛澜:《应急管理概论:理论与实践》,高等教育出版社,2012年,第50页。

分信任。应急管理应减少层级,保证沟通畅通,实施扁平化管理,保证各级各类应急管理机构之间的沟通与顺畅。

三、决策指挥的主要内容

(一)决策指挥主体及职能

1. 政府组织

中华人民共和国应急管理部是国务院的组成部门,2018年3月根据第十三届全国人民代表大会第一次会议批准的《国务院机构改革方案》而设立。应急管理部旨在防范化解重特大安全风险,健全公共安全体系,整合优化应急力量和资源,推动形成统一指挥、专常兼备、反应灵敏、上下联动、平战结合的中国特色应急管理体制,提高防灾减灾救灾能力,确保人民群众生命财产安全和社会稳定。

需要说明的是,按照分级负责的原则,一般性灾害由地方各级政府负责,应急管理部代表中央统一响应支援;发生特别重大灾害时,应急管理部作为指挥部,协助中央指定的负责同志组织应急处置工作,保证政令畅通、指挥有效。应急管理部要处理好防灾和救灾的关系,明确与相关部门和地方各自职责分工,建立协调配合机制。考虑到中国地震局、国家矿山安全监察局与防灾救灾联系紧密,划由应急管理部管理。

组织编制国家应急总体预案和规划,指导各地区各部门应对突发事件工作,推动应急预案体系建设和预案演练。建立灾情报告系统并统一发布灾情,统筹应急力量建设和物资储备并在救灾时统一调度,组织灾害救助体系建设,指导安全生产类、自然灾害类应急救援,承担国家应对特别重大灾害指挥部工作。指导火灾、水旱灾害、地质灾害等防治。负责安全生产综合监督管理和工矿商贸行业安全生产监督管理等。

应急管理部针对不同级别和类型的突发事件,制定应急响应启动机制,加强应急响应启动的宣传教育和培训演练;制定预案,涉及人员熟知预案流程,明确各自的工作任务和职责;严格执行应急响应启动程序,建立特殊重大情况下的应急响应调整机制,有特殊重大紧急情况应灵活妥善处理,以确保突发事件得到及时处理;建立应急响应后的跟踪评估机制,应急响应启动后,要继续关注事态的发展,及时做好后续的应急工作。

2. 专家咨询

专家根据实际情况,参照历史经验和未来预测结果,基于专业知识和信息汇总,对突发事件应对工作提供科学依据和可行的方案。坚持科学决策原则,保证技术决策独立权,但保留行政最终决断权。应急处置是一项综合性工程,很多时候涉及专业性、技术性问题，并非一般性行政决策所能应对。在涉及专业救援问题上，有必要让有专业背景、经验和技能的指挥人员进行独立决策，以保障救援的科学性。与此同时，由于技术救援指挥人员所需考虑的问题仅仅是某个救援场景本身，无须通盘考虑整体灾害救援及其涉及的政治、经济、社会影响，因此主管行政部门可以就某个技术救援决策保留最终决断权，以系统性维护和提高整体救援的有序性。

（二）决策指挥的客体及要素

1. 应急资源

应急资源包括：应急救援队伍、应急救援物资、救援设备、义务或群众自愿救援组织等。合理配置应急资源是应急决策的关键。迅速、合理、有效地调动人、财、物的资源，在较大规模的灾害救援和处置中，通常会根据区域或情况设置若干现场指挥部，由不同救援队伍具体负责实施应急救援和处置。指挥部需要充分加强两者的沟通，以及时获取灾情并落实总体救援部署，为应急处置的救援提供重要的保障。关于应急资源的保障机制会在第九章中详细介绍。

2. 应急沟通

在加强沟通方面，除了会议、联络员等传统行政沟通手段之外，更应加强技术沟通手段的应用，特别是指挥通信平台的使用。这项手段在芦山地震救援中表现得尤为突出，四川省前方指挥部的第一项工作，就是通过直升机向震中几个县空投了卫星电话，第一时间建立起应急通信，把前方的灾情及时传回指挥部。当然，为维护救援的系统性，总指挥部有权否决现场指挥部的决策，但此时所有责任应当由总指挥部负责。

3. 决策指挥要素及职能

现场指挥部的要素主要包括场所、设备、人员、物资资源。现场指挥部职能包括：根据突发事件的进展，执行相关工作预案和领导指示；迅速控制局势，力争把损失降到最低限度；实施属地管理，组织公安等相关部门做好交通保障；做好人员疏散和安置工作，维护社会秩序，防止出现次生、衍生灾害；尽快恢复正常秩序，及时向上级部门报告。现场指挥部应随时跟踪事态的进展情况，一旦发现事态有进一步的扩大，有可能超出控制能力，应立即向上级请求资源求助，及时向事件可能波及的地区通报有关情况，通过媒体向社会发出预警，一旦事件升级，现场指挥部的层级也应该升级。

（三）现场指挥部决策指挥

2021年7月17—23日，河南省遭遇历史罕见特大暴雨，发生严重洪涝灾害，特别是7月20日郑州市遭受重大人员伤亡和财产损失。灾害共造成河南省150个县（市、区）1 478.6万人受灾，因灾死亡、失踪398人，其中郑州市380人，占全省95.5%；直接经济损失1 200.6亿元，其中郑州市409亿元，占全省34.1%。

经党中央批准，国务院成立河南郑州"7·20"特大暴雨灾害调查组，由应急管理部牵头为组长单位，水利部、交通运输部、住房城乡建设部、自然资源部、公安部、中国气象局和河南省政府为副组长单位，发展改革委、工业和信息化部、卫生健康委、能源局等部门参加。调查组分设综合协调、监测预报、应急处置、交通运输、城市内涝、山洪地质灾害等专项工作组。同时设立专家组，由气象、水利、市政、交通、地质、应急、法律等领域的院士和权威专家组成，开展灾害评估，为调查工作提供专业支撑。中央纪委国家监委相关部门指导开展相关工作。调查认定，总体是"天灾"，具体有"人祸"，特别是发生了地铁、隧道等本不应该发生的伤亡事件。郑州市及有关区县（市）党委、政府主要负责人对此负有领导责任，其他有关负责人和相关部门、单位有关负责人负有领导责任或直接责任。2022年1月21日发布《河南郑州"7·20"特大暴雨灾害调查报告》。报告中反复提到决策指挥等问题。

报告认为，郑州市政府关键时刻统一指挥缺失。这主要体现为：在这场重大灾害应对过程中，郑州市委、市政府缺乏全局统筹，对市领导在前后方、点和面上的指挥没有具体的统一安排，关键时刻无市领导在指挥中心坐镇指挥、掌控全局。

1. 专业化现场指挥

专职的、专业化的应急救援指挥人才组成的现场指挥队伍能够提高现场指挥的专业化水平，有利于突发事件的妥善应对。《突发事件应对法》第十九条规定："国务院在总理领导下研究、决定和部署特别重大突发事件的应对工作；根据实际需要，设立国家突发事件应急指挥机构，负责突发事件应对工作；必要时，国务院可以派出工作组指导有关工作……根据实际需要，设立相关类别突发事件的应急指挥机构，组织、协调、指挥突发事件的应对工作。"第七十二条规定："突发事件发生后，履行统一领导职责或者组织处置突发事件的人民政府应当针对其性质、特点、危害程度和影响范围，立即启动应急响应，组织有关部门，调动应急救援队伍和社会力量，依照法律、法规、规章和应急预案的规定，采取应急处置措施……"

现场指挥部建立合理区分战略决策、战役指挥、战术行动三个层级。现场指挥通过现场指挥部的建立，实现多部门、跨地区以及地方与军队之间的指挥协调。现场指挥部，是指在应急决策与指挥过程中，临时性应对突发事件的决策指挥与处置机构，其主要工作包括设立突发事件现场指挥部、确定应急救援的实施方案、划定警戒区域、向上级部门和领导汇报事件情况、负责对事态的监测与评估。要明确现场指挥部的职责定位、组织架构、工作流程，要建立灵活、动态的现场指挥机制,根据"谁先到达谁指挥,逐步移交指挥权"的原则,建立和规范现场指挥权和交接方式的程序,提高应急管理现场指挥的科学性。

2. 现场指挥部决策指挥流程

现场指挥部的工作流程主要包括:(1)根据事件类型和级别建立指挥部,具体分工落实到人。(2)根据事件的类型,采取具体的措施和战略部署。应急处置人员进入事发现场,按照各自的职责,果断处置突发事件,分工协作,确保上级领导和现场指挥部的联络畅通。(3)应急响应结束。如果现场处理完毕,各种秩序恢复正常,次生衍生事件被确认彻底消除,那么,现场指挥部可以撤销,宣布处置环节结束。

河南郑州"7·20"特大暴雨灾害反映出一些领导干部领导能力不足、全局意识不强,对工作往往满足于批示了、开会了、到场了,满足于一般化部署、原则性要求,形式主义、官僚主义问题严重,名义上有指挥部,但没有领导坐镇指挥,制度和预案上也没有明确领导之间的具体分工。

报告指出"郑州市地铁集团有限公司和有关方面应对处置不力、行车指挥调度失误,违规变更五龙口停车场设计、对挡水围墙建设质量把关不严"。就地铁公司应对处置不力来看,主要体现为:未及时采取预警响应行动,7月19—20日,气象部门多次发布暴雨红色预警后,郑州地铁集团有限公司未按有关预案要求加强检查巡视,对运营线路淹水倒灌隐患排查不到位;在20日15:09五龙口停车场多处临时围挡倒塌、16:00地铁5号线多处进水的情况下,郑州地铁集团有限公司没有引起高度重视,没有领导在线网控制中心(OCC)和现场一线统一指挥、开展有效的应急处置,直到18:04才发布线网停运指令,此时列车已失电迫停。郑州地铁集团有限公司应对处置管理混乱,未执行重大险情报告制度,事发整个过程都没有启动应急响应,18:37乘客疏散被迫中断,但直到19:48地铁运营分公司才向郑州地铁集团有限公司值班处报告,400多名乘客已被困车厢1个多小时,严重延误了救援时机。

第二节 协调联动机制

一、协调联动的内涵

应急处置往往涉及多个部门,甚至多个区域政府,实现这些政府和部门的协调联动是应对突发事件的基本要求和保障。协调联动机制,就是在部门之间、政府之间建立一定的沟通、联系制度,以实现跨部门、跨地区的相互配合,信息分享、功能互补、资源整合、共同行动,最终形成合力,提高应急处置的速度和效果。

协调联动是一种齐心协力，合作互助的方式，形成了跨部门、跨地区、多主体参与的应急管理模式，改变了传统的应急管理模式，同时也塑造了政府与企业、非政府组织甚至公民之间的合作伙伴关系。

二、协调联动的目标与原则

协调联动的目标是达成纵向和横向的配合，推进跨区域、跨部门、不同主体之间，在应急管理实践工作中的合作和交流，形成条块结合、上下联动的组织体系和跨地区、跨部门的协调合作框架。协调联动应当遵循党委领导、政府负责、军地协同、社会参与的工作原则，具体原则如下。

（1）整合应急资源，构建联动机制，综合协调，分工协作，预案联动，信息联动，队伍联动提高应对突发事件的能力。

（2）政府负责，社会参与，动员人民群众的力量，形成上下联动的合力。

（3）有序协调联动，在统一指挥的前提下，各部门各地区有序联动，防止扯皮、推卸责任等事件的发生。

三、协调联动的主要类型

（一）政府部门之间的协调联动

政府主导下，各部门、跨地区在统一领导下形成联动。也可分为政府上下层级之间的"垂直协调联动"和政府相同层级之间的"横向协调联动"。

1. 垂直协调联动

纵向协调联动，主要是依靠等级权威，一般而言，上级政府对下级政府进行的协调联动，带有强制性。虽然纵向协调联动存在着一定的局限性，但是总体上看，纵向协调联动的问题不是太大，统一领导在协调联动中发挥着积极作用。

中国实行单一制的国家结构，从纵向来看，中央政府与地方政府、不同层级的地方政府之间都是领导与被领导的上下级隶属关系，地方服从中央的统一调遣和安排。在大型灾害来临时，中央统一部署抗灾救灾的决策，负责大型救灾问题的管理，而政府各个部门根据职能分工组织实施，如交通运输部门、能源部门、电力部门、建筑部门等全部被调动起来，为救灾工作服务。由于政府职能的单一性和党管军队原则，中国形成了地方政府服从中央指挥，军队服从命令进行应急救助的管理体制，这种体制具有极强的组织、动员能力，自上而下形成了强大的灾害应急救助管理系统。此外，中国政府强大的政治动员能力，使得党和政府在灾难时期能够动员社会各方力量，发挥有效组织和迅速协调能力，高效地开展灾害应急救援活动，社会凝聚力在应对灾难时期空前提升。

2. 横向协调联动

相比较而言，由于部门利益、专业分工、本位主义，同级政府部门之间的协调联动经常出现混乱。部门、不同主体之间的横向协调联动决定了应急处置的成败，也是公共管理中最为重要的核心议题之一。横向协调联动的目的在于整合不同部门力量，相互配合形成应对的合力。

协调就是用一种更为正式和紧密的机制，来实现政府部门间的整合。协调必须有一种强制性的规范进行约束。政府部门可以通过协调或者其他单位的配合，获得所欠缺的资源，这并非只是一种自愿性合作关系，为此需要制度化、程序化和规范化的方法与措施来保证，甚至要建立一个更高层次的协调者来进行部门间的协调与整合。

联动是最为紧密的整合性安排，可以实现政府部门间最紧密的互动和联动关系。但由于联动对彼此配合的要求更高，甚至要求放弃本部门的自主性来配合整体目标的实现，因此不仅需要制度化，也需要部门间建立更高层次的信任，往往需要建立一个更高级别的联动指挥中心负责部门间的统一联动。

(二) 不同行政区域的协调联动

突发事件的发生往往是不以个人的意志为转移的，发生的地点往往会超出一个行政辖区的区域，造成区域性的破坏，即使发生在一个行政辖区的突发事件波及其他辖区。在应急处置过程中也需要其他区域的帮助和支援。因此不同行政区域之间的协调联动就显得非常重要，在不同行政区域的协调联动方面，有很多的案例。

(三) 政府、企业以及社会的协调联动

政府在应急管理中起到主导作用，但是应急管理也离不开企业、社会组织、公众的参与，与政府部门相比，企业、社会组织也具有自己的优势，主要体现在专业性、灵活性、低成本等方面。我国倡导"大社会、小政府"，要充分发挥企业和社会组织的作用，在应急管理中形成优势互补的协调联动，就需要跨越政府、企业与非政府组织的界限，充分发挥各自的优势。

(四) 公众有序参与

动员和组织社会各方力量，有序参与应急处置工作，重视培育和发展社会应急管理中介组织作用，鼓励公民提供资金、物资捐赠、技术、人力等方面的支持。坚持本地为主的原则，维护属地统一调度权，外援力量服从属地管理。"一

方有难,八方支援"是我国灾害应对的优良传统,应当继续发扬。但在灾害救援中,需要明确的是,支援不等于救援,救援力量并非越多越好,真正需要的是专业救援力量。在芦山地震救援中,前期的开展艰难,在一定程度上正是由于涌入灾区的非专业力量过多,造成了交通拥堵,以至于国务院办公厅不得不应四川省请求发布通知劝退和阻止非专业人员的进入,以维护救援秩序。当然,并非所有进入突发事件现场的社会力量都是非专业力量。在芦山地震中,具有丰富救援经验的民间救援队伍——蓝天救援队,15个省队联合救援,发挥了重要作用。依据《突发事件应对法》,外援力量也须遵循属地管理原则,应服从属地政府的统一调度和管理。在芦山地震中,外援力量接受属地管理做得是比较好的。

四、协调联动机构

当突发事件发生时,采取什么方式建立协调联动机构呢?一般会根据突发事件的规模、破坏程度和应对难度来综合考虑,主要的协调联动机构包括以下四个方面。

(1) 应急管理综合协调指挥机构,为了实现指挥有力、信息共享、资源共用、协调顺利、联动一致的状态,真正地发挥协调联动机制的作用,理想的状态就是成立国家应急管理综合协调指挥机构,把平时分散的政府各部门进行整合,如应急管理部的成立。

(2) 专项应急管理指挥部。针对不同突发事件种类,成立相应的专项应急管理指挥部,可以分为常态和临时专项应急管理指挥部。在较大规模的灾害救援和处置中,通常会根据区域或情况设置若干现场指挥部,由不同救援队伍具体负责实施应急救援和处置。

(3) 联席会议,就是在突发事件应急管理中,没有上级部门统一指挥、领导机构的协调下,没有隶属关系,为了解决应急管理中的协调联动问题,由一方或多方牵头参与召开会议的形式,以解决应急管理中的协调联动问题实施救援。其已成为一种有效联动方式。

(4) 临时工作领导小组,根据突发事件的危害和规模,在不需要成立专项指挥部来应对的时候,就可以考虑成立临时的工作领导小组,协调不同部门之间的联动。

协调机制是公共突发事件应急管理的核心机制,是指以突发事件处置为目标,政府各职能部门之间在应急救援中进行资源交流、信息沟通、综合协调、统一行动的方式和过程。其影响着应急管理的政府效能和行政效率,决定着应急救援行动的成败。

五、协调联动机制存在的问题

近年来,我国的应急协调联动机制不断完善,初步形成了由决策、综合调度、专业处置以及现场指挥四个系统共同组成的联动模式。当前机构内部及上下级之间的协调机制比较健全,而府际的突发事件应急协调联动机制仍然不够完善,跨区域突发公共事件"应而不急、联而不动"的状况仍然时有发生。2013年3月发生的上海黄浦江松江段水域死猪漂流事件就是一个典型案例①。

松江死猪事件的基本案情

2013年3月5日,上海黄浦江松江段水域漂浮了几十头死猪,但直到3月8日上海市相关部门才接到报告,初步确定漂浮的死猪来自黄浦江上游,共打捞起929头。由于长时间浸泡在水中,死猪发出阵阵恶臭,尸体发胀,有些已经严重腐烂,周围围着成群的苍蝇。后来陆续又有死猪从上游漂下,截至3月23日,上海市方面累计打捞起死猪10 733头。部分死猪身上被检测出猪圆环病毒,而事发江段却是黄浦江上游的饮用水保护区,上海的饮用水安全受到严重威胁。根据《中华人民共和国动物防疫法》,小猪耳朵要有类似于身份证一样的耳标。而根据死猪"耳标"数字,可以初步判断这批死猪来自多个地方,包括浙江嘉兴、平湖,以及江苏等地。

"死猪事件"发生后,上海市、浙江省政府采取了前移打捞关口、架设水生植物拦截库、各水厂强化常规水监测和消毒等措施,力保饮用水源地取供水安全。11日上午,上海市绿化市容环卫部门完成了位于泖港大桥水域附近的水生植物拦截库的架设,松江区正在抓紧完成横潦泾水域的水生植物拦截库的架设,以增强对上游地区流来死猪的拦截能力。上海市松江区、金山区农委相关部门对打捞上岸的死猪进行了疫病监测和无害化处理,上海市动物卫生监督所予以技术指导。上海市有关部门与浙江省嘉兴市农业部门做好信息沟通,加强联防联控,希望从源头上落实防范措施,相关疫病监测情况也向农业部和浙江方面进行了通报。

---

① 杨超、凌学武:《协调联动机制建设研究——基于公共危机管理的角度分析》,《武汉理工大学学报(社会科学版)》,2007年第4期。

从松花江死猪事件中各涉事政府的应急行动暴露出比较尖锐的府际协调机制问题,具体表现为以下四个方面。

第一,社会保障基础环境薄弱。从死猪事件看,近年来部分城市要求养殖户进行粪便干湿分离、集中收集等,虽取得了一定效果,但养猪基数太大,整体环境改善并不明显。一方面是城市猪肉需求不断增加;另一方面,乡村家庭式养猪密度不断提高,以至于生态环境的承载能力难以为继,一旦气候变化和病害传播,小农经济的脆弱性便日益显现,黄浦江死猪事件向人们敲响了生态安全的警钟。我国的一些养殖户的法治和环保意识比较淡薄,对病死畜的无害化处理意识淡薄,他们认为处理病死动物成本高,而且程序烦琐,于是一扔了之,没有考虑到病死猪对环境带来的不利影响。显然我们社会保障府际公共安全的基础环境依然薄弱。府际协调联动机制建设,必须考虑社会环境、人民共识和法治基础的建设,应当依靠全社会的共同努力,不能仅仅依靠管理者。

第二,生态补偿机制的碎片化。上海有专门针对死猪的补偿应对机制,养殖户一旦死猪,社区农委将上门收取,然后集中进行无害化处理,并视情给予养殖户补偿。但是,在江浙一带并没有这样的补偿机制,为了降低处理成本,死猪往往被直接抛入江中。可见长三角的生态补偿机制是碎片化的,亟待建立生态补偿的区域合作机制,防止未进入合作机制的碎片断裂,成为区域环境生态安全的隐患。

第三,府际风险沟通不够充分。虽然死猪事件的处置地——上海市在应急行动过程中采取了信息通报制度,将信息传递给上游的浙江农委。农业部相关官员也及时接受媒体采访,及时准确地向公众通报事件调查情况和进展。但是我们发现,嘉兴等地事发前的信息披露不够及时,在事发后的态度也不够明朗。上海市农委与嘉兴市政府多方沟通,落实死猪"回收无害化处理工作"时,3月12日嘉兴市政府工作会议上公开否认当地死猪源于瘟疫,也否认了所有病猪来源于嘉兴,只承认部分死猪或来自当地,但是据调查与事实存在较大出入。府际信息,特别是猪疫病及死亡数据通报不及时,导致上海市对大规模死猪的出现准备不足,3月5日已有死猪漂流迹象,但是3月8日才得到相关报告,对快速应急响应不利。

第四,缺乏府际联合应急预案。我们看到死猪事件发生前后,缺少一个联合的应急协调联动机制,也没有一个可以处置类似事件的联合应急预案,导致事发时上下游不同区域政府之间缺乏有效的联动,无论是府际的信息共享、预警还是协调联动工作,上游相关政府都没有很好地响应。上海市虽然

> 积极协调浙江省嘉兴市,但是实施的是临时性协调工作,回应效果不佳,影响了协调联动的效果。
>
> 资料来源:人民网:《上海黄浦江水源区漂浮大量死猪》,2013年3月9日。

六、完善协调联动机制

第一,构建府际合作风险治理机制。自然生态环境不同于行政区划,要实现生态环境的协调发展,必须推动府际风险合作治理,努力减少因整体环境被人为分割造成的负面效果。2013年4月,"长三角城市经济协调会第十三次市长联席会议"召开,会议对该起事件进行了反思,衢州市副市长胡仲明认为"上海跨区域水污染已经对长三角敲响警钟",认为应当考虑把生态补偿机制纳入区域合作机制当中。绍兴市副市长张素峰也建议建立区域生态补偿机制。但这还远远不够,死猪事件具有一定的地域性和节令性,不是偶然发生的,要解决管理能力不匹配的问题,要抓好源头监管和联防机制建设,建立病死畜无害化处理的长效机制,防止死猪尸体被随意丢弃。

第二,建立区域应急协调联动机制。"死猪漂浮"事件警示我们,在治理环境方面,往往不是一家之事,需要建立府际协调联动机制,以便针对突发事件做出联合防控、合作治理、快速反应,及时平息社会负面影响,防止污染扩大。黄浦江与浙江水域相连,又是上海自来水水源地之一,联防联治的协同机制对下游区域非常关键,但是上海区域作为污染物输出方也不能置身事外。建议存在类似共同环境生态隐患的地区应当强化合作,如中等流域以上河流流经的多地政府,如雾霾共同影响的城市圈等,都应当建立联防联治、齐抓共管的机制。

第三,推动府际联合应急预案和组织建设。我国《突发事件应对法》第十六条规定:"国家建立统一指挥、专常兼备、反应灵敏、上下联动的应急管理体制和综合协调、分类管理、分级负责、属地管理为主的工作体系。"据此,全国市级政府都相继成立了应急管理领导机构,组建或明确了办事机构,但是规定没有解决府际协调联动的问题。建议在府际政府之间,依托于应急办,协调建立若干个议事协调机构和联席会议制度,形成综合的协调型府际应急管理体制。鉴于府际政府互相没有隶属关系,建议府际之间存在常发多发性公共突发事件的,应当从组织协调、应急流程设计以及应急资源调度等方面,强化府际应急联动的组织协调机制建设。

第四,促进府际政府对口部门职能衔接与协调。采取对口协同行动的方法,加强检疫监管、公共卫生、农业管理部门的协调与合作，在区域间要加强联合协作，互通信息、群防群控、协同作战。

面对不断出现跨区域、跨部门、跨时间的突发公共事件，必须加强府际协调机制创新，依靠整体合力，共同应对跨区域公共安全问题。当前的关键是要消除社会风险管理和应急处置的碎片化现象，改变不同区域各自为战的情况。积极推动事前的主动联合预防、事中的合作风险控制与应急行动，以及事后的共同发展尤为重要。具体应当建好建强府际之间的利益协调机制、风险分担机制和联合行动机制。

第三节 我国应急管理指挥与协调机制

一、传统的应急指挥与协调

在中华人民共和国成立至改革开放前，与当时高度集中的计划经济体制相适应，我国实行灾害的单部门管理体制，应对突发事件的任务分散在各职能部门，需要进行跨部门、跨地区、跨行业协调的事项不多，日常性跨部门协调机构和临时性应急指挥机构主要起辅助协调作用。

该时期的应急协调机制有如下特点。一是应急管理部门数量少，职能相对单一。因所需协调的事项不太突出，大部分突发事件应对职能分散在强有力的纵向职能部门系统。该时期负责应急协调的非常设机构不仅数量少、人员比较精干，而且承担的职能比较有限，主要集中在防疫、防汛、救灾、抗震等个别领域，以跨部门协调为主，开展跨地区协调的不多。二是属于自上而下的强制式、命令式模式。当时所成立的非常设机构，由中央党政军机构直接指导，应急协调机制的有效运转主要依靠中央领导层的强制式权力。从人员配备来看，当时所成立的这些非常设机构都由中央领导兼任负责人，成员来自党政军等不同系统，依靠机构的正式权力和领导的个人经验进行协调。三是协调成本较低，运转比较顺畅。中华人民共和国成立后，我国建立了一套以党对政府的绝对领导和国家权力的高度集中统一为基本特征的一元化领导体制[①]。在这种体制下，国家与社会合为一体，资源和权力高度集中，党政军等不同系统间以及部门间、地区间、军地间高度一体化，中央具有超强的组织动员能力，牵头开展协调相对容易。

---

① 王瑞芳：《新中国成立初期的政治制度及其初步调整》，《党史博览》，2012年第3期。

二、由议事协调机构牵头协调（改革开放初期至 2003 年）

（一）议事协调机构的蓬勃发展

随着改革开放的不断深化和市场经济的快速发展，我国各级各类突发事件呈明显上升趋势，需要进行跨界协调的事项日益增多。在以分类管理为主的应急管理体制下，由于缺乏综合职能部门统筹协调，协同性较差，应急资源比较分散，无法及时开展综合处置。因此，在改革开放后，在分类管理的大格局下，我国应急管理议事协调机构也进入了一个快速蓬勃发展的"黄金期"。在 1993 年国务院机构改革前，称为非常设机构。在 1993 年国务院机构改革中，这些非常设机构被改名为议事协调机构和临时机构，2008 年统称为议事协调机构。

这些以任务为导向的议事协调机构属于典型的任务型组织[1]。据统计，国务院的非常设机构在 1982 年国务院机构改革以前有 44 个，1992 年年底有 85 个，1993 年国务院机构改革后减为 26 个。截至 2003 年年底，与应急管理相关的国务院议事协调机构共有 16 个（指挥部 7 个，领导小组 5 个，委员会 4 个）[2]。国务院议事协调机构一般由总理、副总理或国务委员等国务院高层领导兼任第一领导，成员单位几乎涵盖国务院各部委。议事协调机构一般只负责拟定方针政策、组织调查研究等宏观任务，具体实施、协调由其下设的办公室（单设或位于国务院职能部门内部或合署办公）操作[3]。

（二）应急协调机制的基本特征

在改革开放初期至 2003 年期间，随着议事协调机构快速蓬勃发展，我国逐渐形成了由议事协调机构牵头的应急协调机制。这个时期的应急协调机制，除了延续改革开放前议事协调机构以正式权力为基础的强制式、命令式特点外，还有如下特点。

（1）机构庞杂，覆盖面很广。因缺乏法律的约束和规范，"出一任务、设一机构"成为当时议事协调机构形成的最显著特征[4]。在此期间，数十种议事协调机构迅速发展，涉及突发事件的各个领域。在国务院层面，由于大部分议事协调机构都由总理、副总理或国务委员等国务院高层领导兼任第一领导，很多国务院领导

---

[1] 王伟、曹丽媛：《作为任务型组织的政府议事协调机构》，《中共中央党校学报》，2013 年第 4 期。
[2] 何艳玲：《中国国务院（政务院）机构变迁逻辑——基于 1949—2007 年间的数据分析》，《公共行政评论》，2008 年第 1 期。
[3] 刘新萍、王海峰、王洋洋：《议事协调机构和临时机构的变迁概况及原因分析——基于 1993—2008 年间的数据》，《中国行政管理》，2010 年第 9 期。
[4] 周望：《议事协调机构改革的思考》，《中共浙江省委党校学报》，2011 年第 4 期。

身兼数职，分身乏术，影响机构职能的有效发挥。

（2）设置不规范，随意性较强。在此期间，议事协调机构的数量、名称、职能甚至存废经常在短时间内发生变化。例如，1993年撤销全国安全生产委员会，2001年成立国务院安全生产委员会，2003年3月撤销，后又于当年10月29日重新设立。

（3）不同机构之间相互重叠甚至冲突。因数量庞杂，各自权责界定不够清晰，不同议事协调机构在职能上往往相互交叉重叠（如国务院抗震救灾指挥部、国家防汛抗旱总指挥部和国家减灾委员会都承担自然灾害管理的综合协调职能）。同时，有关部门都互为以对方为办事机构的议事协调机构成员单位，这使得议事协调机构有时"有名无实"甚至"名存实亡"。

（4）作为议事协调机构办事机构的职能部门权力很大。"在公共部门内，很多任务型组织都会设立一个办事机构。办事机构设在哪个常规组织内，就意味着以那个常规组织为中心，以便联络和召集有关各方共同寻求解决问题的方法。"① 根据任务的相关度，议事协调机构将具体工作交由特定职能部门承担，职能部门代表国务院分管领导，负责联络和召集有关部门共同应对突发事件。

三、依托政府应急管理机构与部门间联席会议进行综合协调（2004—2008年）

2003年上半年，在取得抗击非典疫情胜利以来，我国全面推进以"一案三制"（应急预案，应急管理体制、机制和法制）为核心内容的应急体系建设②。在此期间，议事协调机构逐步得到精简、规范和优化，由主办部门牵头进行协商的部门间联席会议制度出现井喷式发展，政府应急管理机构的综合协调职能得到大大加强，我国逐渐形成了一个以政府应急管理办事机构为运转枢纽、协调若干议事协调机构和部门间联席会议制度的应急协调机制。

（一）议事协调机构精简、规范和优化

"我国的议事协调机构最早诞生于非常状态的背景下，属于非常状态下的综合统一机制。"③ 随着议事协调机构变得日益臃肿庞杂，其负面效应越来越为社会各界所广泛关注，议事协调机构的精简和规范开始被整体性地纳入行政改革的视野中。在2003年和2008年的国务院机构改革中，议事协调机构被大幅撤销。在这一总体性改革思路的指引下，包括应急管理领域在内的议事协调机构得以大幅度精

---

① 张康之：《任务型组织研究》，中国人民大学出版社，2009年，第67页。
② 钟开斌：《回顾与前瞻：中国应急管理体系建设》，《政治学研究》，2009年第1期。
③ 孟涛：《中国非常法律的形成、现状与未来》，《中国社会科学》，2011年第2期。

简、规范和优化。一方面，很多议事协调机构被撤并和调整。例如，根据《国务院关于议事协调机构设置的通知》（国发〔2008〕13号），撤销1998年设立的国家处置劫机事件领导小组，工作由中国民用航空局承担；撤销1997年成立的国务院产品质量和食品安全领导小组，工作分别由国家质量监督检验检疫总局和卫生部承担。另一方面，根据客观现实需要新设个别议事协调机构。例如，2008年新设国务院防治艾滋病工作委员会；2009年设立全国中小学校舍安全工程领导小组；2010年成立国务院食品安全委员会并设立实体性的国务院食品安全委员会办公室作为其办事机构。

（二）部门间联席会议制度井喷式发展

根据中央关于"严格控制议事协调机构设置、涉及跨部门的事项由主办部门牵头协调"的精神，在议事协调机构大幅精简的同时，由主办部门牵头进行协商的部门间联席会议制度得到迅猛发展，成为各部门进行沟通协调的新的工作机制。部际联席会议一般由部委负责人牵头召集，少数由国务院领导（如国务院防震减灾工作联席会议制度由国务院副总理负责召集）或部委分管领导（如烟花爆竹安全监管部际联席会议制度由国家安全监管总局副局长负责召集）牵头。据统计，截至2013年年底，与应急管理相关的部际联席会议制度共有20多个。例如，2004年成立全国油气田及输油气管道安全保护工作部际联席会议制度，境外中国公民和机构安全保护工作部际联席会议制度；2005年成立国家海上搜救部际联席会议制度；2007年成立处置非法集资部际联席会议制度、危险化学品安全生产监管部际联席会议制度、农业转基因生物安全管理部际联席会议制度、全国打击走私综合治理部际联席会议制度、重特大生产安全事故责任追究沟通协调工作部际联席会议制度、国务院反对拐卖妇女儿童行动工作部际联席会议制度；2011年成立烟花爆竹安全监管部际联席会议制度；2013年成立金属非金属矿山整顿工作部际联席会议制度、全国社会救助部际联席会议制度。

（三）政府应急管理机构牵头协调

在2003年之后，在充分利用现有行政机构资源的情况下，我国在中央和地方都开始全面启动政府应急管理机构建设工作，特别是强化政府应急管理办事机构的综合协调职能，发挥其运转枢纽作用。应急管理组织体系包括领导机构、办事机构、工作机构、专家组等不同层次。2006年4月，国务院办公厅设置国务院应急管理办公室（国务院总值班室），履行值守应急、信息汇总和综合协调职能，发挥运转枢纽作用。国务院相关部门和各级地方政府也纷纷成立类似的应急管理办事机构，并成立应急委员会等综合性领导机构。

(四) 应急协调机制的基本特征

在 2003 年之后，我国逐渐形成了一个依托政府应急管理机构与部际联席会议进行统筹的应急协调机制。这个时期的应急协调机制具有如下特点。一是政府应急管理机构发挥运转枢纽作用。各级政府应急管理办事机构虽然没有指挥、调动各类应急资源的实权，但所赋予的值守应急、信息汇总和综合协调职能，在很大程度上解决了以往应急管理综合协调缺少"主心骨"的尴尬局面。在汶川地震、玉树地震、利比亚撤侨等突发事件应对中，国务院应急办实际扮演了国务院应急指挥部办公室的角色。二是以自愿合作为基础的部门间联席会议成为新的协调形式。与议事协调机构通常由政府负责人牵头、依靠领导权威来确保运转不同，部门间联席会议制度由主办部门牵头，各成员单位按照共同商定的工作制度，协商办理涉及多个部门职责的事项。因此，部门间联席会议本质上是一种成员单位之间的自愿合作机制。三是应急协调呈"虚""实"结合的状态。"实"是指发挥运转枢纽作用的各级政府应急管理办事机构，具有法定的职责和权力；"虚"是指议事协调机构和部门间联席会议制度，依靠领导权威或自愿合作精神进行跨域协调。

四、跨地区、跨部门、军地间的自主式协作（2008 年以来）

2003 年以来，我国依托政府应急管理办事机构、议事协调机构和联席会议制度的应急协调机制，使我国突发事件应对工作实现了历史性跨越。不过，2008 年发生的一系列重特大突发事件，暴露出应急协调联动不足等一系列结构性缺陷，"呼唤新一轮的顶层设计和模式重构"[①]。在 2008 年之后，除了继续强化政府应急管理机构、议事协调机构和联席会议制度外，我国重点加强了地区之间、部门之间、条块之间、军地之间的对接，推动应急协调从以往依靠行政命令的强制型模式向依靠自发自愿的自主型模式转变。

（一）跨部门协调联动机制建设不断发展

自 2008 年以来，我国以政府应急管理和议事协调机构、部际联席会议为核心内容的应急协调机制建设取得重大进展。例如，外交部、公安部、交通运输部、商务部、民政部、原卫生部、中国地震局等部门和单位加强沟通联动，建立健全涉外突发事件防范处置机制。经过几年的努力，我国处理信访突出问题及群体性事件联席会议等统筹协调机制不断加强，国家防汛抗旱总指挥部、国家森林防火指挥部、国务院抗震救灾指挥部、国家减灾委员会、国务院安全生产委员会、国

---

① 薛澜、刘冰：《应急管理体系新挑战及其顶层设计》，《国家行政学院学报》，2013 年第 1 期。

务院食品安全委员会等议事协调机构的职能不断完善,重特大突发事件应急指挥部快速建立、高效运行。例如,在应对甲型 H1N1 流感过程中,在国务院领导下,成立由多部门参与的联防联控机制,加强部门间信息沟通与统筹协调力度;在利比亚撤侨行动中,各有关方面建立高效联动机制,军地企高效协作,前后方密切配合,特别是随着国务院应急平台的初步建成,实现了与部门专业应急平台、省(区、市)政府应急平台的互联互通,提高了跨部门协调的水平。

(二)区域间应急协作联动机制全面推进

随着突发事件的复杂性、关联性、危害性和应对难度的增加,周边地区地域相邻、人缘相近、突发事件关联性强,加强应急管理区域合作成为促进区域经济社会平稳较快发展的必然趋势。自 2008 年以来,泛珠三角九省(区)、首都地区、长三角区域、晋冀蒙六城市、陕晋蒙豫四省区、粤港澳等区域间信息共享和应急协作联动机制不断推进。例如,2009 年 4 月,泛珠三角区域内地福建、江西、湖南、广东、广西、海南、四川、贵州、云南 9 个省(区)政府决定开展应急管理区域合作,内容涉及应急管理工作交流、理论研究、科技攻关、人才交流、平台建设等方面。2011 年 4 月 26 日,泛珠三角区域内地 9 省(区)41 个毗邻市在梧州签署应急联动合作协议,就进一步调动区域力量、联手应对突发事件、共同提升应急管理水平等达成共识。通过相关地方政府之间的信息互通、资源共享、相互救援,区域应急协作联动机制构建了一个动态的、开放式的治理网络,有利于填补地方政府在相对封闭和孤立状态下的资源及能力缺口,产生"1+1>2"的系统效应,从而实现应急管理能力倍增①。

(三)条块间对接合作制度开始兴起

针对流域治理、生态建设等需要条块间协调开展行动的"交叉问题",中央和地方成立了条块结合的对接合作制度,以增进条块之间的协调配合。条块间对接合作制度主要有两种形式。

(1)上级部门牵头、相关涉及区域共同参与的联席会议制度(在国家层面为省部级联席会议制度)。例如,2008 年 5 月,国务院正式批复建立太湖流域水环境综合治理省部际联席会议制度,成员包括 13 个国务院部门和江浙沪两省一市;2009 年,渤海环境保护省部际联席会议制度建立,成员单位包括 10 个国务院部门、总后勤部以及津冀辽鲁三省一市。在生态建设领域,建立了京津风沙源治理省部联席会议、岩溶地区石漠化综合治理省部联席会议两大省部际联席会议制度。

---

① 滕五晓、王清、夏剑霞:《危机应对的区域应急联动模式研究》,《社会科学》,2010 年第 7 期。

(2) 央企、地方国企、垂直管理机构地方派驻机构与地方政府之间的对接合作制度。

(四) 军队和地方的应急协作得到加强

2005年6月,国务院、中央军委颁布《军队参加抢险救灾条例》,对军队与地方政府的工作协调关系、军地联合指挥等作了明确规定。2008年《中国的国防》白皮书明确提出:"把非战争军事行动作为国家军事力量运用的重要方式,科学筹划和实施非战争军事行动能力建设。"此后,非战争军事行动能力正式纳入军队战斗力体系。一方面,军队构建了以专业部队为骨干,与公安、武警部队紧密配合,与国家和地方专业队伍相互衔接的兵种部队非战争军事行动力量体系。总参建立了应急办,与公安、民政、水利、林业、地震、海洋、气象等20多个国家部委建立密切联系。截至2013年年底,解放军组建了抗洪抢险、地震灾害紧急救援、核生化应急救援、空中紧急运输服务、交通电力应急抢险、海上应急搜救、应急机动通信保障、医疗防疫救援、气象保障应急共九类五万人的国家级应急专业力量。另一方面,公安、武警和解放军在政府议事协调机构中的位次得到大幅提高。

(五) 国际合作机制不断健全

随着各种区域性和国际性威胁的不断发生,我国积极参与应急管理领域的国际合作,建立和完善国际应急合作机制,加强国际应急能力建设,在重特大突发事件中相互援助。近年来,中国政府向受灾国提供救援物资,派出专业力量参加国际灾难救援行动,彰显出富有爱心与责任心的世界大国形象。例如,2010年1月,中国国际救援队和人民解放军医疗防疫救护队赴海地参与地震救援。

(六) 应急协调机制的基本特征

自2008年以来,我国应急协调机制进入了一个新的历史时期。这个时期的应急协调机制具有如下特点。一是协调方式多样。既有政府应急管理机构的运转枢纽式协调,也有横向跨部门议事协调、部门间联席会议、军地协作、国际合作,还有横向与纵向相结合的条块对接合作等机制,形成了一个上下连接、纵横交错的协作网络。二是协调手段多元。协调手段分为形式化和非形式化两种。通常,时间越紧迫,环境越复杂,越需要非形式化协调。在此期间,既有政府应急管理机构基于法定职权的形式化协调,也有部门间部际联席会议、区域间应急联动、军地间应急协作、条块间对接合作等基于互利合作的非形式化协调。三是自愿式协作开始兴起。随着突发事件外溢性日益增强和"跨界"应急管理事项不断增多,部门间、地区间、条块间、行业间、军地间开始探索建立以互利合作、共赢发展为基础的自愿式应急协作模式,以减少强制式、命令式应急协调机制难度大、周期长、成本高等问题。

本章小结

《中华人民共和国突发事件应对法》第十六条明确规定:"国家建立统一指挥、专常兼备、反应灵敏、上下联动的应急管理体制和综合协调分类管理、分级负责、属地管理为主的工作体系。"在突发事件应对处理的各项工作中,必须坚持由各级人民政府统一领导,成立应急指挥机构,对突发事件的处置实行统一指挥。各有关部门都要在应急指挥机构的领导下,依照法律、行政法规和有关规范性文件的规定,开展各项应对处理工作。本章以应急管理中决策指挥与协调机制为主线,阐释决策指挥和协调联动的内涵、目标和原则。决策指挥是指应急指挥者在对突发事件特定的原因、性质、时空特征、影响后果等进行快速评估的基础上,采取科学合理、及时有效的应急控制模式,对应急管理过程中的各种力量、各种活动进行时间上、空间上的安排与调整的过程。协调联动是政府部门应对突发事件的重要方法,为跨部门、跨地区的相互配合、信息分享、功能互补、资源整合、共同行动,形成合力,化解危机事件。协调联动机制,是指有效组织跨地区、跨部门之间有效配合,并使其制度化、程序化和规范化的方法,达到协调处置突发事件的动态运作过程。本章节结合当前的实践,提出决策指挥和协调联动的内涵和具体内容,简要介绍西方国家指挥与协调机制,回顾我国应急指挥协调机制的发展历程及存在的不足。

关键术语

决策指挥　协调联动　应急决策　发展历程

 复习思考题

1. 决策指挥的主体包括哪些?
2. 协调联动的内涵是什么?
3. 协调联动的主要类型包括哪些?
4. 简述我国应急管理的决策指挥机制发展的历程。

第九章

资源保障机制

📖 知识目标

1. 了解应急资源保障的概念
2. 了解应急资源种类
3. 了解应急资源保障主体

📖 能力目标

1. 联系实际分析应急资源保障主体的运作机制
2. 联系具体案例分析应急资源保障机制的内容

📖 思政目标

1. 理解中国特色应急管理资源保障机制
2. 理解中国特色大安全大应急框架中的资源保障能力建设

 课前案例

应急管理"广东模式"

广东省应急管理办公室通过构建十大体系,打造了应急管理"广东模式",得到了国务院办公厅、省委省政府的高度评价。十大体系分别为:应急管理体系、预防预测预警预报体系、宣教培训体系、信息报送体系、科技支撑体系、应急平台体系、应急资源保障体系、应急管理区域合作体系、基层应急管理体系、应急管理社会组织体系。

在应急资源保障方面,广东省应急办积极探索,抓物资保障着眼于布局,抓队伍建设着眼于实战,抓资金保障着眼于多元,全方位推进,全区域覆盖,力争实现应急资源保障无盲区,切实提高应急保障能力。

广东省率先在全国出台《关于进一步加强应急物资储备工作的意见》,明确提出建立应急物资储备工作联席会议制度,建立健全以省级应急物资保障系统为枢纽,以市、县两级应急物资保障系统为支撑,规模适度、结构合理、管理科学、运行高效的应急物资储备体系,完善重要应急物资的监管生产、储备和调拨体系。广东省创新应急物资储备方式,充分借鉴先进国家应急物资储备经验,以珠江三角洲地区为试点,按照有效实现"分散物资集中化,集中物资分散化原则",探索建设泛珠三角应急物资区域性物流中心,有效满足突发事件处置工作的需要。在"十二五"期间,广东省制定《广东省救灾物资储备暂行办法》,不断完善救灾物资储备制度。成功建立粤港、粤澳应急物资、应急救援装备在协同处置突发事件时快速进入对方辖区的"绿色通道"。建成8 600多套应急广播村村通终端系统,全省行政村办公场所全部配备固定电话,保障临灾应急通信畅通。自然灾害生活救助、因灾倒塌民房恢复重建、受灾群众冬春生活救助和自然灾害生活救助资金社会化发放工作实现制度化、程序化,有力提高救灾应急工作规范化水平。《广东省突发事件应急补偿管理暂行办法》在全国率先出台,在解决应急征用补偿难题方面做出了有效的尝试。

根据《广东省应急管理"十四五"规划》,广东省将建设"1+1+4+N+N"应急物资储备保障群。建成广东省暨广州市应急物资保障基地。完善广东省防汛防旱防风物资储备中心(中央防汛抗旱物资肇庆仓库)。完善梅州、惠州、茂名、清远等4个省级救灾物资储备仓库。推动河源、茂名等市现代化应急物资储备中心建设,推动各县(市、区)现代化应急物资储备仓库建设。搭建综合性应急物资信息管理平台。

> 资料来源：人民网：《完善应急管理"广东模式"》，2012年11月20日；王中丙：《应急管理体系和能力现代化的广东实践》，《中国应急管理报》，2021年4月3日第7版。

第一节 应急资源保障的内涵

党的二十大报告明确提出，要完善国家应急管理体系，提高防灾减灾救灾和重大突发公共事件处置保障能力。当今世界百年未有之大变局加速演进，全球经济发展遭遇严重挑战，各种自然灾害突发频发等多重因素叠加，我国发展的内外部环境复杂严峻。在此背景下，突发事件越发呈现出难预测、波及广、影响大的"黑天鹅"式特点。应急资源保障对于有效满足事件处置、保障人民群众生命安全和维护经济社会正常运行具有十分重要的作用，提升应急资源保障能力是国家应急管理体系和能力现代化建设的重要内容，是成功应对突发事件的前提和基础，也是国家经济社会建设成果与治理能力的体现。

一、应急资源的概念

应急资源是有效应对突发事件的重要物质基础和保障，无论是事前的预防与准备，事中的处置与救援，还是事后的恢复与重建，都需要大量的应急资源来保障和实现。美国将应急资源分为八大类，包括应急管理资源、动物健康资源、应急医疗服务资源、健康和医疗资源、火灾/危化品资源、执法资源、公共工程资源、应急搜救资源。而我国目前对应急资源的概念尚未形成统一的共识，政府、研究人员从实际和自己的研究出发对其内涵和外延有着不同的解读。《国家突发公共事件总体应急预案》中将应急资源分为人力资源、物力和财力、交通运输、医疗保健和通信支持资源等。葛春景等将应急资源界定为有效开展应急活动，保障体系正常运行所需的人力、物资、资金、设施、信息、技术等各类资源的综合，包括所拥有的与公共安全应急活动有关的所有资源[1]。方磊认为广义的应急资源包括应急信息、应急物资、应急队伍以及应急科学技术等[2]。这两个表述与《突发事件应对法》中要求的应急资源应当包括各种保护居民免受灾害与风险危害的防护工

---

[1] 葛春景、王霞、关贤军：《应对城市重大安全事件的应急资源联动研究》，《中国安全科学学报》，2010年第3期。
[2] 方磊：《基于偏好DEA模型的应急资源优化配置》，《系统工程理论与实践》，2008年第5期。

程、风险监测与预警信息生成、应急救灾装备与技术的提供、为灾害状态下灾民基本生活需要的满足、灾后重建提供必要的物资条件支撑等的论述在内涵上是吻合的。刘霞等认为应急保障作为一种应急资源管理活动，既包括物资、资金、信息技术等硬件资源保障，又包括法律法规、预案、人力、政策制度等软性资源保障，是软硬配套相结合的综合性应急资源管理[①]。陈桂香等认为广义的应急资源包括防灾、救灾、恢复等环节所需要的各种应急保障[②]。

应急资源是指应对特定突发事件（包括自然灾害、事故灾害、公共卫生事件、社会安全事件）所必需的各种资源的总称，是应急管理预防与应急准备、监测与预警、应急处置与救援、恢复与重建等过程中所需要的各种保障的综合。应急资源的目的是保障应急处置的顺利进行，维护人们正常生产和生活。

二、应急资源保障

应急资源管理在突发事件应急管理中占有极其重要的位置，是应急能力的重要体现之一。突发事件应急资源管理实质上是一系列目标约束条件下的决策与决策实施的集合，"针对什么事件、调度什么地方的什么资源，去做什么事情"。突发事件应急过程就是对应急资源配置和应用的过程。科学合理的应急资源管理能够对突发事件的处置起到事半功倍的作用。充足的应急资源能够有效应对突发事件，降低突发事件造成的损失，并且使得受到突发事件冲击的社会尽快恢复常态，这就要求应急资源根据需求进行管理和调配，保证资源有效利用，达到合理处置的目标。

所谓"应急资源保障"，是指在常规状态下围绕应对特定突发事件（包括自然灾害、事故灾害、公共卫生事件、社会安全事件）所必需的各种资源，从体制、机制以及行为层面（譬如临时协调、"特事特办"等）而展开的计划、组织、指挥、协调与控制活动。应急资源保障是应急管理系统中的一个重要组成部分。在新时代要按照主动防御、建立公共安全体系的要求整合各方资源，善用新技术，建立多层级储备体系，实现对应急工作的有效保障。简而言之，应急资源保障是指政府部门通过应急资源的储备、筹集、调度、分发，提供突发事件处置所需的应急物资、救援力量及资金，支持应急行动的开展，确保应急处置和灾后恢复的资源需求。

理解这个概念需要注意以下三个方面：首先，应急资源管理是在常规状态下，分门别类地有针对性地就应急处置所需的物资进行管理；其次，这种管理要落实

---

① 刘霞、严晓、周微：《我国应急保障建设的现状、问题与对策》，《经济体制改革》，2010年第3期。
② 陈桂香、段永瑞：《对我国应急资源管理改进的建议》，《上海管理科学》，2006年第4期。

在体制、机制与具体的管理行为之上；最后，应急资源管理的具体活动涉及计划、组织、指挥、协调与控制等。

应急工作的原则之一是坚持资源整合、突出重点。在充分利用政府和社会已有应急救援和保障资源的基础上，梳理部门和地方需求，合理规划须进一步补充、完善和强化的建设内容，重点完善信息和资源共享机制，提高核心应急救援能力、社会协同应对能力和基层基础能力。统筹利用社会资源，加快新技术应用，推进应急协同保障能力建设，进一步完善应急平台、应急通信、应急物资和紧急运输保障体系。

三、应急资源种类

（一）应急人力资源

人力资源为整个应急管理系统提供智力支持和组织保证，是应急管理系统的重要组成部分。一般来说，应急人力资源包括以下几支队伍。

（1）应急管理队伍。这主要是指相关政府机构、应急管理机构工作人员以及各行业的主管领导和相关工作人员。需要充分发挥应急管理部门的综合优势和各相关部门的专业优势，明确各部门在事故预防、灾害防治、信息发布、抢险救援、环境监测、物资保障、恢复重建、维护稳定等方面的工作职责。

（2）应急管理的专家队伍。要进一步完善应急管理专家工作机制，充分发挥专家在应对各类突发事件中的作用，健全科学决策机制，针对应急管理中风险评估、监测预警、决策指挥等环节深入开展研究，提升应急决策支持水平。

（3）应急处置的专业队伍。2018年，按照机构改革的整体部署，近20万人的公安消防与武警森林部队成建制地转隶到新组建的应急管理部。国家综合性消防救援队伍是应急救援的主力军，国家安全生产应急救援队伍是由应急管理部牵头规划，在重点行业领域依托国有企业和有关单位建立的专业应急救援队伍。截至2023年，国家综合性消防救援队伍在全国布点建设了27支地震、山岳、水域、空勤专业救援队和6支跨国境救援队，2个消防救援搜救犬培训基地，在各省份组建了机动支队、抗洪抢险救援队，各地同步组建了246支工程机械救援队、近3 000支各类专业队，在黑龙江和云南分别建设了北、南方空中救援基地，在实战中锤炼队伍、磨合机制，提升综合救援能力，并且从区域性作战向跨区域、跨国应急救援拓展。

（4）社会应急救援力量。社会应急救援力量是指政府职能以外，民间社会中自发形成的参与突发事件应急处置的各类救援力量，包括数量庞大的志愿者、相关企业事业单位以及从事应急救援工作的各类社会组织，即非政府性应急救援队伍。

社会应急救援力量是新时代我国应急救援体系中独树一帜的新生社会力量，具有灵活机动、资源丰富、靠近一线、响应迅速等独特优势和发展速度快、参与热情高、活动范围广、服务领域宽、救援能力强等突出特点，在灾害应急事件中发挥着其他救援力量难以替代的重要作用，是中国特色应急救援体系的重要组成部分和综合性国家救援力量的有效补充。

（二）应急物资

国家发展改革委曾在 2004 年编制了应急物资目录，按用途把应急物资分为 13 大类，涵盖近 250 种物资及装备。但随着应急物资的内涵在实践中不断丰富，新的应急产品与装备不断涌现，原有分类方法与物资目录必须调整完善，进一步增强其实用性和针对性。为服务突发事件应对处置的需要，便于开展应急保障重点物资组织协调、资源调查、储备管理等基础性工作，推进应急保障工作的规范化、标准化和信息化，国家发展改革委编制了《应急保障重点物资分类目录（2015 年）》（以下简称《目录》），并由国家发展改革委办公厅于 2015 年 4 月发布。

《目录》按照结构清晰、易于扩展、方便实用的原则，将应急保障重点物资分为四个层级。第一层级主要体现应急保障工作的重点，分为现场管理与保障、生命救援与生活救助、工程抢险与专业处置 3 个大类；第二层级将保障重点按照不同的应急任务进一步分解为 16 个中类；第三层级将为完成特定任务涉及的主要作业方式或物资功能细分为 65 个小类；第四层级针对每一个小类提出了若干种重点应急物资名称，体现了各类作业所需的工具、材料、装备、用品等支撑条件。《目录》构建了以"目标—任务—作业分工—保障物资"为主线分层次的物资分类方法，体现了对应急保障工作的探索和创新。

（三）应急资金

资金是保证整个应急管理系统正常运行的必备条件，我国应急财政资金的来源主要由三个部分构成，分别是财政拨款、社会捐助、政策保险和商业保险。

财政拨款是应急资金来源的最重要和最根本的保障。《中华人民共和国预算法》规定，各级政府预算应当按照本级预算支出额的 1%—3% 设置预备费，用于当年预算执行中的自然灾害开支以及其他难以预见的特殊开支。《突发事件应对法》第四十四条规定："各级人民政府应当将突发事件应对工作所需经费纳入本级预算，并加强资金管理，提高资金使用绩效。"

企业和社会捐助也是我国救灾资金筹措的重要方式。我国经济取得了举世瞩目的成就，社会之中蕴藏着大量可以用于抗灾救灾的资金和财富。企业和社会的捐助不仅可以减轻政府财政负担，提高国家应对突发事件的能力，还能激发公众众志成城的信心和士气。

政策保险和商业保险能够利用市场机制扩大资金供给，可弥补应急资金的不足。大力发展保险业不仅可以降低政府的应急财政负担，而且能够提高我国应急管理的财政保障水平。随着灾害投保人数的增加，保险业会自发投入到风险管理之中，进行公共安全知识与技能的推广宣传。

(四) 信息资源

在应急管理过程中，及时发布信息和整合各种应急资源需要强大的信息系统作保障。信息是决策的基础，没有及时、准确、客观、全面的信息，应急管理部门就不能把握突发事件的动态和走势，有效地进行决策。在应急处置的过程中，应对措施根据突发事件的进展，需要随时了解突发事件发生地的天气环境、地理信息、突发事件发展的进程。突发事件是不断演变的，这就需要应急管理者进行动态的决策，根据事件发展作出指令，进行资源调配。应急资源动员的时机、程度、范围、方法和程序，都离不开真实、可靠的信息支持，因此构建信息平台来确保信息获取、传递、研判的及时性和有效性就显得非常必要。信息平台的构建必须满足资源供需、动员指挥和社会潜在资源等信息搜集、处理和发布的需求，为应急决策与智慧提供权威的信息支撑与保障。

《"十四五"国家应急体系规划》指出，系统推进"智慧应急"建设，建立符合大数据发展规律的应急数据治理体系，完善监督管理、监测预警、指挥救援、灾情管理、统计分析、信息发布、灾后评估和社会动员等功能。

(五) 设施保障资源

设施保障资源体系可分为避难场所、通信保障、交通运输保障、公共基础设施保障、医疗设施保障。《突发事件应对法》第三十条规定："国土空间规划等应当符合预防、处置突发事件的需要，统筹安排突发事件应对工作所必需的设备和基础设施建设，合理确定应急避难、封闭隔离、紧急医疗救治等场所，实现日常使用和应急使用的相互转换。"《"十四五"国家应急体系规划》中指出，将城市防灾减灾救灾基础设施用地需求纳入当地土地利用年度计划并予以优先保障。完善应急避难场所规划布局，健全避难场所建设标准和后评价机制。在重点城市群、都市圈和自然灾害多发地市及重点县区，依托现有设施建设集应急指挥、应急演练、物资储备、人员安置等功能于一体的综合性应急避难场所。

(六) 相配套的法制、体制与机制建设

有了明确的法律法规的保障，应急管理组织才能高效地履行自己的职责。洛杉矶应急管理系统之所以取得了非凡的成功，是因为洛杉矶市宪章赋予了洛杉矶

市市长建立和领导洛杉矶市应急管理事务的权利。同时,《加州灾难救助法案》(California Disaster Assistance Act)、《加州危机服务法案》(The Emergency Services Act)、《洛杉矶市行政法案》(Los Angeles Administrative Code)等法律法规也为洛杉矶市应急管理工作的有效运作提供了强有力的法律支持,使洛杉矶市应急管理系统的组织、资源和运作方面得到了有力的保障。只有支撑应急资源管理体制健全,机制有效和顺畅,各项应急资源管理工作才能有序进行,应急管理组织也才能高效运转。实际上,这点也吻合了应急管理的"一案三制"的基本框架与要求。公共安全危机管理更重要的是要制定相关的法律,统一规定政府在处理紧急事务中的职能和职责,确定依法应对紧急状态的法治原则。我国在应对处置紧急状态方面的立法在逐步完善,已制定了多部涉及紧急状态事件方面的法律,如《戒严法》《防洪法》《防震减灾法》《突发事件应对法》等,为实施危机管理提供了有效保障。

第二节 应急资源保障主体的运作机制

应急资源保障涉及五大主体(中央政府、地方政府、中央部门、地方部门、社会力量),保障过程主要包括三个环节,分别是:资金筹集、资金使用和保障能力形成、监督协调。我国应急资源投入保障机制的基本框架见图9-1。

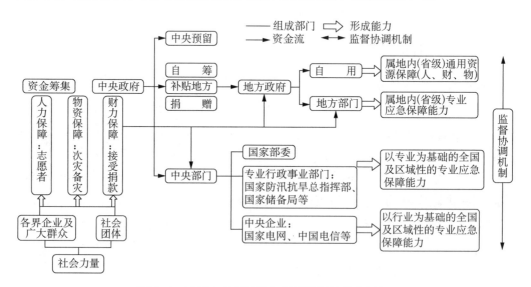

图9-1 我国应急资源投入保障机制的基本框架

资料来源:熊康昊、孔昭君:《以应对自然灾害为核心的应急资源投入保障机制研究》,《灾害学》,2012年第2期。

一、中央政府应急资源保障的机制

（一）中央政府的投入保障机制

中央政府在应急资源投入保障机制中处于中枢地位。政府依据相关法律、法规筹集应急管理所需资金（简称"应急资金"），再按照"分类管理、分级负责、条块结合、属地管理为主"的原则，将部分资金划拨到地方政府和相关中央部门，由地方政府和中央部门形成应急保障能力。另外，中央政府也预留部分资金用于应对全国性或区域性的重大突发事件，直接领导应急处置活动（图9-2）。

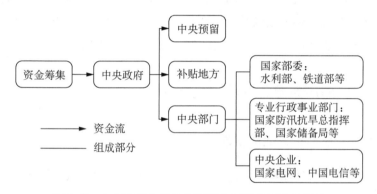

图 9-2　中央政府在应急资源投入保障机制中的地位

（二）中央政府对应急资源的运用机制

中央政府对应急资金的运用主要有三个方向：（1）预留部分资金用于直接领导的应急处置活动；（2）通过转移支付等方式补贴地方政府；（3）投入相关的中央部门。

1. 中央预留

中央政府根据《中华人民共和国预算法》等法律的规定，按照政府预算支出额的1%—3%设置预备费，用于当年预算执行中的自然灾害救灾开支及其他难以预见的特殊开支，并且由民政部协调国家发展改革委、财政部等部门，根据国家发展计划和《中华人民共和国预算法》的规定，安排中央救灾资金预算。

2. 补贴地方政府

地方发生重大灾害后，中央政府通常会采取转移支付等多种手段支持地方政府的应急处置活动，如截至2008年2月13日，中央财政为抗击南方冰雪灾害安排救灾补助资金约27亿元，其中近25亿元用于补贴地方政府的救灾资金。在汶川大地震的抗震救灾活动中，截至2008年11月底，四川、甘肃、陕西、重庆和云南5个地震受灾省市收到中央及地方各级财政性救灾资金共计1 166.48亿元。玉树地震中，截至 2010 年 7 月 9 日，中央及青海省财政共安排抗震救灾资金 73.02 亿元，其中中央财政安排抗震救灾资金 56.87 亿元。

3. 投入中央部门

文中的"中央部门"主要指国家部委、专业行政事业部门和中央企业。中央政府通过财政拨款、设立专项基金和直接注入资金等方式支持中央部门。在投入中央部门的资金中，有一部分专门用来形成中央级救灾物资储备。为加强中央级救灾储备物资的使用管理，切实提高我国的灾害紧急救助能力，2002 年，民政部、财政部联合制定了《中央级救灾储备物资管理办法》。根据《中央级救灾储备物资管理办法》的规定，中央级救灾储备物资是指中央财政安排资金，由民政部购置、储备和管理，专项用于紧急抢救转移安置灾民和安排灾民生活的各类物资。中央级救灾储备物资由民政部根据救灾工作需要协商财政部后，委托有关地方省级（包括各省、自治区、直辖市以及新疆生产建设兵团，下同）人民政府民政部门定点储备。

二、地方政府应急资源保障的机制

（一）地方政府的投入保障机制

在我国现行应急管理体系中，地方政府（省级政府）直接负责属地内突发事件的应急处置工作。地方政府一方面负责通用应急资源的准备，另一方面将资金投入地方部门（地方政府的组成部门，如交通运输厅等），形成专业应急保障能力（图 9-3）。

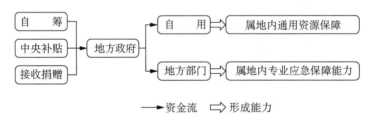

图 9-3 地方政府在应急资源投入保障机制中的地位

（二）地方政府对应急资源的运用机制

地方政府一方面通过直接支出形成通用资源保障能力，另一方面把资金投入地方部门形成专业应急资源保障能力。

1. 地方政府直接支出

（1）财力资源保障。地方政府根据《中华人民共和国预算法》和财政应急保障预案，在年度预算中专项安排处置突发事件过程中需要由财政负担的经费。在处理突发事件时，各级地方政府可以根据本级政府制定的财政应急保障预案采取年度预算调整，实施特殊的财政收入和财政支出政策，申请上级补助等手段筹集应急处置所需资金。

（2）救灾物资资源保障能力。地方级救灾物资储备由地方财政出资采购，主要是专项用于紧急抢救转移安置灾民和应对突发事件中保障灾民基本生活的各类救灾物资。省级救灾储备物资由中央下拨的救灾物资和省级民政部门集中采购加工的救灾物资构成。民政厅负责省级救灾物资的业务指导和分配调拨，救灾物资储备中心负责省级救灾专用物资的加工购置、储备装运、经费管理、监督检查等日常工作。市（县）级储备的救灾物资由当地民政部门管理，省级民政部门对救灾物资储备工作进行指导、检查和监督。不能长期储备的救灾物资（粮食、饮用水等），各级民政部门可与相关厂商签订紧急征用合同，确保灾害发生后24小时调运到位。

2. 投入地方部门

地方部门是指资金主要由地方财政划拨，隶属于同级政府的行政事业部门。它们与主管部门是业务归属指导关系，如交通运输厅、水利厅、卫生厅等。地方部门应急资金的主要来源是地方财政拨款和国家规定的基金收入（如水利建设基金）等。地方部门是属地内专业应急资源保障的主体，依据各自的专业基础形成属地内的专业应急保障能力。

（三）资金使用和保障能力形成

地方部门依据各自的专业基础，形成区域内专业应急保障能力。如民政部门（民政厅）是应对区域内自然灾害及其他突发事件的主要部门，负责组织全省的救灾救济工作，组织核查灾情，发布灾情，管理分配有关救灾款物并监督使用等工作；水利部门（水利厅）主要承担省政府防汛抗旱指挥部的日常工作，组织、协调、监督、指导全省防洪抗旱工作，对大江大河和重要水利工程实施防洪抗旱调度，是区域防汛抗旱工作的枢纽部门，负责管理省一级的防汛物资储备。

三、社会力量资源保障机制

社会力量是指在应急管理中承担相应工作的社会团体、企业及社会公众。社会力量是应急资源投入保障机制的重要组成部分，贯穿于整个体系之中（见图9-4）。

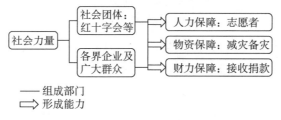

图9-4 社会力量在投入保障机制中的地位

(一) 社会团体

社会团体主要是指公益性社会团体和公益性非营利的事业单位以及志愿者组织等,如中国红十字会、中华慈善总会等。它们是应急资源投入保障机制的重要组成部分,不但可以通过各种手段筹集资金、接收捐款捐物,还可以训练具有专业水平的志愿者队伍参与应急处置工作。

(二) 企业及社会公众

在2008年南方冰雪灾害、汶川大地震、玉树地震和舟曲特大泥石流的应急管理活动中,企业和社会公众的捐赠活动有力地支援了灾区抢险救灾和各项恢复重建工作,是应急资金的重要来源。在汶川大地震的抗震救灾过程中,截至2008年11月25日,全国共接收国内外社会各界捐赠款物合计751.97亿元;民政部本级共接收抗震救灾捐款47.24亿元;中国红十字会总会共接收捐款46.9亿元,接收捐赠物资折价6.08亿元;中华慈善总会接收捐款9.19亿元,接收捐赠物资折价1.56亿元。在抗击舟曲泥石流灾害中,截至2010年8月20日,中央机关和中央国家机关部门和单位干部职工为舟曲灾区捐款近亿元;很多企业、个人通过银行、邮局纷纷向甘肃灾区政府委托的捐赠接收机构捐款。据初步统计,全国向甘肃舟曲灾区捐赠资金已超过5亿元,物资折价2 000余万元。

案例

甘肃积石山发生6.2级地震
应急管理部启动地震三级应急响应并派工作组赶赴震区

2023年12月18日23时59分,甘肃临夏州积石山县(北纬35.70度,东经102.79度)发生6.2级地震,震源深度10公里。震中5公里范围内平均海拔约2 793米。

接报后,国务院抗震救灾指挥部、应急管理部立即作出部署,调度了解震区灾情,指导勘查搜寻和抢险救援工作,调派国家综合性消防救援力量增援震区。国务院抗震救灾指挥部办公室、应急管理部启动地震三级应急响应,派出工作组赶赴现场指导抗震救灾工作。

截至12月19日,甘肃省消防救援总队已出动3支重型、12支轻型地震救援专业队和1支战勤保障力量,共1 040名消防救援人员、140辆消防车、12头搜救犬赶赴灾区救援,临夏支队25车130人已抵达灾区。甘肃省森林消防总队已出动400人赶赴灾区救援,森林训练大队、青海森林机动队伍共500人已做好增援准备。此外，应急管理部还调派工程抢险、安全生产等专业应急救援队伍260余人赶赴灾区参加救援。驻地解放军和武警部队就地投入抢险救援。

截至19日16时，650顶帐篷、4 080床棉被褥、1 604套折叠床、3 120件棉大衣、5 000双棉鞋、300套火炉等中央和省级应急救灾物资已运至积石山县。

财政部、应急管理部紧急向甘肃、青海两省预拨中央自然灾害救灾资金2亿元，其中，甘肃1.5亿元，青海0.5亿元，支持地方开展抗震救灾工作，保障群众生命财产安全，最大限度减少灾害损失和影响。

资料来源：应急管理部：《甘肃积石山发生6.2级地震 应急管理部启动地震三级应急响应并派工作组赶赴震区》，2023年12月9日。

第三节 应急资源保障机制的内容

应急资源保障体系是应急管理体系运转的物资保证条件，它为实现系统资源的合理布局和动态调配进行资源配置、储备及维护等方面的工作，以提高资源的综合利用和使用效能，同时提供资源状态信息以保障整个系统的正常运行。随着日益频繁的突发事件的发生，各个国家都把应急资源保障作为突发事件应急管理的重要内容。

一、应急资源储备

应急资源储备的多寡以及应急资源的储备结构是否合理都直接影响应急工作的成败。我国政府高度重视应急资源的管理工作，《中华人民共和国突发事件应对法》第四十五条规定："国家按照集中管理、统一调拨、平时服务、灾时应急、采储结合、节约高效的原则，建立健全应急物资储备保障制度，动态更新应急物资储备品种目录，完善重要应急物资的监管、生产、采购、储备、调拨和紧急配送体系，促进安全应急产业发展，优化产业布局。"第四十六条规定："设区的市级以上人民政府和突发事件易发、多发地区的县级人民政府应当建立应急救援物资、生活必需品和应急处置装备的储备保障制度。"《国家突发公共事件总体应急预案》也分别对人力、财力和物力等资源做了详细规定。其实，在这两部法律法规颁布之前，我国政府早已经开始了应急物资的储备工作。1998年的河北省张北地震之后，财政部和民政部就开始了国家应急资源储备库的建设工作，建立了物资存储制度，建设了中央、省、市、县各级物资储备库。据民政部官方网站公布，截至 2023 年 7 月，我国现已在 31 个省（区、市）建成百余个中央救灾物资储备库，各省、市、县也按要求建立了相应级别的物资储备库，基本形成了覆盖面广、分布合理的物资储备网络。

2020 年 2 月，习近平总书记在中央全面深化改革委员会第十二次会议上明确要健全统一的应急物资保障体系，将应急物资保障作为国家应急管理体系建设的重要内容，指出要按照集中管理、统筹调拨、平时服务、灾时应急、采储结合、节约高效的原则，要优化重要应急物资产能保障和区域布局，做到关键时刻调得出、用得上。

"十三五"规划期间，我国应急物资储备网络基本形成。建立了辐射全国的中央应急物资储备库，推进了地方应急物资储备库建设。目前，中央层面有国家森林草原防灭火物资储备库、中央防汛抗旱物资储备库、大震应急救灾物资储备库、区域性安全生产应急救援物资储备库；国家综合性消防救援队伍应急物资储备库包括消防救援队伍应急物资储备库、森林消防队伍应急物资储备库；中央生活类救灾物资储备库。省、市、县三级政府不断推进应急物资储备库建设，基本形成了"中央—省—市—县—乡"五级应急物资储备网络。

在《"十四五"国家应急体系规划》中，应急物资储备布局建设重点如下：

（1）中央生活类救灾物资：改扩建现有 20 个中央生活类救灾物资储备库和 35 个综合仓库，在交通枢纽城市、人口密集区域、易发生重特大自然灾害区域建设 7 个综合性国家储备基地。

（2）综合性消防救援应急物资：在北京、沈阳等地建设 8 个中央级库，依托消防救援总队训练与战勤保障支队建设 31 个省级库，在三类以上消防救援支队所在地市建设 227 个地市级库。

（3）森林消防应急物资：在成都、海拉尔等地建设 7 个中央级库，依托森林消防总队建设 5 个省级库，在森林消防支队所在地建设 36 个地市级库。

（4）地方应急物资：改扩建现有应急物资储备库，推进县级应急物资储备库建设，重点支持中西部和经济欠发达高风险地区储备库建设。

二、应急资源调配

应急资源调配是指在既定的目标下，使资源能够在满足需求的要求下从资源供应点到达资源需求点。应急资源调度是应急管理活动中的一个重要的环节，调配方案的优劣直接决定着应急管理活动的效果。由于需求资源种类多、数量大，单个应急资源点往往不能满足应急救援需求，需多个应急资源点组合优化调度来完成应急救援任务。

应急资源的配置不是一朝一夕的问题，需要在应急管理的四个阶段即预防与应急准备、监测与预警、应急处置与救援、恢复与重建过程中对应急资源进行全程管理，构成一个循环开放系统，确保资源有序生产、合理存储、优化调运、有效使用、节约环保。

资源调配在应急管理中是一个实施过程,针对事件处理资源需求信息,根据应急资源管理系统所提供的各种应急资源信息,结合运输能力等情况,进行应急资源的优化调度和追踪管理,把资源组织起来,把一定数量和种类的资源,在限定的时间内从供应点运送到资源需求点。这里的资源并不只是物资资源,还包括相关的社会资源和人力资源等。由于突发事件应急管理所需要的资源可能来自不同的部门、不同的途径和地点,这些资源的组织协调就显得十分重要。应急资源调配有以下几个特点:(1)应急管理中的资源调度以时间最短为首要原则,这是由突发事件本身的特点所决定的。对社会资源的整合与协作以及突发公共事件的救助工作与全社会息息相关,它不是一个部门或一个机构的任务,而是全社会的共同责任。(2)动态时效性。救援资源的调配不是单阶段的工作,需要根据救援的情况变化和前一阶段的效果,动态地多阶段调度资源,直至完全消除灾害。突发公共事件的随机变化与动态性等性质决定了应急管理的资源调配是一个动态的多阶段过程。

三、应急资源征用

应急资源征用是指县级以上人民政府为应对突发事件应急需要,依法征用公民、法人和其他组织财产,因财产被征用或者征用后毁损、灭失,按照评估或者参照征用时价值依法给予的补偿。目前,我国已经逐步建立起了一套相对统一和系统的应急资源征用制度。宪法以及《中华人民共和国民法典》第二百四十五条征用规范对征用和补偿作出了原则性的规定,明确了国家在法定情形下,以维护公共利益为出发点,可以对公民财产权予以限制、剥夺,但应当给予补偿。《突发事件应对法》第十二条从"征用主体,征用对象,征用条件以及返还、补偿"等方面对应急资源征用作了相对具体的规定。其他法律法规如《防震减灾法》《传染病防治法》等百余部应急法规规范性文件都涉及应急征用制度内容的规定。此外,不少应急预案对政府应急资源征用进行了较为详细的规定,比如《国家突发公共事件总体预案》。广东、上海、安徽省(市),杭州、南京、太原等市制定了应对突发事件应急征用补偿办法。这些办法的制定,明确了应急资源征用的启动程序、规范了应急资源征用物资储备与管理、细化了应急补偿标准和程序,落实了应急补偿经费,既明确了征用单位、征用实施单位的职责和义务,明确了应急征用的强制性,同时也保障了被征用单位和个人的权益,为应急征用工作规范有序健康发展提供了制度保障。

四、应急资源监督

检查、监督机制是落实应急措施的一个必不可少的环节,这个机制应发挥常态性作用,以及时发现问题。从目前我国的应急资源管理实践看,存在着比较严重的"不计成本"倾向。其主要原因是制度和体制缺陷。所谓的"不计成本",一方面表现为决策失误、反应过度或措施不力,从而导致各种资源浪费;另一方面是挪用、滥用甚至盗用和贪污各种应急管理资源。从国际经验看,解决这类问题的主要途径有三个:内部控制、第三方评估、社会和舆论监督。这三方面相辅相成,只有把这三方面的力量结合起来并使之制度化、法治化,才能形成比较有效的监督机制,片面强调内部控制是不够的。就加强内部控制而言,当前的主要任务是如何在应急管理实践中把相应的政府预算分配和划拨体系、人事管理、组织运行与设施维护计划、危机管理项目评估、成本与管理的审计、对各种物资供应商的支付、现金管理体制等制度性的安排整合起来,统一运行。在此基础上,强化科学评估、过程监督与事后审计,而且这种监督与审计结果还必须与事后责任追究相联系。内部控制属于自上而下的控制,容易"欺上瞒下",因此只有与外部监督结合才能更好地发挥其作用。从国际经验来看,第三方评估往往是由社会上有一定声誉的政策研究机构或人员来进行的。我国现在的政府管理实践中还没有引入这种制度,决策者或执行者往往自己评估自己。在我国应急管理中引入第三方评估还有一个特别作用,即可以减少下级部门虚报、瞒报危机而骗取救灾款等行为,要加强监督、跟踪问效的原则。

以财政拨款为例,长期以来,我国财政部门在财政监督和管理工作中存在重收入、轻支出的现象,而且在财政支出过程中存在监管缺位的现象,财政资金拨付后,由各个部门和有关单位安排使用,财政部门缺乏对拨付的财政性资金有效的跟踪问效。根据财政改革发展的新形势、新需求,要逐步完善应急管理工作经费事前审核、事中监控、事后检查相结合的财政资金管理机制,建立健全日常监督和再监督机制,确保财政应急管理资金的规范性、安全性、有效性。同时,按照项目支出绩效考评的有关要求,抓紧建立应急管理资金的绩效考评制度。通过合理设置应急管理资金的绩效考评指标体系,组织实施绩效考评工作,切实提高应急管理资金的使用效益和效率。

健全机制　整合资源　锤炼队伍
广东省深圳市福海街道增强基层应急管理能力

街道是政府应急管理工作的"最后一公里"。近年来,广东省深圳市福海街道立足基层应急管理能力创新实践,逐步探索出了一系列经验做法。

一、强化基层应急组织体制机制

深圳市福海街道下辖七个社区，辖区面积31.8平方公里，海岸线长12.8公里，管理人口50余万，是广深科技创新走廊的重要节点。伴随深圳超大型城市的快速发展和配合战略的深入实施，福海街道也面临着一手抓发展一手抓安全。当前，福海街道共有工业园区303个，工业企业约4 508家，安全生产重点企业758家，"三小"场所10 640家。总体来说，存量事故灾难风险点多面广。

为此，福海街道首先健全了职责明晰的组织架构。成立了以街道应急管理委员会牵头，"多委合一"的应急管理机构，由委员会统筹街道安全管理委员会、消防安全委员会、减灾委员会、三防指挥部、森林防灭火指挥部和地面坍塌防治办公室等，实现了应急多战线整合归一。此外，还在各社区设立应急管理监测预警指挥微中心（值班室），实现了区—街道（重点职能部门）—社区三级互联互通和智慧管控。制定落实党政领导干部应急管理、安全生产和消防"职责清单"并纳入年度考核内容，推进党政领导干部履职尽责，更好统筹发展和安全。

在健全运行机制方面，福海街道建立了责任体系、会商研判、网格管理等"十大机制"，推动实现信息更早收集、分析研判更加准确、指挥调度更加灵活、响应处置更加快速、运作机制更加健全。在健全管理制度方面，福海街道围绕"防、管、控、应"建设思路，固化街道风险控制、隐患排查、执法监管等实践经验。在健全标识体系方面，福海街道完成街道应急管理阵地、场馆、人员、物资、车辆、装备标识标志的统一，进一步加强应急管理文化建设。

二、强化基层应急救援力量体系

福海街道按照"专兼结合、平战结合、一专多能、政社联合"原则，整合应急管理队伍和应急救援队伍，实现基层应急队伍"两整合"。

在整合应急管理队伍上，按照《广东省应急管理厅关于加快推进乡镇街道应急管理改革实现"四个整合"的通知》要求，广东省整合原安监组、智慧管控中心、武装组、劳动组、三防森防为应急管理队伍，实现应急管理队伍的统一部署。在整合应急救援队伍上，福海街道现有的应急救援力量由"1（街道消防救援站）＋7（7支专职消防队）＋7（7支社区兼职消防队）"、1支综合应急救援队（兼职）、1支社会化应急救援队、281支志愿者队伍组成。

基本形成以综合性消防救援队伍为主力、以专业救援队伍为骨干、以基层救援队伍为先期处置力量、以社会应急力量为辅助的"四位一体"应急救援力量体系。建设综合应急救援兼职队。福海街道创建街道级综合应急救援兼职队伍，整合81名武装应急分队、安监、劳动等业务骨干和退伍军人，开展国家五级应急救援员共同训练，三防、地面坍塌、危险化学品泄漏等专业训练，编制了训练考核大纲手册。队伍与其他应急救援队互补，成为街道应急救援的骨干力量。建设社会化救援队。为弥补基层应急救援时大型机械装备、特种设备和技术人员的不足，福海街道采取购买服务的方式租赁社会机构和政府投资类项目施工单位的应急资源，根据突发事件处置需要，队伍按照规定的时间赶到指定地点，协助专业应急救援队伍开展工作。队伍在可燃金属、大型物流仓库和大跨度空间火灾救援中发挥了重要作用。建设社区消防兼职队。福海街道在街道所辖7个社区分别建立了社区消防兼职队，由街道统筹开展专业训练。社区消防兼职队昼夜执勤，参与救助遇险人员、排除险情、扑灭火灾等任务。据不完全统计，2017—2022年，福海街道社区消防兼职队累计参与517宗火警警情的处置工作，为实现火灾事故"打早、打小、灭初起"发挥出了重要作用。建设志愿者队伍。福海街道以深圳公益救援队、深圳地质灾害救援队、宝安区危险化学品救援队3家共建单位为中坚力量，建立了278支总人数约2 489人的消防志愿者队伍，由街道立项聘请专业中介机构对消防志愿者队伍进行培训和拉动演练，推动形成社会多元主体参与应急救援的良好局面。

三、强化基层应急资源储备建设

应急物资储备、基础设施建设和专项资金拨付是构成应急资源的"基石"。三方面各有侧重，各有区别，又相辅相成。近年来，福海街道分别从这三个方面进行探索，筑牢了基层应急资源基础。在保障应急物资储备方面，福海街道构建了"1+7+7"的应急仓储体系，包括1个街道综合应急救援仓库和7个社区应急仓库等。储备各类应急物资67 456件。在保障基础设施建设方面，福海街道又将基础设施建设细化为三个细节。一是优化布局打造"135"消防救援圈（1分钟出动、3分钟到场、5分钟救援），在原有的7个小型站的基础上，新建了桥头一级消防站、4个公安小型站、1个社区小型站、342个微型消防站。二是推进科技赋能。福海街道结合"无阁楼"社区创建工作，安装10 800套红外体感无线感烟探测报警器，通过云平台对夜间违规住人、电动车违停违充等不安全行为实行动态监测和快速响应。三是构建宣传教育矩阵。依托消防小型站，建成2个消防应急科普教育基地，打造了6个消防主题街区，营造沉浸式的社会安全氛围。截至2022年

10月，街道依托各类宣传阵地，累计培训7 311场，培训139 856人次，有效提高全民安全意识和安全技能。在保障专项资金拨付方面，福海街道所属的深圳市宝安区区政府每年向街道拨付安全生产专项经费预算约3 000万元。主要用于安全生产风险防控、隐患排查整治、执法检查巡查督查、宣传教育培训、应急处置能力、标准技术研究和推广、安全管理保障以及防灾减灾等方面。

深圳市宝安区福海街道应急管理办公室相关负责人表示："基层是应急管理的前哨和起点，是应急管理的第一道防线。下一步，我们要在应急组织体制机制、应急救援力量体系、应急资源储备建设等方面持续发力，打通应急管理工作的'最后一公里'。"

资料来源：张敏、王点：《健全机制　整合资源　锤炼队伍——广东省深圳市福海街道增强基层应急管理能力记事》，《中国应急管理》，2022年第10期。

本章小结

为做好应对突发事件的应急准备，必须建立有效的应急资源保障机制。本章对应急资源及应急资源保障概念进行了界定，介绍了应急资源的种类。重点介绍了应急资源保障涉及的五大主体和保障过程，并阐述了应急资源保障机制中应急资源的储备、调配、征用、监督等环节。

应急资源是指应对特定突发事件（包括自然灾害、事故灾害、公共卫生事件、社会安全事件）所必需的各种资源的总称，是应急管理预防与应急准备、监测与预警、应急处置与救援、恢复与重建等过程中所需要的各种保障的综合。应急资源保障则围绕应急资源，从体制、机制以及行为层面（譬如临时协调、"特事特办"等）而展开的计划、组织、指挥、协调与控制活动。应急资源可以分为应急人力资源、应急物资、应急资金、信息资源、设施保障资源、配套的法制体制与机制建设等。

应急资源保障的五大主体分别是：中央政府、地方政府、中央部门、地方部门和社会力量。保障过程主要包括三个环节：资金筹集、资金使用和保障能力形成、监督协调。

应急资源保障机制主要包括：应急资源的储备、应急资源调配、应急资源征用、应急资源监督等环节。

关键术语

应急资源　投入保障　应急资源储备　应急资源调配

复习思考题

1. 什么是应急资源保障?
2. 应急资源保障主体有哪些?
3. 我国应急资源保障机制的内容有哪些?

第十章

社会参与机制

📖 知识目标

1. 了解社会参与的概念、主体
2. 了解应急管理过程中社会参与的内容

📖 能力目标

1. 结合具体案例,分析我国应急管理中社会参与的各种类型
2. 结合具体案例,阐释社会参与应急管理中存在的问题

📖 思政目标

1. 阐释应急管理实践中的群众路线、群防群控的作用
2. 理解筑牢人民防线在应急管理中的重要意义

韩国"岁月号"沉船事故

2014年4月16日早晨8点58分,韩国载有476人的"岁月号"客轮在全罗南道珍岛郡海域发生沉船事故,生还者只有172人。乘客中包括325名前往济州岛修学旅行的京畿道安山市檀园高中的学生和14名教师等。海难事故震惊全世界,并引发国内严重政治危机,韩国总理辞职,承担全部政治责任。引人注意的是,在救援善后中,全社会力量进行了动员,发挥了积极作用。据韩国《朝鲜日报》4月24日消息,韩国"岁月号"沉船事故牵动着韩国国民的心。在事故发生后,许多家庭主妇、公务员及大学生等请假或暂时放下学业前往遇难者或失踪者家属聚集的珍岛室内体育馆做义工。短短半个月之内,来到体育馆的义工共有一万多人次。

室内人员最多达700人的珍岛室内体育馆从来都没有脏过。这都是公司职员文某等义工们的功劳。文某一直守候在体育馆卫生间门口,几乎寸步不离,随时擦洗水池和地面,补充快用完的用品。这里共有6个卫生间,文某每天上午11时至晚10时打扫3次。文某家住全罗南道灵光郡,距离珍岛有两个小时的车程,他从19日开始每天开车到珍岛。打扫体育馆各个角落的人也不计其数。大学生朴某在期中考试结束后立刻从京畿道赶来。庆尚南道市政府的公务员梁某从周二开始请了四天假来到这里,主要负责垃圾分类和打扫卫生。梁某对家人和同事说是要和朋友去登山。来自光州广域市的主妇刘某用小抹布擦拭体育馆里的地面和坐垫。她还负责每天早晨煮毛巾,然后发给失踪者家属。刘某说:"我听说流过泪后最好用湿毛巾擦脸。"来自安山的主妇金某在餐车里煮白菜汤。金某是安山市新村妇女会会长,她说:"很多家属吃不下饭,但我们说'也从安山来了',有些人会说谢谢,然后吃饭。"

对于失踪者家属来说,手机就像生命一样重要。帮忙给手机充电的义工们每12小时换一次班。第一天和第二天非常忙,100个充电器全都用上。现在虽然有很多家属离开,但他们还是很忙碌,只能在放置充电器的桌子后面铺上垫子过夜①。这些义工的志愿行动不仅为善后救援和家属心理干预提供了宝贵支持,也有利于全社会形成互助关爱、共同面对的氛围环境,有助于全社会较早从灾害悲情中走出。可以说,社会动员和整合是灾难应对中的一个重要方面和有效支撑。美国学者威廉·L.沃等认为,政府的等级结构

---

① 环球网新闻:《"岁月"号沉船牵动韩国民心,公务员请假做义工》,http://world.huanqiu.com/exclusive/2014-04/4980671.html。

> 在现代社会应急管理中发挥着核心作用,但是应急响应也必须利用广泛的社区经济、社会心理以及政治资源,动员有组织的志愿者和个体志愿者有助于实现一个社会心理目的,即把社区公众团结起来,使其具有一种功效感。如果官员排斥社区参与,社区的灾害响应和恢复能力就不会得到增强。
>
> 资料来源:威廉·L.沃,格利高里·斯特雷布著,王宏伟、李莹译,《有效应急管理的合作与领导》,《国家行政学院学报》,2008年第3期。

第一节 社会参与的内涵与主体

一、社会参与的内涵

(一)社会参与的概念

应急管理的社会参与,是指社会公众全过程参与减灾救灾治理的总称,具体地讲,就是除政府力量之外的包括广大企业、非政府社会团体及个人在内的所有社会群体力量,在政府的指导下,以合法有效的形式,通过制度化、组织化和规范化的途径自觉有序地参与减灾救灾的过程。这个概念强调了社会公众在减灾救灾活动过程中,既是直接受众,也是至关重要的减灾救灾治理主体,具有天然的治理权利和责任。因此,充分尊重社会公众的参与权利,调动社会群体力量的参与积极性,建立政府与社会的充分信任关系,通过制度平台和组织框架,努力形成政府与社会力量相互协调、互为补充的良性互动格局,从而达到减灾救灾的"善治",把灾害损失降低到最小化,实现社会公众利益的最大化[①]。

社会组织是公民参与社会的主要中介,是公民社会的基础,更是社会资本的主要载体之一。与政府统一的层级管理模式不同,社会组织作为一种社会自治机制,贴近社会、多元、灵活、与群众紧密相连,具有非营利性、志愿性、公益性、民间性和奉献性等特点,这就决定了它在公共危机管理中具有独特优势。社会组织作为一种社会自治机制,决策是分散而独立的,它们可以对突发事件及时做出反应,迅速参与事件的各个环节。

(二)社会参与在应急管理中的作用

我国社会正处于转型期,在社会制度和结构的不断发展变迁过程中,伴随深

---

① 刘雨辰、武红霞:《我国减灾救灾治理的社会参与研究》,《中国公共安全(学术版)》,2011年第1期。

刻而剧烈的社会转型，各种社会问题和矛盾也逐步凸显出来，有的演变为公共危机，比如SARS病毒、禽流感等烈性传染病的暴发与流行，煤矿透水、瓦斯爆炸、"三聚氰胺"毒奶粉事件等人为灾难的频发，包括2008年初南方风雪冰冻灾害、"5·12"四川省汶川大地震等重大自然灾害的发生，都给人们的生命财产安全带来了严重威胁，也对我们的公共危机管理能力带来了挑战。

在应急管理中，政府扮演着主导角色，但政府也不可能包办一切。事实上，社会力量在突发事件的预防准备、处置救援和恢复重建中都发挥着重要作用。随着社会治理理念的完善，以及发达国家的实践证明，成功的应急管理必须要建立政府为主导，各方社会力量积极参与的统一体制，才能有效预防和应对危机的发生。这不仅是公共危机管理的需要，同时也是新时期加强公民社会治理的需要。但是，从我国的实践中发现应急管理中社会参与机制尚处自发、无序、薄弱状态，存在着政府依靠社会力量处置公共危机的水平有待提高，社会力量尚未形成规模，参与管理的基础薄弱，政府与社会力量之间的有效互动沟通还不够等不足。社会参与和社会组织在突发事件应急管理中的具体作用主要表现在以下几个方面。

1. 降低了突发事件预警期的管理成本，大大提高了对危机的预警能力

应对突发事件最理想的结果就是将其扼杀在萌芽状态，这样既可节省社会资源又可避免其破坏性。而社会组织在这方面发挥着重要的作用。社会组织往往是由拥有相似知识背景和共同理想目标的人员组成的，成员之间容易产生全面而强烈的信任关系，这大大降低了防范成本、讨价还价时间和搜寻信息的成本，从而缩短了危机的预警时间，并且由于社会组织具有宽泛的社会触角和成员基础，增加了危机预警的信息量。此外，社会组织的专业性和技术优势使得它们对于特定突发事件的产生有着更加敏锐的洞察力，而且强烈的责任感和使命感也使得他们对一些突发事件特别关注和重视。一些专业性的社会组织在认真研究和分析各种可能产生的危机后，能及时向政府提出政策建议和应对措施，并且可以协助政府开展危机管理素质教育，培训各类专业人员，增强突发事件应对能力，这样显然降低了政府对突发事件预警期的管理成本，大大提高了危机预警能力。

2. 有利于突发事件发生期的控制和处理

公众是危机中最直接的受害者，也是控制和处理危机最重要的主体力量。公民自身的危机应对素质和能力是突发事件应急管理的重要内容和保障。突发事件发生时，如果公民具有普遍的、良好的自救能力和互救能力，无疑能大大减轻政府负担。如果公民普遍感受到参与危机管理是一种不可让与的权利，同时也是一种不可推卸的责任，在突发事件发生时临危不乱、沉着冷静，积极配合政府的救援措施，减少不必要的损失，避免造成更大伤害，那么整体应对危机的能力就会大大增强。

更重要的是社会组织在突发事件发生后，作为公众和政府的中介组织的作用

更加显著。由于政府对危机做出反应需要一定的时间，同时在政府组织没有到来之前往往是减少危机损失的最佳时刻，这就需要社会组织的力量来集散群众、排查危机、实现自我救援。在政府组织到来后，社会组织一方面可以有效地吸纳成员的利益要求，并向政府组织说明情况，反馈信息；另一方面，把政府的政策意图和对相关问题的处理情况转达给成员，帮助政府安抚群众，促进成员对政府政策的理解和支持，并对一些特殊情况或偏激行为给予特别关注。此外，社会组织还可以通过募捐、充当志愿者等方式为受灾地提供人、财、物和精神支持。

3. 社会组织在突发事件的善后处置期发挥重要作用

社会组织可以辅助政府部门进行危机后的恢复重建工作，包括：调查突发事件对每家每户居民造成的损失程度；对受灾严重家庭给予特殊的经济和精神援助；组织、调节供销渠道及时提供民众生活日常和急需物品，保障公众的日常生活；帮助组织和恢复生产；等等。

此外，社会组织在善后处置期一个更重要的职能是对政府组织进行监督和约束。社会组织可以监督各级政府，贯彻执行有关危机管理的法律法规、方针政策。监督大量公共资源和救灾资源的调配与使用是否充分、公平、合理，这不仅有利于公共资源的合法使用和更好地发挥作用，而且也规范和约束了政府行为。

二、社会参与的主体

（一）社会承灾体的概念

宏观上说，城市的承灾体是整个社会，是人（全体城市市民）和物（非人类性的物质）的集合体。因此，提高承灾体的"抗逆性"不仅需要政府及其有关部门的协调高效，更重要的是全社会的整合与动员。只有将全社会的资源和力量调动整合起来，才能构筑强大的公共安全网络。《突发事件应对法》第六条明确规定："国家建立有效的社会动员机制……增强全民的公共安全和防范风险的意识，提高全社会的避险救助能力。"这说明，在灾害与突发事件中，建立覆盖广、层次多、动员强的社会联动机制，整合政府、市场、社会等多方面资源，是防范危机、减少损失、成功处置的重要保障。

（二）社会承灾体的结构

从结构来看，社会承灾体有五种构成形式和内在结构。

1. 以市民个人和志愿者等形式存在的个体

任何社会都是由具体个人组成的，因此个人是灾害事故的最终承受者。个体在灾害事件中的行为和应变能力成为社会承灾体抗逆性的重要变量。个体在与灾害事件相关的社会过程中有三种不同的角色：被动的承灾体、主动的施灾者、灾害事故的管理者①。

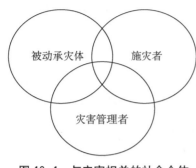

图 10-1　与灾害相关的社会个体

由图 10-1 可知，这三种与灾害相关的社会个体之间有一定的重叠关系，或者说存在一定的相互转化关系。被动承灾体经过培训后，可能在灾害事故中进行自救和互救，不仅能够保护自己的生命财产安全，还可能向"准灾害管理者"转变。与此相反，灾害管理者如果缺乏必要的经验和能力，不仅无法正确处置灾害事件，还可能造成更大的灾害事故，甚至威胁到自身的安全。

2. 以社会组织、团体等形式存在的组织

当若干具有共同信念和目标的个体组合在一起时，组织就产生了。与灾害事故相关的社会组织，一般是指专门从事灾害预防、灾害研究、灾害救援和社会心理干预的非政府组织。主要分为两类，一类是非政府性的、独立的科学研究机构。例如，1963 年，美国俄亥俄州立大学成立了灾害研究中心（Disaster Research Center）。更重要的是机构培养了大批灾害研究人才，有些成为灾害研究机构的创始人或中坚力量，有些成为政府部门或非政府组织中的重要一员。另一类是灾害救援、人道救助为目的的非政府性组织。例如"红十字会"就是典型的非政府性的人道救援组织。1863 年，红十字国际委员会创立于日内瓦，是一个独立、中立的组织，其目前的人道职责主要源自 1949 年《日内瓦公约》。组织总部设在瑞士日内瓦，在全球 80 多个国家共有大约 1.2 万名员工；资金主要来自各国政府以及国家红十字会和红新月会的自愿捐赠，宗旨是为战争和武装暴力的受害者提供人道保护和援助。

我国较为著名的蓝天救援队，就是由一批热心社会公益事业的户外运动爱好者志愿发起组成的一个从事户外遇险救援的民间公益性团体，专门从事户外遇险救援②。其成员来自各行各业，有 IT 工程师、画家、电视台编导、企业老板、网络写手等。从 2003 年成立开始，蓝天救援队参与了灵山救援、汶川大地震救援、玉树地震救援等 20 多次较大型的灾害救援工作。其中在汶川抗震救援中，共转运物资近五千万元，搜救孤村十几个，五入汶川，并为汶川樱桃和其他农产品打开销路。四川救援回京后，在当年九月又组织一万一千六百条棉被提前送到了灾区；救援队搜救队长张辰被评为四川抗震救灾模范，核心成员外联队长杨艳武，由于

---

① 容志：《从分散到整合：特大城市公共安全风险防控机制研究》，上海人民出版社，2014 年，第 202 页。
② 蓝天救援队也称作北京蓝天志愿救援队、北京市红十字蓝天救援队，曾用名绿野救援队，成立于 2003 年。

出色的组织和协调能力被志愿者推为成都民间志愿者物资调运总指挥。目前，在蓝天救援队的倡导下，已经建立了中国紧急救援联盟，发展了天津蓝天救援队、厦门蓝天救援队、广州蓝天救援队等近 30 家分会或联盟成员①。

3. 以社区、居住区等形式存在的小共同体

如果说社会、国家是一个大共同体，那么居住区、社区就是社会的小共同体。"社区"一词源于拉丁语，意思是共同的东西和亲密的伙伴关系。20 世纪 30 年代初，费孝通先生在翻译德国社会学家滕尼斯的一本著作 *Community and Society*（《社区与社会》著于 1887 年）时，从英文单词"community"翻译过来的，后来被许多学者开始引用，并逐渐地流传下来。一般认为，社区是指一固定的地理区域范围内的居民集体，其成员有着共同的兴趣，彼此认识且互相来往，行使社会功能，创造社会规范，形成特有的价值体系和社会福利事业。每个成员均经由家庭、近邻、互动交往而融入所在的社区。可以说，社区是最基本、最基层的社会单元，是重要的社会结构细胞，也是基层市民被组织和动员的基本形式。社区在灾害中的群防群治、培训演练、互助互救、恢复重建等方面能够发挥重要作用，同时对于构建特定的灾害治理文化具有重要的意义。

4. 以企业、公司等形式存在的市场

与灾害有关的企业包括特种装备制造企业、高端通信企业、保险公司等。随着科学技术的不断发展，以及人类对公共安全领域的投入不断增多，与灾害科技有关的制造业也在快速发展。专业从事地震预警、雷电避护、气象预警、安全监测、软件开发、传染病检测等行业的科技企业迅猛发展起来。例如，从 2010 年开始，每年在北京都会举办一届国际应急救灾装备与技术展览会，集成了国内外防灾减灾、应急备灾、监测预警、应急响应、紧急救援、灾后安置和恢复重建各灾害应急缓解的软硬件设备制造商、经销商、研究机构和有关单位参展。2013 年的参展商数量达到 120 家，展示的产品包括应急救灾物资设备、工程防御设备、疫情防治技术系统、各类传感器、检测仪和车载灾情获取系统等，这是国内外公共安全技术装备和制造企业的集中展示。

灾害保险业务和企业也是市场的重要主体之一。灾害保险是以财产本身以及与之有关的经济利益为保险标的的保险。保险者对所承保的财产负赔偿责任的范围有：因遇保险责任范围内的各种灾害而遭受的损失，进行施救或抢救而造成的损失以及相应支付的各种费用。依据所保风险的不同，灾害保险具体规定有不同的险别，如火灾保险、雹灾保险、地震保险、洪水保险等。根据国际经验，在巨灾风险中，政府应该是风险的最后承担者，其前面应该有区域灾民、地方政府和商业保险公司、再保险公司、证券市场与国际再保险市场作为防火墙。

---

① 参见蓝天救援论坛，http://www.chinaera.org/forum.php。

5. 以文化、传统等形式存在的公共舆论

舆论，是社会上一定数量的人和人群对一个特定问题表达的个人意见、态度和信念的汇集。社会舆论是社会上众人的议论和意见，是社会思潮和社会动向的反映。社会舆论环境实际上构成了一个供社会公众参与对话、交流和讨论的平台与空间，也是"公共领域"的重要组成部分和载体。

近年来中国社会舆论最值得关注的发展动向就是互联网的蓬勃兴起。截至2023年12月，中国网民规模达10.92亿，全年新增网民2480万人。互联网普及率为77.5%，较2017年年底提升2.1个百分点。同时，随着移动网络用户增加，截至2020年12月，中国手机网民规模达到9.86亿，继续保持上网第一大终端的地位，远高于其他设备上网的网民比例，手机依然是中国网民增长的主要驱动力。在5G网络进一步普及、智能手机和无线网络持续发展的背景下，视频、音乐等高流量手机应用拥有越来越多的用户。用户上网设备向手机端转移、使用基础环境的改善和上网成本的下降三方面是手机端高流量应用使用率激增的主要原因①。

庞大的互联网为公众参与公共话题讨论、发表意见、网络调查、传递信息、发布新闻等提供了广阔的平台和空间，已经成为重要的公共领域。网络传播的交互性、实时性、包容性，对传统媒体提出了巨大挑战，从中央领导到普通公民都是可以发表意见的网民，也都是渴望了解信息的受众，这让互联网尽显魅力、备受关注。比如，在2008年的四川抗震救灾中，新媒体大显身手，海量信息、一手文字，让互联网迅速成为震后"即时通信"。有关部门提供了这样一组数字：从5月12日至19日晚10时，人民网、新华网、央视网、中华网共发布抗震救灾新闻（含图片、文字、音视频）约12.3万条；新浪、搜狐、网易、腾讯整合发布新闻13.03万条。上述八家网站新闻点击量达到116亿次，跟帖量达1063万条。而《人民日报》等传统媒体发布关于地震的新闻稿件数量为38 000条左右②。

2010年后，随着微博客的发展和运用，网络在信息传递、互动沟通、设置议题、追踪时事方面的作用更加强大，对政府作为的监督力量也更加强大。在2011年"7·23"动车追尾事故中，网络和微博扮演了重要角色。事故发生在晚上8点半左右，显然传统媒体反应显得较为迟缓。此时，微博上的网民，有列车上被困群众，有草根摄影人，有周围市民，大家第一时间在事故现场报道，而许多媒体在事故发生后几小时内都直接从微博上收集信息。而且，事故发生后，微博随即成了事发动车乘客的亲友发布寻亲信息的平台。此外，微博也在一定程度上扮演了辟谣阵地、防骗提醒发布者、献血倡议发出者等角色，其巨大的传播力量对事故救援等工作起到了积极作用。最为重要的是，微博改变了信息传播方式，突

---

① 中国互联网络信息中心：《中国互联网络发展状况统计报告（2018年1月）》。
② 郑亚楠：《新媒体融合改变了中国社会的舆论格局》，《新闻界》，2009年第1期。

发事件被"加工"后才告知公众的方式已越来越难为继了。

第二节 应急管理过程中的社会参与

社会面的整体动员和参与是特大城市灾害治理的重要内容和有效支撑。从现实中看，城市的应急管理的能力往往是自下而上构建起来的。公民、邻里和社区在应急管理中起到越来越重要的作用，因为政府性援助可能在灾后几小时到达，甚至几天内都无法到达。因此，重大突发事件必须要靠社区治安、消防和应急医疗服务提供者的相互援助加以处置。社会参与在不同情境下，所发挥的作用并不相同。

一、减灾过程中的社会参与

在减灾过程中，社会参与的主要作用是提高承灾体的抗逆性，降低社会的脆弱性，同时减少社会性的"灾害风险因子"。达到这一目的通常有两个主要途径：一是市民个体在灾害事故中的自我防护和互助；二是利益相关方对公共事务和公共决策的参与。

社会公众对公共事务和公共决策的参与是多方面的，例如社会面的群防群治。群防群治是群众性、互助性自防自治活动的简称。具体说来，是指在各级党委、政府领导和专责机关指导下，群众自己组织起来，预防和治理违法犯罪活动，维护所在地区或单位治安的一种活动。可以说，群防群治是人民群众在长期的社会治安工作实践中逐步形成的力量联合体，是中国特色的社会治安防范与管理的重要组织形式。中共中央、国务院在《关于进一步加强社会治安综合治理的意见》和中央综治委、中央编办联合下发的《关于加强乡镇、街道社会治安综合治理基层组织建设的若干意见》中，对群防群治工作的重要作用给予了充分肯定，对加强群防群治组织建设提出了明确要求。为此，在新形势下充分发挥群防群治组织在治安防范、矛盾纠纷排查调处、重点人员帮教等方面的作用，对维护社会稳定促进社会和谐意义重大。

我国基层群防群治组织主要有治保会、调委会、禁毒会、禁赌会、治安巡逻队、治安联防队、矛盾纠纷排查调处小组、帮教小组、居民区看家网、楼长、单元长、治安中心户长等，人员基本由社区中的老干部、老党员、老教师和治安积极分子组成。群防群治组织以其身在群众之中、情系群众之心的优势，积极活跃在社会治安第一线，在预防犯罪和公共安全防范等方面做了大量工作，许多治安问题和安全隐患都被其及时发现和消除，每年协助公安机关侦破刑事案件、查处治安案件；早期介入化解民间矛盾纠纷，在宣传综治和法律知识、帮教"两劳"

回归人员、挽救失足青少年等方面也发挥了非常重要的作用。

此外,社会参与还能提高公共政策的合法性和支持度,减少社会冲突和摩擦的起因。例如,城市固体废弃物(solid waste)的处理问题,如果缺乏广泛、有效、有序的社会参与,往往会陷入两难困境。一般来说,填埋并不受附近居民欢迎,因为有运输的卡车来来往往,带来噪声、烟尘或臭味。如果地表水或者雨水中的酸性物质溶解了废弃物中的污染物质并把它们带入地下水中,这种填埋还可能污染地下水。但是,如果采取垃圾焚烧的方式解决问题,又会引发对空气质量的忧虑。即使专家们的公开澄清和解释也往往受到公众的质疑。这时,如果缺乏有效的公众参与,公众与政府的对立就会越来越大,鸿沟越来越深,导致必要的公共决策难以形成,或者引发社会面的强烈反应①。为解决这一问题,在美国,垃圾填埋场的选址规划和决策通常都要引入广泛的公众参与。美国各州关于授予这类设施的许可法要求及时公开规划,举行听证会或者公众集会,必须让公众有机会发表意见。美国很多州都通过了所谓阳光法案,要求政府的很多会议和内部文件都要向公众公开。很多情况下,地方政府选择这种公共设施的最好政策,就是把整个过程引导到非常公开的方式中来。这样做可能并不能防止矛盾,也可能导致公共决策无法及时做出,但是它能保护政府不被指责为暗箱操作和处置不当②。更进一步讲,只有坚持公共决策的公开透明和社会参与,才有可能逐步形成社会理性讨论、风险沟通的氛围和传统,加强政府与社会之间的互信和良性互动,共同推进公共政策的民主化和科学化水平,减少公共政策和公共项目引发的社会冲突和矛盾。

二、控灾过程中的社会参与

在控灾过程中,社会参与的主要目的是帮助发现灾害(致灾因子)信息,形成有效的预警信息,并参与对致灾因子的先期控制,减缓灾害对社会承灾体的影响和破坏。

在现代社会的公共安全管理中,有两类不同类型的致灾因子信息:一类是技术性信息,需要通过现代科技手段发现和识别,典型的如气象灾害的预警预报、地震灾害的预警预报、泥石流灾害的预警预报等,这些信息的收集和监测往往成为专业部门(气象局、地震局等)的职能和工作;还有一类是社会性信息,需要通过广大社会成员的共同参与和动员来发现和识别,例如恐怖分子的活动和策划、

---

① 事实上,随着城镇化的快速发展,中国社会的"邻避型"事件也在不断增多。从 2007 年的厦门"PX"事件,到 2011 年大连、2012 年宁波的"PX"事件,以及 2014 年杭州"垃圾焚烧厂"选址引发的冲突,都是公共项目和工程引发的典型的邻避事件。
② [美] 约翰·M. 利维:《现代城市规划》,孙景秋译,中国人民大学出版社,2003 年,第 35 页。

重大事故和灾害的报警、火灾隐患的先期排查和发现、传染性疾病的传播迹象等，这些不仅是专业部门的职能和工作（如反恐部门、消防部门、公安部门等），还需要动员更多的社会成员参与进来，形成覆盖面广泛、嵌入程度深的"天罗地网"。及时发现这些社会性信息，并在辨别致灾因子（如恐怖行为、暴力犯罪、火灾隐患）的基础上快速反应和干预，阻断风险因素的成灾演进，成为现代公共安全管理中控灾过程的一个重要内容。

在现代城市的复杂环境中，社会群体的防灾救灾意识越强，则受到突发事件影响和破坏的结果就可能越好。这一点在2003年北美地区大停电事件中得到了极好的验证。美国东部时间2003年8月14日下午4时许（北京时间8月15日凌晨4时），美国纽约市中心街区突然发生罕见的大面积停电，整个纽约顿时陷入黑暗之中。与纽约同时遭遇停电危机的还有地处美国东部的底特律、克利夫兰和波士顿等几大城市，以及与这些城市使用同一个供电网络的加拿大渥太华和多伦多。这次大停电持续了近30个小时，波及了美加东部9 300平方公里的区域，成为有史以来对美加东部影响最大的一次停电事故。停电导致交通信号灯熄灭，纽约路面上一些车辆开始无视警察的指挥纷纷抢道，造成交通混乱。但很快许多市民自发在路口担任临时指挥，交通秩序逐步恢复，大多数开车者互相礼让，也不拒绝要求搭车的人。美国红十字会的义务工作人员则迅速来到纽约街头，免费向行人发送矿泉水等。社会秩序保持正常。在停电后约30个小时里，纽约发生近70起火灾，但全都被及时扑灭。除停电当晚发生了一些零星的入室盗窃事件，据统计，在这次停电事故期间，全纽约只有850人因各种罪行被拘留，比平时平均每天950人被拘留的数字还低些[①]。

三、救灾过程中的社会参与

在救灾过程中，资源动员水平和自救互救能力成为重要基础和保障。在巨灾中，任何国家和政府都不可能包揽所有的救援与恢复工作，社会面的整体动员往往起到至关重要的作用。例如，美国"9·11"事件的应急响应规模非常庞大和复杂。此次行动有数百个组织、数万名志愿者参加。餐厅、食品企业、救灾组织为应急响应者和执法者提供食物，长达数周之久。美国红十字会在袭击发生地协调了数万名志愿者的招募和部署工作。私人公司在物质方面给予支持，为应急响应者提供从搜救设备到干净的袜子、内衣等物品。还在休息区配备了大屏幕电视、躺椅及按摩治疗师等。美国禁止虐待动物协会、宠物救援和其他动物福利组织搜

---

① 新华网：《纽约如何化解停电危机》，http://news.xinhuanet.com/world/2003-09/10/content_1072981.htm。

寻、救助那些因主人疏散而被留在公寓里的宠物。救援组织清理从塔楼上掉落的灰尘和废物所掩盖的公寓和企业。志愿咨询师在事后的几个月内为应急响应者、执法者以及受害者提供心理咨询。世贸大楼周围地区形成的临时救援组织至今依旧活跃。事实上,"9·11"事件后,美国诞生了大约350个新的慈善组织,同样,在卡特里娜飓风后,大约有400个新的慈善组织产生[1]。可见社会面的动员对于巨灾的救援起到重要支持作用。

美国国家反应框架(National Response Framework)规定,红十字会是负责灾后紧急支援职能(包括大众救援、紧急援助、住房和人道主义服务)的主要机构,美国红十字会在帮助受灾民众提供食物和住所方面起着至关重要的作用。例如,在卡特里娜飓风中,美国红十字会给120万家庭提供了经济援助,涉及超过370万的受灾民众。根据美国红十字会2006年1月9日的报告,自从飓风登陆后,美国红十字会在27个州和哥伦比亚地区的近1 100个避难所为受灾民众提供了342万个住宿点,与南部浸信会(Southern Baptist Convention)一起为受灾民众提供了5 200万份食物[2]。

一般来说,社会面参与救灾活动有两种形式:一种是直接参与,即以志愿者、社会组织等形式投入到伤员救治、物资运输、善后恢复和心理干预等活动中;另一种是间接参与,即以捐款、捐物、问候等方式,通过政府和专业性社会组织给予灾害后的救援、保障和恢复以物质和精神支持。在第一种形式中,社会组织尤其是专业性救援组织是活跃的主体,起到对国家救援队伍的辅助和补充作用。例如芦山地震中,具有丰富救援经验的民间救援队伍——蓝天救援队,15个省队联合救援,发挥了重要作用。在第二种形式中,广大社会成员的动员往往形成巨大的救灾资源,如汶川地震发生后,据民政部统计,截至5月18日12时,一周之内全国就共接收国内外社会各界捐赠款物89.45亿元,其中捐款75.42亿元,物资折款14.03亿元。截至2009年4月30日,全国共接受国内外捐款659.96亿元,捐赠物资折合人民币107.16亿元[3]。这些捐赠款物对于灾区的抗震救灾、生命救援、灾民安置等无疑起到重要作用。

四、缓灾过程中的社会参与

在缓灾过程中,社会参与有助于提高恢复重建水平和风险管理能力。20世纪30年代,美国联邦政府决定允许复兴银行向受灾地区发放贷款,用于灾后公共设

---

[1] [美]威廉·L.沃,格利高里·斯特雷布:《有效应急管理的合作与领导》,王宏伟、李莹译,《国家行政学院学报》,2008年第3期。
[2] 郑琦:《灾难过后的反思:关于美国卡特里娜飓风的研究综述》,《中国非营利评论》,2008年第2期。
[3] 《中华人民共和国民政部第140号公告》,民政部网站。

施的修复和重建。起初只限于地震,后延伸到其他自然灾害。1968年制定《全国洪水保险法》,将保险引入到减轻洪灾领域。灾害保险是防灾减灾的一种制度安排。灾害保险不仅在于灾后的货币补偿,可以减轻政府的负担,还可以延伸出其他功能。首先,由于灾害保险,灾民可以很快得到补偿,用于重建家园,恢复生产生活秩序。其次,可以促进政府、社会、个人之间形成一定的风险共同体,团结一致从事灾害治理活动。灾害保险具有公共物品的性质,尤其是针对诸如地震、洪水、飓风等风险大的灾害。美国政府或政府出资的再保险公司,为保险公司进行再保险。政府作为灾害保险的一个重要利益相关方,必然要加强灾害管理,采取切实可行的措施预防和减少灾害的发生,以降低灾害损失。保险公司将制定一系列的措施来减少灾害风险,包括邀请有关领域的专家从事灾害管理的咨询工作,向客户宣传和介绍灾害的防范措施,成为一支重要的减灾力量。作为被保险人,个人需要遵守国家法规,履行合同范围内的防灾抗灾义务。这样,个人或企业,保险公司和政府这几个利益相关方构成了风险共同体,共同从事灾害治理的事业和工作。卡特里娜飓风发生后,美国的保险公司为此赔付了260亿美元,显著减轻了政府和个人进行灾后重建的负担①。

此外,全社会的参与和讨论也有益于营造灾害学习和风险沟通的氛围,形成强大的社会压力,对灾害事故的原因和责任进行彻底反思,从而开启体制机制的"改革之窗",不断提高社会风险防控的能力。以前文所述的2011年"7·23"动车事故为例。事故发生后,各种传统媒体、新媒体都迅速对事件给予大量报道、关注和讨论。网上舆论迅速升温,特别是以微博为代表的新媒体因其简单易行、跨越时空的特点,在这次事故中成为最早发布事故现场状况的信息源,起到了引领舆论的作用。除了信息传播以外,各类BBS论坛、网络空间还成为人们讨论事故原因、最终责任,以及善后处置救援的平台和空间,形成一种强大的公共舆论氛围,无论是对于事故现场的救援处置,还是类似安全生产隐患排查都起到了无形的监督作用。

第三节 社会参与机制在应急管理中的运用

《突发事件应对法》第四条规定:"完善党委领导、政府负责、部门联动、军地联合、社会协同、公众参与、科技支撑、法治保障的治理体系。"在新时代背景下,应当逐步明确政府和社会的分工,充分挖掘和利用社会力量,形成以政府为主导、社会力量充分参与的多中心危机治理体系,这也是完善我国应急管理体系

---

① 徐富海:《城市化生存:卡特里娜飓风的应急和救助》,法律出版社,2012年,第234页。

的重要方向。

事实上,在灾害救援及应急管理中我国政府历来重视和鼓励发挥社会力量的作用,广泛发动群团组织、企事业单位以及志愿者参与。然而从实践效果看,虽然近年来社会力量参与应急管理发展迅速,成效显著,但仍然面临着渠道不畅通、信息不对称、活动不规范等问题,往往出现"雷声大、雨点小""重形式、轻内容""乱帮忙、帮倒忙"等局面,参与效果大打折扣。以"4·20"芦山地震为例,在通往震区芦山和宝兴的交通要道上,由于自发赶去的私家车太多,交通严重堵塞,救援部队与大型设备无法按时抵达灾区[①]。问题的根本原因还是政府和社会力量在应急管理体系中的关系定位不清,社会力量参与应急管理程序和规章不明,社会力量组织能力、专业能力不强等。

当前,我国能够有效参与突发事件应急管理的社会力量主要有社会组织、社会工作者、社区自治组织、社区群众、企业和志愿者等,他们组织灵活多样,具有亲和力,往往更加靠近突发事件现场,理应是参与应急管理的重要力量。更好地发挥他们在应急管理工作中的作用,形成政府与社会力量共同参与的应急管理格局,需要进一步创新体制机制,梳理整合资源,加强培训演练,提高参与能力,要充分整合社会资源和力量,实现全方位的社会联动,保证社会动员的时效性、有效性,必须建立具有开放性、包容性,又有灵活性的体制机制,以整合各类社会资源和队伍。社会参与应急管理的实践包括以下方面:

要充分整合社会资源和力量,实现全方位的社会联动,不能够仅仅在突发事件发生时凭政府的行政权力来进行,或者靠社会组织的自觉性来开展。相反,为了保证社会动员的时效性、有效性,必须建立具有开放性、包容性,又有灵活性的体制机制,以整合各类社会资源和队伍。主要包括以下机制。

一、基层组织中的社会参与

安全管理重在基层。根据特大城市的现实特点,需要依托社区、学校、医院等基层组织单元构建面向基层、市民的社会教育、演练体系,因此,必须将社区等基层单元纳入"城市准备计划",进行统一规划、部署和统筹兼顾。

政府拥有强大的行政能力和资源动员能力。现阶段,在我国社会组织还未成熟的现实条件下,政府仍然居于灾害治理的中心位置。而且,公共安全是社会赖以生存和发展的最基本的公共产品之一,是政府不可推卸的责任和职能。因此,公共安全管理不是一个完全社会化、市场化的事务,社会及社会组织也无法独自

---

① 刘可:《地方政府促进社会组织有序参与社会治理的机制研究》,四川省社会科学院硕士学位论文,2020年。

承担所有的职责和任务，政府的统筹协调是实现灾害综合治理的首要前提和条件。在这一前提下，政府需要主动寻求与社区单元、社会组织等建立合作治理的格局，两者相互信任、相互支持、相互依赖，开展多种契约性、制度性的联合，建立良性、友好的伙伴关系，才能实现对灾害事件的有效治理，为公共安全管理和社会动员提供机制保障。

从本质上说，"城市准备计划"本身就是涵盖所有社区、学校、医院、大型企事业单位等基层组织的框架和系统；就主体而言，"城市准备计划"囊括政府（及其部门）、非政府组织、社区、学校、大型企事业单位等各种力量，并力图在这些主体之间建立良好的合作关系，提高沟通能力，以形成强大的社会治理网络。主要包括这样几个方面。

（一）标准化的管理

根据美国"国家准备计划"的经验，整合多元主体的重要方式之一就是实现标准化的管理，即多元主体共享公共安全管理的基本概念、理念、流程、术语、规则、方式等，实现多元主体在公共安全领域做出相同的决策选择，采取相同的应对行为，并使用一致的语言。这样才能保证多元主体之间的有效沟通及合作。而且，公共安全管理的重心必须要落实到社会的最基层社区和单元，并据此落实到每一个城市居民，才能实现全社会的整体动员和统筹。因此，"城市准备计划"提出的公共安全管理的基本目标、理念、原则、方法、流程等框架性内容，要能够普及到每一个社区、学校、医院、大型企事业单位等基层组织，并在这些基层组织中扎根下来，形成每一个基层组织自我管理、自我评估和不断提升的范本和标杆。具体来说，这个准备框架主要包括以下几个方面。

1. 灾害识别

社区、学校、医院、大型企事业单位等基层组织要在政府有关专业部门的帮助和指导下，定期对本单元的灾害风险开展详细的评价和识别。灾害风险主要包括自然灾害、事故灾难、公共卫生事件和社会安全事件四大类。灾害识别是个性化很强的工作，一定要结合本区域、本单位的具体实际，不能简单套用当地政府的灾害风险评价。比如，根据资料翻查会发现，暴力伤医行为可能成为近年来医院内发生的一类重要的灾害事件，这就成为医院要积极防备的一种风险，而普通社区面临这一风险的概率就会小很多。将这些风险进行列表，并根据历史资料和有关文献，评估风险的等级和大小，就成为基层组织单元进行风险防控的基本目标和对象。

2. 脆弱性评价

脆弱性是指基层组织单元在受到以上各类灾害影响后，要迅速恢复到正常状态的梗阻和难度。应该说，社区等基层组织单元都具备一些应急反应能力，如工作预案、演练和消防基础设施等。但应急状态下,一些脆弱性问题影响了这些机制作用的最大发挥。比如,发生火灾、地震等灾害后,老年人聚集的社区就具有较高的疏散脆弱性。年纪较大的市民可能缺乏灵活、快速的移动能力,因此疏散起来相比年轻人更困难。因此,这类社区就需要制定克服这种脆弱性、增强承灾体抗逆性的具体对策和措施。比如,开通老年家庭的应急呼叫电话、增设便于轮椅通行的平缓坡道、统计行动不便老人的住址、确定志愿者的帮扶对象等。

3. 针对风险的排查

提升基层组织单元应急能力的一个重要举措就是建立定期的风险隐患排查机制。这种排查的主导力量是政府的专业部门或受委托的第三方,但主体力量还是基层组织单元自身。风险排查的主要对象是事故灾难、社会安全事件类的风险隐患,如消防隐患、安全设施隐患,以及流动人口的犯罪、治安问题等。

4. 专项应急演练和培训

培训和演练是应急准备的重要内容,也是提高基层组织单元应急能力的重要抓手。基层单元要针对风险等级较高的灾害,定期组织市民、学生等成员进行防灾逃生演练。演练内容包括指挥及有关人员履行的职责、人员撤离行动及组织能力、灾害发生后的应急处置方法、应急救援设施的使用方法、避灾逃生路线的熟悉和掌握等。专项演练的开展要成立指挥中心,结合专项应急预案制定具体的演练方案,并在演练的基础上反思预案的科学性和有效性,不断修订和完善预案。

5. 灾害后的学习和总结

从某种意义上说,每一次灾害事故都是一笔宝贵经验。如果能够从灾害发生、发展以及应急处置、救援等过程中总结经验教训,查找脆弱性,并进行彻底反思和改进,则基层单元的应急准备会更有针对性和实效性,承灾体的抗逆性也会不断提高。

(二)志愿队伍建设

社区、学校、医院、大型企事业单位要在专业部门的指导下,因地制宜地组建公共安全队伍,兼职从事预防、准备、防灾、救灾工作,具体来说包括三个。

1. 基层组织单元的自我管理者

由志愿协助当地政府和公安部门的志愿者组成,协助政府和公安部门进行基层巡逻,并将观察到的紧急情况(如致灾因子)及时向公安部门报告。在可能的情况下,他们也可以协助公安部门从事一些非强制性的、无伤害性的警务任务。

2. 应急反应团队

这种团队将自发的未经训练的自愿的市民组织起来,从事灾害信息收集以及协助专业救援人员配置救灾资源,为其所在区域的受害者提供第一时间的救助等工作。通过有关的专业培训，普通市民可以掌握扑灭小型火灾、简单止血、人工呼吸等简易的应急操作，并在熟悉邻里分布、年龄结构等信息的基础上，引导专业人员进行紧急救援。应急反应团队是政府专业救援团队的有益补充，往往在应急救援和处置中发挥不可替代的作用。

3. 专业志愿团队

将社区等基层组织中具有医疗救护、消防检查、疏散指挥等专业技能的人员组织起来，成立专业性的志愿者团队，进行一定的培训，加强与社区其他成员之间的沟通和交流。一旦发生突发事件，可以在应急救援中发挥自救、互救的重要作用。

对于基层组织单元的应急准备计划和队伍建设，政府有关部门要纳入专项财政预算，给予一定的资金和资源支持，确保有关计划的顺利实施和推进。财政性支持有两种形式：一种是直接资助式，一种是间接合作式。所谓直接资助，是指基层组织单元根据专业部门的要求和规划确定专项演练计划和项目，然后由专业部门提供一定比例的资金支持；所谓间接合作式，是指政府专业部门或由其委托专业第三方组织帮助、指导基层组织单元开展专项评估、演练活动，专业部门承担有关项目的经费。采取哪一种方式更好，需要根据实际情况因地制宜地选择。不过，无论采取何种方式，对于资助项目的实际效果，都需要进行后期的绩效评价，以检验实施过程中的效率和效益，并查找其中存在的问题，并在积累经验的基础上不断优化和改进项目。

（三）定期性指导

同"政府失灵"一样，社区和社会组织自身也会面临"志愿失灵""社会失灵"等问题，如组织化水平不高、市民参与无序、应急教育和训练不足等。因此，要有效发挥各种社会组织在突发公共事件治理中的应有作用，需要政府有关部门大力加强其能力建设和制度建设，并定期组织检验、指导和帮助。通过一定的制度和程序设计，使社区、学校等基层组织单位应对机制具有良好的决策系统、清晰的工作流程、具有操作性的应急预案、有力的社会动员能力和完善的监督机构等要素，为应急管理社会动员提供应有的机制保障。同时，建立良好的灾害事故信息沟通机制，保证"自上而下"的指导信息和"自下而上"的报告信息都能在基层单元和政府部门之间快速、准确和及时地传递，为灾害处置提供信息支撑和基础。

二、社会参与中的专业团队

20世纪90年代以来，随着新公共管理运动的兴起和全球性扩展，社会组织、第三部门的实践和研究日益蓬勃。社会组织（第三部门、非营利性组织）是政府组织和经济组织之外的以公共利益或团体利益为目标取向、以组织成员志愿参与为运作机制的正式的自治性组织的总和。在公共管理中，第三部门具有贴近基层民众、行动较为灵活、敢于创新革新、专注专业发展以及广泛多元多样等优势，在减少市场机制的负面效果，避免国家机构的官僚作风，以及赢得公民的支持和认同方面发挥着重要作用。同样，在特大城市灾害事故的预防、准备、救援和善后中，专业性社会组织和第三部门也能发挥巨大的基础性作用，成为政府专业力量的有效辅助和补充，有时甚至起到不可替代的作用。有学者将社会组织的应急管理功能进行了概括（如表10-1）。各类社会组织在风险管理、危机管理和善后管理方面采取了技术介入、行动介入、资源介入和理念介入策略，也就是为全社会的灾害治理提供了技术、行动、资源和文化支持。

表 10-1 社会组织的应急管理功能矩阵

类型	方式	风险管理	危机管理	善后管理
经济类	技术介入	风险评估、发展规划及减灾技术	灾情信息、应灾技术及决策支持	危机调查、效果评估及重建规划服务
社会福利类	行动介入	风险治理参与及群体应灾能力培育	救援与灾区服务	社会重建与发展
公益慈善类	资源介入	风险削减项目及设施资助	应灾救援物资供应及管理	捐献款物
社区类	理念介入	风险文化培育及发展理念创新	灾区社会理性及灾害认知培育	灾后社会意识引导整合支持

资料来源：陶鹏、薛澜：《论我国政府与社会组织应急管理合作伙伴关系的建构》，《国家行政学院学报》，2013年第3期。

因此，"城市准备计划"必须将专业性社会组织纳入进来，通过统筹整合，形成高效的社会力量。事实上，在社会主义市场经济环境中，社会治理的基础是不断培育和壮大的"社会资本"。社会资本是社会主体之间进行有效沟通、合作、协商的能力。社会资本的积累和扩大，有利于形成广泛的社会共识和良好的社会氛围，有利于形成社会整体的良序和善治，最终实现社会治理的目标。

在社会组织发育的早期，政府要起到引领、孵化、培育和管理的重要作用，做到"掌舵"而不是"划桨"，引领而不是代替。正如市场资本的积聚是一个较长的历史过程，社会资本的培育和壮大也不可能一蹴而就。特别是一个从计划经济和全能政府体制走出来的社会，其社会的自组织、自管理和自服务能力先天不足，社会资本存量较低，社会组织的发育和社会资本的积聚就需要更多的支持、帮助，还有更多的耐心、宽容。

三、社会参与城市综合灾害保险体系

灾害保险（disaster insurance），是以财产本身以及与之有关的经济利益为保险标的的保险。保险者对所承保的财产负赔偿责任的范围包括：因遇保险责任范围内的各种灾害而遭受的损失，进行施救或抢救而造成的损失以及相应支付的各种费用。一方面，灾害保险是现代社会分担灾害风险的一种市场化、社会化方式。在西方发达国家，灾害保险被视为灾害的"减震器"，在个人、群体和社会的受灾恢复、救助中起到不可替代的重要作用。另一方面，利用特定灾害风险图及相关政策限制某些高风险区（如地震频发区、洪水频发区、重化工企业临近区）的过度发展，能够减少社会承灾体的暴露以及造成的风险损失。可以说，灾害保险也是灾害治理现代化的一个重要内容和方面。

目前，我国的灾害救助主要依靠政府财政补贴和社会捐助，而社会保险和商业保险的作用尚未真正发挥出来，保险市场在灾害损失分担中的作用微乎其微[1]。造成这种现状的主要原因在于两个方面。一方面，专门针对巨灾的险种设计寥寥无几，没有专门的洪水保险、地震保险和雪灾保险等。自然灾害保险完全处于市场化的状态，居民住房、财产等关系到国计民生的对象没有得到自然灾害保险的保障，专门性的自然灾害保险尚没有开展。另一方面，既有的自然灾害保险理赔标准又显得相对严苛，弱化了它的保障功能，如现行财产保险条款中的"雪灾"保险责任标准是：只有雪压达到特定要求导致建筑物倒塌时，保险公司才承担赔偿责任，这显然不能满足客观需要。同时，政府虽然意识到保险补贴的重要性和必要性，但具体的配套政策支持却没有真正形成或有效落实。例如，政策性农业保险覆盖面还远不够广。在2008年的雪灾中，全国农作物受灾面积1.01亿亩，绝收1 628万亩，但对应农业保险报案仅1.73万件，甚至不及车险的1/20。从历史上的几次大灾的保险赔付数据来看，保险赔付占自然灾害损失的比重也是很低的，如1998年的长江特大洪水灾害造成直接经济损失2 484亿元，而保险赔款仅为30多亿元，约占1％；2005年我国各类自然灾害造成直接经济损失2 042.1亿元，相应的保险赔款为100亿元左右，占灾害损失的比例也不足5％，远低于36％的全球平均水平，而部分国家的保险赔款甚至达到损失额的60％以上[2]。

相比较而言，西方发达国家的灾害保险机制则较为成熟和发达。例如，美国是世界上开展洪水保险较早的国家，1968年美国国会建立了国家洪水保险计划（NFIP），实施这项计划的主要原因是洪水灾害造成的损失不断增长以及用于灾民的救济资金花费了大量纳税人的钱财。NFIP由联邦紧急事务管理局（FEMA）下属的联邦保险与减灾部（FIMA）进行管理，该机构同时对洪泛区管理以及洪水风险图进行监督。美国的洪水保险主要有以下几个特点：（1）洪水保险由国家设专职

---

[1] 解伟、李宁、杨娟，等：《灾害风险科学视角的救灾保险制度探讨》，《北京师范大学学报（自然科学版）》，2012年第4期。
[2] 施建祥：《从南方冰雪灾害谈我国建立巨灾保险制度的必要性》，《浙江金融》，2008年第5期。

机构专项管理;(2)洪水保险是加强洪泛区管理的重要手段,并具有强制性;(3)洪水保险有法可依,并经历了逐渐完善的过程;(4)国家洪水保险的对象和额度是严格限定的;(5)洪水保险的重要依据是 FEMA 统一绘制的洪水保险率图;(6)适当发挥私营保险公司的作用;(7)保险理赔的效率很高[1]。

总的来说,特大城市灾害保险要采取复合型的灾害保险模式。所谓的"复合型",是指发挥政府、社会和市场等多方的作用,统筹公益、商业等各种资源。建立政府公益性灾害保险与市场化的商业性灾害保险相结合的灾害保险体系。

从政府与市场关系的角度看,国外灾害保险的管理模式,一般分为三种:政府主导型保险模式、市场主导型保险模式和政府-保险公司协作型保险模式。就目前国内特大城市的实际情况来说,建立"政府-市场"复合型保险模式具有较大的可行性和操作性。在这个复合框架中,政府主要发挥立法规制、强制险种经营、再保险和巨灾托底的作用[2];而市场主要从事原始保险、产品开发、市场竞争和资本市场完善的作用。政府与商业保险公司相互协助的运作模式,既可以利用商业保险公司的销售、理赔、广告、转移技术、保险精算等优势;另一方面,可以通过政府扩大巨灾保险的供给与需求,通过财政、税收、政策,分散巨灾保险的风险,统筹整合各方面的资源。

第一,加强鼓励引导,提高社会群体的保险意识。当前,发展城市灾害保险的一个"拦路虎"就是社会群体参加保险的主动意识不强,积极性不高。而造成居民保险意识较弱的原因是多方面的,例如人们通常低估灾害发生概率,认为灾害不会发生在自己身上;或者不愿意承担有关保险成本,对保险的必要性认识不足;以及对政府救助的过度依赖等。但是,城市居民通过购买人身安全险、财产险等方式参与到灾害保险中来,是维持保险业良性发展、有效分担城市灾害风险的前提和基础。因此,需要加强有关宣传教育,引导社会群体建立通过保险分担灾害风险损失的观念和行为模式,提高社会群体参与灾害保险的主动性和能动性。特大城市还可以出台一些鼓励性政策,如将灾后政府救济与社区是否购买灾害保险进行挂钩,对已经购买灾害保险的单位、社区和人群进行定向补贴,而对尚未购买灾害保险的社区暂缓提供,或减量提供政府救济,以培养社会成员主动购买灾害保险的意识和观念。

---

[1] 程晓陶:《美国洪水保险体制的沿革与启示》,《经济科学》,1998 年第 5 期。
[2] 巨灾的保险往往有政府的强力介入,如日本是一个地震频发的国家,1966 年,日本国会制定了《地震保险法》和《地震再保险特别会计法案》,个人地震保险由政府和财险公司共同运营,国家通过再保险负担部分保费。地震保险是国家支持的公益性保险,法律规定保险公司不从中获利,采取不赢不亏的经营原则。一次地震损失在 1 100 亿日元以下,将由民间全部承担;损失在 1 100 亿日元到 1 兆 7 300 亿日元,民间和政府将各承担一半;当损失大于 1 兆 7 300 亿日元时,政府将承担 95% 的责任。根据居民住宅全损、半损和部分损失的划分,投保人将得到不同比例的赔偿。丁慧彦、赵晗萍、黄崇福、陈艳,《日本灾害保险研究状况及其对中国自然灾害保险的启示》,《经济与管理研究》,2010 年第 6 期。

第二，加强制度建设，建立健全特大城市灾害保险法律体系。完善的法律体系是灾害保险体系建设的基础和保证。只有在法律上确定灾害保险制度的基本框架，包括运作模式、损失分摊机制、保障范围、灾害保险基金、财税支持政策等，灾害保险业务和工作才能保持正常运转和发展。例如，日本就制定了《灾害对策基本法》《地震保险法》《地震再保险特别会计法案》《地震保险相关法律》《有关地震保险法律施行令》等法规法令，构建了一个比较完善的地震巨灾保险法律法规体系；美国国会和美国联邦政府，通过《联邦洪水保险法》《全国洪水保险法》《国家洪水保险计划》《洪水灾害防御法》《国家洪水保险改革法案》等，构建了洪水巨灾保险的法律法规体系。

特大城市可以根据需要实行强制性灾害保险制度。对于某些涉及面广、风险损失较大的灾害推行强制保险制度。例如，对部分特种设备（社区、企业、学校等单位的电梯）的使用进行强制保险，一旦出现安全问题或者需要维修保护，直接由保险方支付保险费用进行维护保养和事故赔偿。当发生特大灾害时，政府还要成为灾害再保险的最后依靠者，对商业灾害保险提供各种支持，包括损失补贴、财政拨款等，以确保社会和商业灾害保险的和谐发展。

第三，提高资源统筹，建立城市巨灾救济基金。1980年挪威建立巨灾保险基金，构建了国家巨灾保险准备金机制，规范了巨灾保险的投保途径以及投保的范围，使得巨灾保险得以规范化地运作。法国的巨灾保险体系明确规定政府是巨灾保险费率的最终确定者。通过法律法规，规范了巨灾保险的费率机制、巨灾保险的赔付机制、巨灾保险基金的运作形式和内容、巨灾保险基金的责任与义务。在英国，由于再保险业的发达和成熟，保险公司与再保险公司单独承担巨灾保险的风险，政府没有向巨灾保险业务提供直接的支持。但是，政府也通过提供巨灾风险等级评估，通过公共产品服务，支持保险公司业务的开展。政府提供的防洪工程，使得巨灾风险大大减少，降低了保险公司承保巨灾保险业务的风险。

城市公共安全委员会对城市的巨灾进行统一规划、统一防御、统一构建巨灾防御设施，统一制定巨灾保险基金的政策，进行保险基金的管理，完善巨灾数据收集系统。根据市辖区（县）的区域特点，设立有针对性的巨灾保险的区域性的子基金，例如台风救济基金、地震救济基金、洪水救济基金、重大火灾事故救济基金等。在巨灾发生后，巨灾基金首先进行赔付，超额部分由保险公司承担。同时也要通过政府和非政府组织的社会途径募集捐助捐款，进行灾后重建。

四、社会参与的网络化整合

多元性社会必然有多元的社会阶层、集团和群体。人们常常关注多元主体之间的摩擦和冲突,其实,社会主体在一定框架内的互动往往能形成相互之间的监督和制约,防止强势集团对弱势者利益的侵害,保证社会正义实现。这是一个成熟社会的自我稳定机制,也是社会自治功能的主要体现。例如,劳资关系往往是市场经济较为突出的显性矛盾之一,工人由于被雇佣的原因常常受到资方的侵害;但保护工人利益的责任事实上并不全部由政府担当。发育良好的工会既能有组织地表达自己的利益诉求,也能与资方形成博弈,在一定程度上制约资方的行为,保护工人群体的利益。同时,有些国家还有专门的法院受理有关劳工案件,力图从司法的角度保护劳工权益。政府的劳工部门也有治理的职能,但在这里显然不是唯一的主体。

社会群体之间的制约可以产生一种火警机制。在西方语境中,所谓的火警机制是指当选民和利益集团感到他们的利益被官僚机构伤害时,他们就会向立法者或政治家大声呼吁。此时,立法者与政治家就可以很容易地获得关于官僚行为的信息。在现实中,火警机制被证明是一种非常重要的将道德风险引起的交易成本最小化的机制。一旦行政官僚认识到这种火警机制的存在,他们就会考虑执行政治委托人的意志。一旦违反社会伦理,他们意识到火警机制的存在,也会考虑到由此带来的结果和惩罚,而不得不对自己的行为有所收敛。工会、消费者协会、行业协会都可以成为发出火警警报的主体。当他们的利益受到损害时,可以通过组织将自己的状态和要求及时表达出来,这既是对其他利益相关方的制约,也有助于政府监管部门及早发现问题,解决问题。而且,火警机制的存在也是对政府的监督,如果政府不能及时掌握情况,公布信息,处理问题,就必然要担负由此造成的结果。另外,行业协会的自我治理也是网络化治理资源的重要组成部分。行业协会是同行业企业组成的联合、联盟和管理组织,是市场主体自发形成的团体。只要政府实施引导,充分发挥行业协会的作用,就能实现对行业内企业生产的自我治理和监管。政府可以委托行业进行一定程度的企业生产监管,并保持不定期的抽检,同时制定严厉的惩罚措施。但目前中国大多行业协会由政府部门改制形成,虽然具有民间性质,但实际上行政化。行业协会的社会自治的功能不能有效发挥。因此,培育和规范行业协会这样的民间组织是公共安全管理的一个重要课题。

 本章小结

本章主要围绕社会参与的概念、应急管理过程中的社会参与两个部分进行展开。所谓社会参与就是指社会公众全过程参与减灾救灾治理的总称,具体地讲,就是除政府力量之外的包括广大企业、非政府社会团体及个人在内的所有社会群体力量,在政府的指导下,以合法有效的形式,通过制度化、组织化和规范化的途径自觉有序地参与减灾救灾的治理过程。本章在理论的基础上结合国外应急管理中社会参与的主要实践,理解我国应急管理中的社会参与的各种类型,并结合我国的实际阐释社会参与在我国应急管理过程中所发挥的作用及存在的主要问题。我国社会参与需要充分整合社会资源和力量,实现全方位的社会联动,不能够仅仅在突发事件发生时凭政府的行政权力来进行,或者靠社会组织的自觉性来开展。为了保证社会动员的时效性、有效性,必须建立具有开放性、包容性,又有灵活性的体制机制,以整合各类社会资源和队伍,主要包括以下机制:基层组织中的社会参与、社会参与中的专业团队、社会参与中城市综合灾害保险体系、社会参与中的网络化整合。

关键术语

应急管理过程　社会参与　社会参与机制　网络化整合

复习思考题

1. 社会参与机制包括哪些主体?
2. 社会参与的内涵是什么?
3. 应急管理过程中社会参与有哪些具体内容?

第十一章

风险评估方法

📖 知识目标

1. 了解风险、风险管理、风险评估的概念
2. 了解风险评估的流程、方法和技术
3. 了解社区风险评估的概念、特征和具体流程

📖 能力目标

1. 理解城市风险的类型,能够识别、评估并控制可能出现的风险
2. 理解风险评估的意义,具备风险分析与对策解决的能力
3. 理解社区风险评估、风险地图绘制的意义,能够针对社区特点开展应急管理活动

📖 思政目标

1. 基于"大安全大应急"的综合应急视角,培养学生风险意识和能力
2. 立足社区风险评估实践,科学全面开展风险评估

上海社区风险评估实践

上海市民政局从2009年起，会同复旦大学城市公共安全研究中心共同推进上海市社区风险评估方法的研究，旨在建立适用于上海城市和农村社区的风险评估体系。复旦大学城市公共安全研究中心作为提供上海社区风险评估技术支撑的研究机构，一方面，通过专业科学的理论与技术知识，构建了上海街镇社区综合风险评估模型，为整个风险评估工作提供了理论化、科学化以及专业化的支持，同时承担了社区风险评估技术分析的后台支撑；另一方面，通过对社会组织进行专业培训，使社会组织初步了解和掌握社区风险评估的基本内容以及社区现场评估的基本要求，能够深入社区开展风险评估工作。为了确保风险评估的质量，复旦大学研究团队还对各社会组织进一步指导和现场督导，使社会组织可以成为具有风险评估能力的专业组织。自2012年，复旦大学城市公共安全研究中心对四个社会组织进行了社区风险评估的专业培训，基本保证了上海街镇层面风险评估项目对社会组织的需求。这套适合社区居民共同参与的风险评估方法包括社区风险评估模型的开发以及社区风险地图的绘制两部分。

一、社区风险评估模型开发

社区风险评估模型的开发，是社区风险评估专业性的体现。主要包括社区脆弱性评估、社区致灾因子评估以及社区减灾能力评价三部分。整套模型建立在分析风险评估的基本理论与方法的基础上。研究结合上海社区实际，通过文献搜索、实地调研、头脑风暴以及专家会议等研究方法，初步确定脆弱性和致灾因子指标。

社区脆弱性评估，是对社区承受灾害的能力进行评估分析，它由一系列自然、社会、经济因素及相互作用过程决定，主要包括物理、经济社会以及环境脆弱性三大部分。致灾因子评估，是通过民众对自然灾害、事故灾难、公共卫生事件以及社会安全事件四大类灾害的感知来评价每一种灾害的强度和频率，用模糊数学综合评价模型整合分析。最后依据层次分析法（AHP）确定权重并建立了上海市社区风险综合评估体系。社区减灾能力评价则考量社区减灾人力、物力、财力投入和减灾准备。

社区风险评估结果最终通过文字、数据图表、现场照片以及可视化图像等多种形式呈现在社区风险评估报告中，每个社区都会有一份具有社区特色的社区风险评估报告。

二、多元参与的社区风险地图绘制

为了更好地组织引导民众绘制社区风险地图,研究制定了标准化的社区风险地图绘制内容和方法。社区风险地图包括五类内容:危险源、重要区域、脆弱性区域、安全场所以及应对措施。对于危险源和脆弱性区域,除了简单标识其位置外,还需要对其危险性和发生的可能性进行综合评估,通过红、橙、黄三种不同颜色由高到低地表示危险源和脆弱性区域的危险程度。在方法和过程方面,社区民众除了需要进行分组讨论并在地图上标识社区风险地图的各要素外,还需要到现场去进行实地考察和确认,加深对社区风险隐患的了解。

社区风险评估专业性较强,尽管开发了评估模型,但由于民众不仅对风险概念没有准确的认知,而且不掌握参与风险评估的方法和技能,社区难以独立地完成风险评估工作。而承担管理职能的政府部门,不可能持续跟进。所以,如何将社区风险评估模型在街镇社区全面推广应用是摆在各级政府面前的政策难题。我们亟须在实践中引入社会组织参与,逐步探索起一套"政府—研究机构—社会组织—社区"多元参与的社区风险评估政策模式。

多元主体参与社区风险评估的政策模式,其创新之处在于明确参与社区风险评估的政府、研究机构、社会组织及社区主体各自的职责定位,通过各参与主体的协同合作,有效地将社区风险评估任务在社区层面全面推广应用。经过几年的实践应用,形成了具有上海特色的社区风险评估政策模式(见图 11-1)。

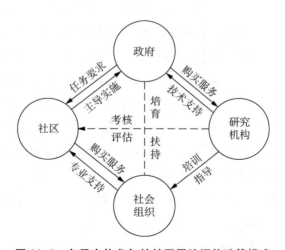

图 11-1 多元主体参与的社区风险评估政策模式

资料来源:滕五晓:《社区安全治理:理论与实务》,上海三联书店,2012 年,第 67 页。

第一节 风险评估的内涵与相关概论

一、风险概念的产生

20 世纪 80 年代以来,随着美国《风险分析》(*Risk Analysis*)和欧洲《风险研究期刊》(*Journal of Risk Research*)的出版,国际上逐渐形成了风险管理和风险交流理论和实证研究体系。风险和危害评估的技术主要以物理学、地理学、地质学、化学、工程学、气象学等学科为基础,通过对自然界内在运行规律的把握,基于历史数据资料来构建灾害演化的模型,进而预测和评估能量暴发的可能性和危害性,以达到先期预防准备和管控风险的目的。

在我国的风险科学研究与技术开发中,自然灾害、生产安全和金融行业是三个比较有代表性的领域。在自然灾害风险分析方面,先后提出了基于灾害系统论、模糊风险评价理论,并针对我国水灾、旱灾、地震、台风、泥石流等主要灾种,提出狭义与广义的自然灾害风险评价综合模型,发展了一套不完备信息条件下(小样本)的以信息扩散理论和方法为工具的自然灾害风险分析方法体系。在生产安全领域,包括系统发生事故风险的定性或定量分析、工业安全管理、在线风险管理、运载火箭的重要子系统的安全分析、管道煤气工程安全评价、海洋平台的载荷评价等。金融系统的风险管理就更加成熟了,包括银行贷款违约风险、保险业的风险防范策略、保险公司用再保险的技术转移风险、保险创新产品的开发风险、监管法则和会计制度变更风险、市场行为和现金流不匹配风险等[1]。

20 世纪 90 年代,国际地理联合会成立了特大型城市灾害脆弱性研究小组,以城市主要灾害的历史纪录为基础,针对灾害风险、暴露性、脆弱性及响应开展了一系列案例研究[2]。1996 年联合国国际减灾十年计划委员会提出"国际减灾日"(10 月 9 日)的主题为"城市化与灾害"。联合国开发计划署(UNDP)与联合国环境规划署(UNEP)的全球资源信息数据库合作开展的"灾害风险指标计划"(DRI)和"自然灾害热点计划",是两个国际上最具影响的灾害风险研究计划。一般来说,基于自然灾害风险理论的综合风险管理理论应由以下四个部分组成。

(1)风险识别。在明确灾害风险管理对象和目标的基础上,找出形成灾害风险的来源,收集相关基础资料和数据,建立灾害管理数据库,并确定相关的方法理

---

[1] 史培军、黄崇福、叶涛,等:《建立中国综合风险管理体系》,《中国减灾》,2005 年第 2 期。
[2] Mitchell, J. K. (1999). Megacities and Natural Disasters: A Comparative Analysis. *Geojournal*, 2 (49): 137-142.

论和标准,为后续工作奠定基础。

(2) 风险分析。主要包括致灾因子分析、暴露要素分析和脆弱性分析,建立灾损曲线,以及灾害风险建模。

(3) 风险评估。风险评估是灾害风险管理的核心。在风险分析的基础上,开展致灾因子评估、脆弱性评估、抗灾能力和灾后恢复能力的评估。

(4) 风险减缓。根据风险评估的结果,选择并制定风险减缓的决策和措施,并对决策的可行性、科学性进行评估[①]。

自然灾害综合风险管理通过以上四个组成部分,对各种自然灾害风险进行识别、分析和评价,达到有效控制和处置灾害风险,以最低成本实现最大安全保障。它力图将灾前降低风险、灾时应急应对和灾后恢复三个阶段融于一体,对灾害实行系统、综合管理。

二、风险源与危险源的辨识

风险与灾害、突发事件有一定的关联性。虽然《中华人民共和国突发事件应对法》统一了"突发事件"这一概念,但灾害和突发事件是一个基本可以等同的概念。灾害是自然和社会力量运动过程对人类社会造成的危害与损失。这里的关键词有两个:其一是"运动过程",就是说,不论是自然灾害、环境灾害还是社会灾害,都是一种能量的运动过程;其二是危害,只有当这一"运动过程"对人和人类社会的安全造成损害时,才会成为灾害。换句话说,如果没有影响到人类社会(如沙漠中的沙尘暴),或者没有带来生命或财产的损失(如3级以下地震),则这种运动过程并不成为灾害。那么风险是什么呢?风险就是一种可能的灾害,也就是一种可能的损失。在本书中,风险是指一定时间和空间内,某一致灾因子可能导致的损失,如人员伤亡、财产损失、经济破坏等。危险源辨识就是要辨识出全部的"源",并对全部的"源"进行风险评估管控,因此危险源辨识十分重要。危险源辨识需要全员参与,而危险源的风险评估是需要专业力量和专业系统参与。另外,我们要注意的是:辨识全风险是一件非常烦琐和困难的事情,很容易出现风险辨识不全、漏判、误判、信息缺失等问题。不仅要找全风险源(危险源),而且要找全风险源(危险源)导致的风险事件(事故)以及事件(事故)的原因和后果,特别是导致风险事件(事故)的原因。如暴雨这一风险源,可能导致城市内涝这一风险事件,导致城市交通瘫痪这一严重后果,这可能是由城市排水系统存在问题引起的。这里,交通拥堵是人造风险,造成交通拥堵的原因是多种多样的,都需要进行辨识。数据和标准是风险辨识(危险源辨识)的基础,安全管理

---

① 尹占娥、许世远:《城市自然灾害风险评估研究》,科学出版社,2012年,第19页。

人员在安全生产过程中要高度关注安全数据，数据要依据法规标准采集，要保证数据的持续性和真实准确性，要根据业务需要定时定点采集，且数据要便于处理。

在风险辨识过程中，相同的安全风险可由不同的风险源（危险源）产生，如火灾（事件）可能是由物质环境（磷的自燃等）造成的，也有可能是由社会环境（纵火等）造成的。有些危险源很好辨识，但有些则不易辨识。另外，也要看到：危险源是一种客观存在，要从危险源这一源头治理风险，但由于危险源固有的、内在的因素多半只能替换或采用打破风险要素的组合来降低风险，而无法消除其固有性。如加油站的汽油，目前很难被替换，另外，为了消除汽油车的风险，可以用电动汽车替代用汽油的汽车，但是又会带来新的风险，如电动汽车的电池着火等。

在安全风险评估时，要注意"点、线、面、体"的相互关系与综合评估。在风险辨识的初始阶段要把已发现的隐患清除。要高度关注聚焦劳动密集型场所、高风险岗位和高危作业工序、受影响的人群规模。注意危险源特点。目前我国很多城市根据城市不同特点与规模，开展了城市安全生产、运行安全及社区安全风险评估工作，但还不成熟。开展各种城市安全风险评估时，要建立健全安全风险评估制度、信息报送制度、预警制度等；注重信息采集汇总、信息反馈沟通、态势研判、协作协调、资源与运输保障等机制的建设；开展应急能力的评估，等等。要注重对新兴风险的评估。

三、城市风险的类型和特点

城市作为一个复杂而且动态变化的系统，具有非平衡性、不确定性、非线性、突变性、随机性、无序性等复杂特点。在城市化发展与变革进程中产生很多显性和隐性问题，这些问题构成了城市公共安全风险，城市公共安全风险是经济社会发展带来的必然后果，也是城市自身功能的外在负面影响的表现。

（一）城市风险类型

根据风险和危机的发生过程、性质和机理，可以将国内外城市的公共安全风险和危机隐患分为以下六个类别。

（1）城市生态风险：空气污染、水污染、固体污染、资源利用风险、气候灾害风险等。

（2）城市社会风险：社会群体事件、道德不规范问题、文化认同错位问题、交通事故等。

（3）城市经济风险：金融、产业、企业安全生产事故等。

（4）城市技术风险：有毒化学物、化学品致癌、电离辐射、矿物燃料、信息瘫痪等。

(5) 城市政治风险：恐怖袭击、民粹主义等。

(6) 城市生命线风险：供水、供电、供气故障等。以上这些风险和危机隐患对于城市来说，是普遍存在的。

(二) 城市公共安全风险特点

1. 风险源多而杂

城市既是人口聚散地，又是生产要素和资源聚散地，更是经济发展社会运行聚集地，这种聚散功能造就了城市公共安全风险源种类繁多、结构杂糅。同时，加上城市承担了很多经济社会发展过程凸显出来的强大功能，因此，城市公共安全风险源涵盖了政治、经济、社会、文化、生态等各个方面，而且这种风险聚集在一个相对狭小的公共空间，由此导致风险转化为事故的概率相对较高。

2. 风险识别难度大

在城市公共安全风险中有的风险是潜在的，没有明显的表象，识别的难度大。一些技术风险，需要专业设备和科学设施检测出来才能进行有效的风险识别。有的风险是化学、物理等因素或者变量引起，潜伏在其他事物当中。有的风险虽然是显性的，但是风险点分布广泛，限于经济和技术条件需要花费很高的成本和代价。

3. 风险潜在危害大

城市公共安全风险既有自然客观的风险点，也存在着人为主观的风险点，这些风险点的潜伏周期长、危险系数大、潜在危害大。同时，城市本质属性和内在特征决定了城市公共突发事件造成的危害是巨大的。如果城市公共安全风险不能够识别防范，则其演变为突发公共事件，将造成社会严重损失。

4. 风险不确定且动态变化

由于环境的不确定性，人类的有限理性以及信息的不对称，社会公共风险往往表现为状态的不确定性、影响的不确定性和风险危机回应的不确定。公共安全风险往往演变为公共危机，并且在演变过程中会引起一连串的相关反应。这种反应，一些学者把它称为"涟漪反应"或"链锁反应"。所谓涟漪反应，就像一粒石子投进水里激起阵阵涟漪那样，冲击波层层向外推出，产生葡萄串式的连带反应。而且公共安全风险不是一个静态不变的状态，而是不断变化发展的。

四、城市风险评估

(一) 风险评估

风险评估 (risk assessment) 是指对不良结果或不期望事件发生的概率和造成的后果进行描述及量化的过程，也就是对一特定期间内安全、健康、生态、财产等受到损害的可能性及可能的损害程度作出评估的系统过程。

风险评估通过风险分析的概率和后果来界定风险，在此基础上进行重新排序，从而为避免和减轻风险提供一套科学系统的方法。风险评估的目的是生成与特定风险诱因有关的信息，这些诱因具有不确定性。

风险评估包括风险分析和风险评价两个方面，风险分析的目的在于确定风险的概率后果，以此作为确定风险级别的基准，为风险的评价和处置提供支持。对比较风险的大小，确定风险的级别，人们常用期望值代表概率分布，或选取某种或者某些因子对有关的量进行数学组合。风险分析可以获得不同程度的精确性，也可以采用多种方法。

(二) 风险评估的意义

（1）推进城市公共安全风险评估，鼓励编制城市公共安全风险清单，形成基于地理信息系统的城市风险"一张图"，并对重大风险源进行实时监控。

（2）推进生命线工程全生命周期风险管理，做好房屋建筑，城市桥梁，建筑幕墙，斜坡（高切坡），城市轨道交通（隧道、高架结构），地下综合管廊和管线，电梯，大型游乐设施等运行使用的风险评估与安全监管。

（3）积极有序推进海绵城市、城市地下综合管廊、人民防空工程、城市应急水源等城市基础设施建设，健全风险管理、监测预警与应急响应机制，提高城市综合防灾能力。

第二节　风险评估的流程

在不确定性增强的现代世界，风险治理已成为多国政府优化施政、控制决策失误的手段。因此，推进政府风险治理成为国际社会发展变革趋势。新时期城市公共安全风险因素具有不确定性和不可预见性从而使得传统的危机治理无法有效应对新危机，要求我国传统的应急管理必须向主动风险治理转变。因此，要在事故发生的源头做好风险管理和风险防范，通过识别和分析风险发生的可能性大小和造成后果的严重程度，进行科学、全面的风险评估，为有效进行风险管理和风险处置提供基础依据和行动指南。

风险评估是指根据风险分析的结果以及组织事务的状况，把所有可能面临的风险按照紧急程度和需要重视的程度排序，以便能够更加合理、有效地分配组织有限的资源。邀请城市公共安全治理专家和相关技术人员对于系统、行业内已经识别了的风险点进行科学全面评估，综合分析评估对象面临的内外部环境，重点聚集风险出现的概率大小、风险对社会影响程度大小、风险管理难易程度、城市风险承受能力等方面,形成风险评估报告,为城市公共安全风险管理提供依据。

一、风险评估前期阶段(风险识别与分析)

风险识别是指找出事物面临的各种风险,识别并确认潜在的风险,鉴别风险的来源、范围、特性及其行为或现象相关的不确定性,这在很大程度上界定了风险的本质特征。在调查研究和全面分析的基础上,准确罗列风险点和风险源,建立城市公共安全风险数据库,运用现代科学技术,采取定性识别与定量检测相统一的办法,分部门、分区域开展定期和不定期城市公共安全风险识别工作,通过风险识别要明确可能发生什么(what),为什么会发生(why),会怎样发生(how),主要受影响对象是什么(whom)等问题。

风险识别是指在风险事故发生之前,人们运用各种方法系统地、连续地认识所面临的各种风险以及分析风险事故发生的潜在原因[①]。风险识别阶段的主要工作包括识别风险源、对风险源进行分类以及对不同类别风险源进行风险级别评估。风险识别的程序包括编制风险清单、风险描述、风险筛选三个主要步骤。根据现场调查、文献材料、专家头脑风暴以及研究已有突发事件案例等方法详尽列出本区域可能存在的风险源,制定风险清单。风险损失清单越详细完善,越能全面识别本区域可能面临的风险。在此基础上,具体描述每一风险类型、发生位置、时间、原因、影响因素、影响形式、影响对象、致灾因子、承载体的状况、风险源和潜在后果等方面。风险识别与评估范围应涵盖自然灾害、事故灾难、公共卫生和社会安全四大类突发事件,根据风险固有属性、致灾因子和孕灾环境的自然特征、受影响对象(人群、区域、设备设施、政府与社会组织)的风险承受与控制能力来综合确定灾害发生的可能性和严重性。

风险识别阶段重点考察的因素涉及区域地理、人文(如人口分布)、地质、气象等信息(表11-1);单位功能布局(包括重要建筑保护目标)及区域交通情况;重大危险源的分布情况及危险物质的主要种类、数量、属性等情况;危险物质运输路线分布;特定时段的风险因素(如重大节日活动安排、娱乐活动集会等);区域主要社会矛盾及可能引发社会安全类事件的类型、后果及影响分析。在此基础上,结合风险识别的具体目标和范围,比较现有评估指标,进一步筛选出主要风险类型。

---

① 薛澜、张强:《危机管理》,清华大学出版社,2003年,第45页。

表 11-1　城市风险识别与分析方法

序号	名称	运用要点
1	检查表法	系统不太复杂的情况下使用
2	专家调查法	集思广益、便于形成集体智慧
3	鱼刺图法	要求有较好的归纳能力
4	故障模式及影响分析	对系统的功能逻辑分析能力要求较高
5	预先危险性分析	找到主要危险源
6	危险与可操作性分析	建立有意义的偏差
7	事件树分析	按时序逻辑，从原因到结果
8	事故树分析	按事件逻辑，从结果到原因

二、风险评估流程

识别和分析了城市风险之后，就要进行城市风险评估。通过风险评估，可以确定应急管理的重点目标，这也是突发事件预防与应急准备的重要依据。

（一）确定风险等级

针对所列出来的潜在的现实的风险清单，利用科学的工具和专门技术，正确地量化主要风险，确定风险的等级程度，采用风险可能性和结果对风险进行分组，风险的计量和估值是风险管理中最有难度的工作，但是这对于具有成本效益的风险管理及经营的决策有至关重要的作用。

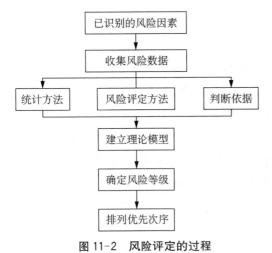

图 11-2　风险评定的过程

（二）排列风险的优先次序

对风险按照风险影响进行先后排序，优先处理级别最高的风险。并非所有的风险经过识别后都是重大风险，非重要的风险应该定期复核，特别是外部市场发生变化时，应检查这些风险是否仍为重大的风险。

风险评定的过程是首先根据已识别的风险因素，收集相关的风险数据，利用科学统计方法，风险评定方法和相关的判断依据，建立理论模型，确定风险等级和排列风险的优先次序，如图 11-2 所示①。

---

① ［挪威］马文·拉桑德：《风险评估·理论、方法与应用》，刘一骝译，清华大学出版社，2013 年，第 6 页。

三、风险的分类分级

根据突发事件确定的科学分级标准，按照各类突发事件按照性质、严重程度、可控性和影响范围等因素进行分级，一般将风险等级分为 4 级，即Ⅰ级（特别重大）、Ⅱ级（重大）、Ⅲ级（较大）和Ⅳ级（一般），依次用红色、橙色、黄色和蓝色表示。突发事件的响应级别与预警风险等级密切相关，根据风险等级，启动相应级别的应急响应行动。不同的响应级别应在事故的通知范围、应急中心的启动程度、应急资源调集规模、人员疏散的范围、应急总指挥的层级等方面都有不同的规定。

影响突发事件风险等级分类的因素复杂众多，从客观和主观两方面看，主要涉及以下因素：（1）危机事件影响范围，包括地域因素、危害覆盖面积大小等；（2）危害程度，包括对物质、人员、环境等因素的危害；（3）扩散要素，自然因素以及风险扩散的传输渠道等；（4）时间因素，发生的特定时间点以及持续的时间长短均可能扩大风险的影响程度和范围；（5）认知程度，依赖于对突发事件发生机理、处置机理的研究程度与风险等级成反比关系；（6）社会影响程度；（7）公众心理承受力，公众心理承受度越高，风险等级越低；（8）资源保障程度，保障越充分，风险系数越低[①]。

第三节　风险评估方法

在风险评估过程中，可以采用多种操作方法，包括基于知识（knowledge-based）的分析方法、基于模型（model-based）的分析方法、定性（qualitative）分析和定量（quantitative）分析，无论何种方法，共同的目标都是找出组织信息资产面临的风险及其影响，以及目前安全水平与组织安全需求之间的差距。

一、基于知识的分析方法

在进行风险评估时，组织可以采用基于知识的分析方法来找出目前的安全状况和基线安全标准之间的差距。基于知识的分析方法又称作经验方法，它牵涉到对来自类似组织的"最佳惯例"的重用。采用基于知识的分析方法，组织不需要付出很多精力、时间和资源，只要通过多种途径采集相关信息，识别组织的风险所在和当前的安全措施，与特定的标准或最佳惯例进行比较，从中找出不符合的

---

① 杨静、陈建明、赵红：《应急管理中的突发事件分类分级研究》，《管理评论》，2005 年第 4 期。

地方，并按照标准或最佳惯例的推荐选择安全措施，最终达到消减和控制风险的目的。基于知识的分析方法，最重要的还在于评估信息的采集，信息源包括：（1）会议讨论；（2）对当前的信息安全策略和相关文档进行复查；（3）制作问卷，进行调查；（4）对相关人员进行访谈；（5）进行实地考察。

为了简化评估工作，组织可以采用一些辅助性的自动化工具，这些工具可以帮助组织拟订符合特定标准要求的问卷，然后对解答结果进行综合分析，在与特定标准比较之后给出最终的推荐报告。市场上可选的此类工具有多种，CORAS项目就是典型的一种。

二、基于模型的分析方法

2001年1月，由希腊、德国、英国、挪威等国的多家商业公司和研究机构共同组织开发了一个名为CORAS的项目，即Platform for Risk Analysis of Security Critical Systems。该项目的目的是开发一个基于面向对象建模特别是UML技术的风险评估框架，它的评估对象是对安全要求很高的一般性的系统，特别是IT系统的安全。CORAS考虑到技术、人员以及所有与组织安全相关的方面，通过CORAS风险评估，组织可以定义、获取并维护IT系统的保密性、完整性、可用性、抗抵赖性、可追溯性、真实性和可靠性。

与传统的定性和定量分析类似，CORAS风险评估沿用了识别风险、分析风险、评价并处理风险这样的过程，但其度量风险的方法则完全不同，所有的分析过程都是基于面向对象的模型来进行的。CORAS的优点在于：提高了对安全相关特性描述的精确性，提高了分析结果的质量；图形化的建模机制便于沟通，减少了理解上的偏差；加强了不同评估方法互操作的效率。

三、定量分析

进行详细风险分析时，除了可以使用基于知识的评估方法外，最传统的还是定量和定性分析的方法。定量分析方法的思想很明确：对构成风险的各个要素和潜在损失的水平赋予数值或货币金额，当度量风险的所有要素（资产价值、威胁频率、弱点利用程度、安全措施的效率和成本等）都被赋值，风险评估的整个过程和结果就都可以被量化了。简单地说，定量分析就是试图从数字上对安全风险进行分析评估的一种方法。定量风险分析中有几个重要的概念：

（1）暴露因子（exposure factor，EF）——特定威胁对特定资产造成损失的百分比，或者说损失的程度。

（2）单一损失期望（single loss expectancy，SLE）——或者称作SOC（single

occurence costs），即特定威胁可能造成的潜在损失总量。

（3）年度发生率（annualized rate of occurrence，ARO）——即威胁在一年内估计会发生的频率。

（4）年度损失期望（annualized loss expectancy，ALE）——或者称作 EAC（estimated annual cost），表示特定资产在一年内遭受损失的预期值。

考察定量分析的过程，从中就能看到这几个概念之间的关系：

（1）识别资产并为资产赋值；

（2）通过威胁和弱点评估，评价特定威胁作用于特定资产所造成的影响，即 EF（取值为 0—100%）；

（3）计算特定威胁发生的频率，即 ARO；

（4）计算资产的 SLE：

$$SLE = Asset\ Value \times EF$$

（5）计算资产的 ALE：

$$ALE = SLE \times ARO$$

举个例子：假定某公司投资 500 000 美元建了一个网络运营中心，其最大的威胁是火灾，一旦火灾发生，网络运营中心的估计损失程度是 45%。根据消防部门推断，该网络运营中心所在的地区每 5 年会发生一次火灾，于是我们得出了 ARO 为 0.20 的结果。基于以上数据，该公司网络运营中心的 ALE 将是 45 000 美元（$SLE \times ARO = 500\ 000 \times 45\% \times 0.20$）。

我们可以看到，对定量分析来说，有两个指标是最为关键的：一个是事件发生的可能性（用 ARO 表示）；另一个就是威胁事件可能引起的损失（用 EF 来表示）。理论上讲，通过定量分析可以对安全风险进行准确的分级，但这有个前提，那就是可供参考的数据是准确的，可事实上，在信息系统日益复杂多变的今天，定量分析所依据的数据的可靠性是很难保证的，再加上数据统计缺乏长期性，计算过程又极易出错，这就给分析的细化带来了很大困难，所以，目前的信息安全风险分析采用定量分析或者纯定量分析方法的已经比较少了。

四、定性分析

定性分析方法是目前采用最为广泛的一种方法，它带有很强的主观性，往往需要凭借分析者的经验和直觉，或者业界的标准和惯例，为风险管理诸要素（资产价值、威胁的可能性、弱点被利用的容易度、现有控制措施的效力等）的大小或高低程度定性分级，例如"高""中""低"三级。定性分析的操作方法可以多种多样，包括小组讨论（例如德尔菲法）、检查列表（checklist）、问卷（questionnaire）、人员访谈（interview）、调查（survey）等。定性分析操作起来相对容易，但也可能因为操作者经验和直觉的偏差而使分析结果失准。

与定量分析相比较，定性分析的准确性稍好但精确性不够，定量分析则相反；定性分析没有定量分析那样繁多的计算负担，但却要求分析者具备一定的经验和能力；定量分析依赖大量的统计数据，而定性分析没有这方面的要求；定性分析较为主观，定量分析基于客观；此外，定量分析的结果很直观，容易理解，而定性分析的结果则很难有统一的解释。组织可以根据具体的情况来选择定性或定量的分析方法。

五、风险评估的具体方法和手段

（一）现场观察法

通过对工作环境的现场观察，以查找现场隐患的方式发现存在的危险源，适应范围较广。优点：现场观察法适用各场所及作业环节；缺点：（1）从事现场观察的人员，要求具有安全技术知识和掌握了完善的职业健康安全法规、标准；（2）不适用于大面积的观察。

（二）安全检查表法

安全检查法是由一些对工艺过程、机械设备和作业情况熟悉并富有安全技术、安全管理经验的人员，根据有关规范、标准、工艺、制度等事先对分析对象进行详尽分析和充分讨论，列出检查项目和检查要点等内容并编制成表。分析者依据现场观察、阅读系统文件、与操作人员交谈以及个人的理解，通过回答安全检查表所列的问题，发现系统设计和操作等各个方面与标准、规定不符的地方，记下差异。

（1）优点：安全检查表是定性分析的结果，是建立在原有的安全检查基础之上，简单易学，容易掌握，尤其适用于岗位员工进行危害因素辨识，对其起到很好的提示作用，便于全面辨识危害因素。

（2）缺点：检查表约束限制人能动性的发挥，对不在检查表中反映的问题，可能会被忽视，因此，采用该方法可能会漏掉以往未曾出现过的一些新的危害。

（3）应用范围：安全检查表一般适用于比较成熟（或传统）的行业，领域的危害因素辨识需要事先编制检查表，以对照进行辨识。安全检查表法尤其适用于一线岗位员工进行危害因素辨识，如作业活动开始前，对设备设施的检查等。只能对已经有的或传统的业务对象、活动进行检查，对新业务活动、新行业领域的危害因素辨识不适用此法。危害因素辨识所使用的检查表与安全检查时所使用的检查表并不完全一致，它们大致相同，但又各有侧重，因此，不应直接使用安全检查表所用的检查表进行危害因素辨识，应在其基础上进行修改、补充，最好是重新编制。

(三) 预先危险性分析法

预先危险性分析法又称初步危险性分析，是在进行某项工程活动（包括设计、施工、生产、维修等）之前，对系统存在的各种危险因素（类别、分布）、出现条件和事故可能造成的后果进行宏观、概略分析的系统安全分析方法。

(1) 优点：在最初构思产品设计时，即可指出存在的主要危险，从一开始便可采取措施排除、降低和控制它们，避免由于考虑不周造成损失。在进行庞大、复杂系统危害因素辨识，可以首先通过预先危险性分析，分析判断系统主要危险所在，从而有针对性地对主要风险进行深入分析。

(2) 缺点：易受分析人员主观因素影响。另外，预先危险性分析一般都是概略性分析，只能提供初步信息，且精准程度不高，复杂或高风险系统需在此基础上，借助其他方法再做进一步分析。预先危险性分析法只能提供初步信息，不够全面，也无法提供有关风险及其最佳风险预防措施方面的详细信息。

(3) 应用范围：预先危险性分析一般用于项目评价的初期，通过预先危险性分析过滤一些风险性低的环节、区域，同时，也为在其他风险性高的环节、区域，进一步采用其他方法进行深入的危害因素辨识创造了条件。适用于在固有系统中采取新的方法，接触新的物料、设备的危险性评价。

(四) 工作危害分析法

工作危害分析又称工作安全分析是目前欧美企业在安全管理中使用最普遍的一种方法。安全分析与控制的管理工具，是为了识别和控制操作危害的预防性工作流程。通过对工作过程的逐步分析，找出其多余的、有危险的工作步骤和工作设备或设施，制定控制和改进措施，以达到控制风险、减少和杜绝事故的目标。

(1) 优点：该方法简单明了，通俗易懂，尤其是目前已开发工作危害分析方法标准，可操作性强，便于实施。使作业人员更加清楚地认识到作业过程的风险，使预防措施更有针对性、可操作性。

(2) 缺点：该方法在危害因素辨识方面并无太多优势，它并不是推荐用于危害因素辨识的专门方法，但由于其简单明了、可操作，一般用于非常规作业活动的风险管理。

(3) 应用范围：工作危害分析一般应用于一些作业活动，如对新的作业、非常规（临时）的风险管理（当然，包括危害因素辨识），或者在评估现有的作业，改变现有的作业时，开展工作危害分析。工作危害分析不适用于对连续性工艺流程以及设备、设施等方面的危害因素辨识。

(五) 故障类型及影响分析法

故障类型及影响分析法就是在产品设计过程中,通过对产品各组成单元潜在的各种故障类型及其对产品功能的影响进行分析,并把每一个故障按它的严重程度予以分类,提出可以采取的预防、改进措施。目的是将工作系统分别分割为子系统、设备或原件,逐个分析各自可能发生的故障类型及产生的影响,以便采取相应的防治措施,提高系统的安全性。

(1) 优点:系统化表述工具;创造了详细的可审核的危害因素辨识过程;适用性较广,广泛适用于人力、设备和系统失效模式,以及软硬件等。

(2) 缺点:该方法只考虑了单个的失效情况,而无法把这些失效情况综合在一起去考虑;该方法需要依靠对该系统、装置有着透彻了解的专业人士的参与;另外,该方法耗时费力,花费较高。

(3) 应用范围:故障类型及影响分析广泛应用于制造行业产品生命周期的各个阶段,尤其适用于产品或工艺设计阶段的危害因素辨识。如果说要做好作业活动的危害因素辨识需要细化活动步骤,那么,设备、装置的危害因素辨识就要细化其功能单元,在此基础上,才能做好设备、装置的危害因素辨识。

第四节 社区风险评估

城市风险评估的内容包罗万象,决定了其评估会面临众多复杂难题。随着城市安全风险评估工作的持续推动,各地都进行了积极有效的实践并取得了一定经验。本节以上海市开展的风险评估实践为例,介绍如何开展城市风险评估。

一、社区风险评估的概念

(一) 社区风险评估的定义

风险评估是风险分担的具体体现,也是实行风险管理的首要步骤。风险评估的目的在于对无法准确预测的灾害事件进行科学合理的估计,评估出事件发生的可能性及危害程度,帮助政府和社区采取措施以规避或减轻灾害。基于社区的风险评估需要一整套科学有效的评估方法,借助现代化的评估手段,依靠政府的政策保障,调动多方面的资源,在不断探索和实践中总结推广。

社区风险评估旨在评估社区可能面临的各种灾害及其影响、社区的能力及脆弱性,关注社区灾害弱者面临的风险性质和水平。社区风险评估是风险评估产生过程在社区的具体应用，是建立以社区为本、以社区民众为主体的灾害管理模式的重要组成部分，是社区安全治理的重要体现。

(二) 社区风险评估的目的

社区风险评估是综合减灾、社区安全管理的基础。通过识别社区存在什么样的灾害或风险，客观评价这些风险的大小，就能够针对这些风险制定出相应的预防方案和应对措施，达到提高社区防灾减灾的综合能力的目的。

进行社区风险评估，另一个重要目的就是通过发动广大居民群众查找风险隐患，提高防范意识，了解社区风险实际。只有在对社区风险进行排摸、识别、分析以后，才能有针对性地采取预防措施，绘制风险地图、编制相应预案，降低社区风险，真正实现社区安全治理。

社区风险评估是各项社区安全治理工作的前提和基础。因此，社区风险评估是这些具体工作的基础，社区风险评估的科学性和准确性，直接影响之后各项工作开展的针对性和有效性。

二、社区风险评估的类型

(一) 社区单灾害风险评估

社区单灾种风险就是社区内单一种类灾害发生的可能性及危害性。灾害风险评估最早起源于自然灾害。常见的单一灾害风险包括：洪涝灾害风险、泥石流灾害风险、滑坡灾害风险、台风灾害风险。社区单灾种风险的外延包括：火灾风险、爆炸风险、染病风险、食物中毒风险。单灾种风险评估是指社区内单一灾害风险发生的可能性大小以及灾害一旦发生对社区可能造成的危害程度。评估方法可以采用定性、半定量、定量方法，评估单灾种风险发生可能性及危害性。

(二) 多灾害风险评估

社区多灾害风险是指社区内发生各种自然灾害的可能性及对社区可能造成的危害程度。社区因所处的自然地理环境不同，遭受的灾害类型不同，同一社区可能遭受多种灾害，如旱灾、滑坡、地震等。不同社区具有不同的灾害组合。通过适当的评估方法，对社区内各种自然灾害发生的可能性及对社区可能造成的危害程度进行综合评估，评估多种灾害对社区的综合影响。

(三) 社区综合风险评估

社区综合风险指社区内可能发生各种灾害、事故对社区造成的综合危害的程度。社区综合风险因社区类型不同而有很大的差异，但都包含了一定程度的自然灾害风险、事故灾难风险、公共卫生事件风险和社会安全风险。社区综合风险评估相比单灾种风险和社区灾害风险评估要更为复杂，需要评估出不同类型风险在社区综合风险中所占的比重，通过建立综合风险评估模型进行评估。

三、社区风险评估过程、流程

（一）社区风险评估过程

社区风险评估一般具有包括：
（1）评估准备、确定评估人员、明确要评估的对象和范围、选定评估方法；
（2）开展评估工作；
（3）评估后处理评估结果，告知风险减轻措施。

（二）社区风险评估具体操作流程

社区风险评估具体操作流程有以下三步（图11-3）。
（1）风险识别；
（2）风险评估模型建立；
（3）风险评价。

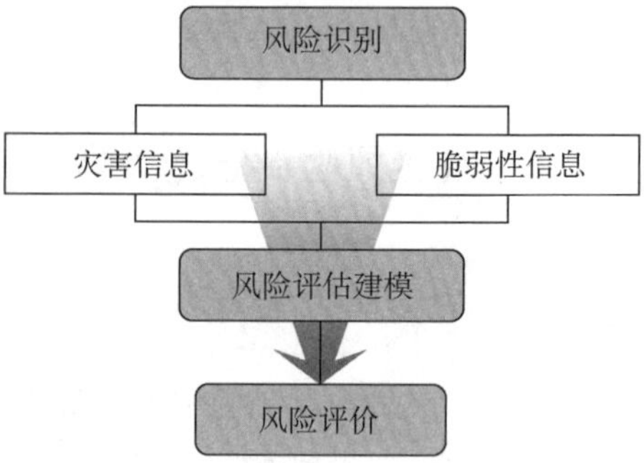

图 11-3　社区风险评估具体操作流程

四、社区风险评估的意义

（一）社区风险评估是提升社区安全治理水平的重要途径

（1）民众参与有了重要平台。通过民众参与的社区风险评估，能让民众识别和评估社区风险，为社区安全治理提供了广泛的民众基础。

（2）社区安全治理有了明确的对象。通过社区风险评估能有效识别评价社区存在的各种风险隐患，使社区安全有了治理对象。

（二）开展社区综合风险评估是对风险评估方法的进一步深化

单灾种风险评估和社区灾害风险评估相对有较成熟的评估方法，而社区综合风险评估尚无通用的方法，开展综合社区风险评估有利于深化风险评估方法。

由于风险评估不仅包含自然灾害类的风险，还包括公共卫生、社会治安、事故灾难等其他人为的风险，需要立足于具体情况。因此，基于我国社区的特性以及面临风险类别的差异，在评估方法的选取上需要做新的探索。

国家标准《公共安全　城市安全风险评估》（GB/T 42768—2023）于 2023 年 5 月 23 日发布并实施。标准规范了城市自然灾害、事故灾难两类风险的风险评估，有助于提升相关实践的规范性和科学性。

五、社区风险地图

社区风险地图是通过图形直观表现社区风险水平和安全状况的社区地图。社区风险地图是社区风险评估的重要成果之一。风险地图是一种图像化、视觉化、形象化地展示社区灾害风险以及安全信息的工具，是提高公众安全意识、减轻风险的有效手段。风险地图以一种最直观的形式表现一个社区的风险特征。社区风险地图的绘制具有以下原则：

（1）综合性原则：社区风险地图是表示社区安全状态的综合型地图，具有安全设施（位置）安全路径对策、建议。

（2）重要性原则：社区层面存在各种类型的风险和隐患，风险地图上尽可能表示重要的风险和设施。

（3）简明性原则：社区风险地图绘制的目的是让社区民众更好地了解掌握社区的风险状况和风险水平，风险地图的标识需要简单明了，让社区不同人群，尤其是社区弱势群体容易掌握。

具体风险地图如图 11-4 和图 11-5 所示。

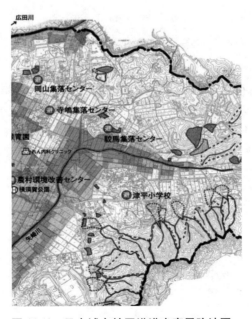

图 11-4　日本城市社区洪涝灾害风险地图

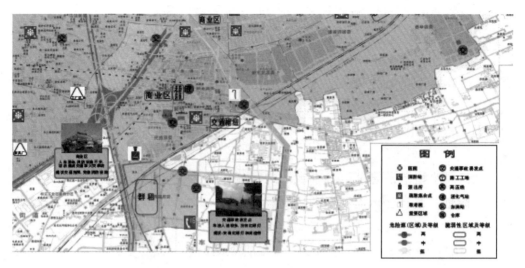

图 11-5 社区综合风险地图

 本章小结

　　本章首先对风险、风险管理和风险评估的概念进行了界定，风险评估是指对不良结果或不期望时间发生的概率和造成的后果进行描述及量化的过程，也就是对一特定期间内安全、健康、生态、财产等受到损害的可能性及可能的损害程度作出评估的系统过程。风险评估通过风险分析的概率和后果来界定风险，在此基础上进行重新排序，从而为避免和减轻风险提供一套科学系统的方法。风险评估包括风险分析和风险评价两个方面，风险分析的目的在于确定风险的概率后果，以此作为确定风险的级别的基准，为风险的评价和处置提供支持。其次，本章介绍的风险评估流程和具体的定量和定性两种方法。再次对社区风险评估的概念进行了界定。社区风险评估旨在评估社区可能面临的各种灾害及其影响、社区的能力及脆弱性，关注社区灾害弱者面临的风险性质和水平。最后，从实践的角度分析社区风险评估的流程和具体方法。

 关键术语

　　风险评估　评估方法　评估流程　社区风险评估

复习思考题

1. 风险评估的内涵是什么？
2. 风险评估的流程包括哪些？
3. 社区风险评估的内涵是什么？
4. 风险评估的定量和定性方法包括哪些？
5. 简要介绍社区风险评估地图绘制的意义和作用。

第十二章

应急处置方法

知识目标

1. 了解应急处置的环境
2. 理解应急处置方法的原则
3. 掌握应急处置的基本方法

能力目标

1. 能够结合实际运用应急处置基本方法
2. 理解应急处置各方法之间的辩证关系

思政目标

理解应急管理实践中的"以人民为中心"的思想

湖北十堰"6·13"重大燃气爆炸事故

2021年6月13日06:42，位于湖北省十堰市张湾区艳湖社区的集贸市场发生重大燃气爆炸事故。造成26人死亡，138人受伤，其中重伤37人；造成直接经济损失约5 395.41万元。事故调查组认定，湖北省十堰市张湾区艳湖社区集贸市场6·13重大燃气爆炸事故是一起重大生产安全责任事故。

在对该爆炸事故进行调查的过程中发现，在爆炸发生之后，十堰东风中燃公司应急管理责任不落实，应急预案流于形式，应急反应迟缓，应急处置方法错误。企业主要负责人没有赶往事故现场指挥应急处置；抢修队员第一次进入现场未携带燃气检测仪检测气体；不熟悉所要关闭的阀门位置所在，只关闭了事故管道上游端的燃气阀门，未及时关闭事故管道下游端的燃气阀门，以便保持管道内正压和防止回火爆炸；未按企业预案要求采取设立警戒、禁绝火源、疏散人员、有效防护等应急措施；在燃爆危险未消除的情况下，向公安、消防救援人员提出结束处置、撤离现场的错误建议，严重误导现场应急处置工作，以致事故发生。地方政企之间应急联动协作机制不完善，基层应急处置能力不足、经验不够。

资料来源：湖北省应急管理部：《湖北十堰"6·13"重大燃气爆炸事故调查报告》，2021年10月2日。

第一节 应急处置的环境和原则

应急处置是应急管理流程中极为重要的一个环节。快速、科学、妥善、有序地处置突发事件，将可能造成的损失和危害降低到最低，是应急管理工作要达到的重要目标。在这里，应急处置方法不等同于个体救护方法。后者主要是个人在突发事件、灾害中自我防护、互相救护以保护生命安全的方法，往往与急救医学技术相关。而应急处置方法则是从管理学的角度出发，通过人员、技术和行为的各类要素组合，控制事态进一步发展，降低灾害损失程度，并快速恢复至日常状态的方式和途径。掌握一般性、普适性的应急处置方法，是应急管理者培训必备的知识和技能。

一、应急处置的环境

应急处置是对突发险情、事故、事件等突发公共事件采取紧急应对措施，进行处置，将损害降到最低的过程。其对象主要包括自然灾害、事故灾难、公共卫生事件和社会安全事件四大类。在进行应急处置的过程中，有诸多约束条件对应急处置行动进行了制约，总体来说，有以下四类环境因素。

（一）时间的紧迫性

自然灾害、事故灾难、公共卫生事件和社会安全事件的发生大多是毫无预见的状态下突然发生的，一旦发生，进展迅速，瞬息万变，极具紧迫性。需要在极短的时间里，决定对突发事件的处置方法，对处置方法的判断和选择在速度方面的要求非常高。

（二）态势发展的不确定性

突发事件发端偶然，在各种诱因的影响下，事件的破坏性可能随时发生变化，次生、衍生、耦合、变异和扩大等影响随时都会发生，尤其对于首次出现的突发事件，没有经验和规律可循，具有极大的不确定性。

（三）任务的复杂性

在应急处置中，保障人员安全是第一位的。这里的人员不仅是指处于突发事件中的人员，同时也指进入到突发事件环境中，实施应急处置的主体和参与者。同时保障多方安全，需要选择科学专业的处置方法，具有较高的复杂性。

（四）多重目标实现的两难性

在应急处置过程中，短时间内需要达到多重目的，对人员的救助、对财产的保护、对次生灾害的控制，等等。这些多重目的之间存在着矛盾，在短时间内，只能针对某一个目的选择相对应的处置方法，这就会让应急处置陷入两难境地的制约，无法在同一时间实现多重目的。

二、应急处置的原则

（一）以人为本

《国家突发公共事件总体预案》明确规定，应急处置的工作原则包括"以人为本,减少危害",即切实履行政府的社会管理和公共服务职能,把保障公众健康和生命财产安全作为首要任务,最大程度地减少突发公共事件及其造成的人员伤亡和危害。以人为本的理念就是在应对突发事件的过程中,把人的生命放在高于一切的地位,把"人"置于应对突发事件时的核心地位,把保障公民生命安全作为应急处理的首要任务。处置紧急突发事件,如遇"人"和"财产"同时处于危险,首先考虑的是人的生命。

突发事件由一系列复杂的原因产生,往往具有突发性、短暂性和严重的社会危害性,极易对公民的权利造成严重的侵害。其危害性在宏观上表现为对国家的经济甚至是政治秩序造成严重的破坏性影响,在微观上则表现为对作为社会关系最小单元的公民权利的侵害。在一定的外界条件下,突发事件可能会进一步恶化,发展成为最为严重的危机,对公共财产、公共安全和公共秩序造成毁灭性的破坏,并最终导致公民基本权利的减损。而人的基本权利是人作为构成社会整体的自律的个人,为确保其自身的生存和发展、维护其作为人的尊严而享有的权利。因此,在突发事件中,维护基本权利是公民作为人的本能的需要。而公民在突发事件面前是极为弱小的,其避免和减少突发事件对其权利造成侵害的唯一办法就是得到国家的帮助。通过国家权力超出社会常态的行使,集合各种人力、物力和资源优势来与突发事件相抗衡,最大限度地保障公民的基本权利。从"以人为本"原则的内涵上看,它为国家应对突发事件设定了义务,要求国家在突发事件中从维护公民的基本权利出发积极地行使权力,这正是国家权力的一种价值体现。可见,国家在突发事件应对中坚持"以人为本"的原则,将维护公民的基本权利作为其权力行使的根本出发点,是宪政秩序下公民基本权利对国家权力的一种必然要求,也是国家权力行使的正当性的体现。

(二)依法处置

应急处置是对爆发了的危机所行进的干预,处置中运用的手段包括政治手段、行政手段、法律手段、军事手段、经济手段等。其中,依法进行处置是最基本最重要的手段,它不仅自身是预防、调控、处置危机的有效法宝,而且还贯穿于其他各种手段之中,同时也规范着其他各种手段的运用。依法处置具有对多领域突发事件处置的整合性质,是整体性法在应急处置单个领域法的典型反映。目前,我国目前已基本建立以宪法为依据、以2019年5月施行的《突发事件应对法》为核心、以相关单项法律法规条例为配套的应急管理法律法规管理体系,应急管理工作也逐渐进入了制度化、规范化、法治化的轨道。具体来说,还有《安全生产法》《危险化学品安全管理条例》《职业病防治法》《使用有毒物品作业场所劳动保护条例》《生产安全事故报告和调查处理条例》等。

(三) 统一指挥

我国建立的是统一指挥、专常兼备、反应灵敏、上下联动的应急管理体制。具体而言，每一次应急处置行为需要调动的资源都分散在不同的职能部门，所以应急处置的综合协调就变得非常重要。只有实现了统一领导，才能实现各部门协同合作、互补共生、快速有效地进行应急处置。统一指挥、综合协调的实质是建立统一领导的突发公共事件应急管理的专门机构，在必要的时候，能够有权协调不同的职能部门或不同级别的政府机构，有能力调度应对突发事件所需的各类资源，实现统一领导。比如，美国在 "9·11" 事件和炭疽威胁后，建立了新的突发公共卫生危机事件三级应对体系，其主体为：(联邦) 疾病控制与预防系统、(州) 医院应急准备系统和 (地方) 城市医疗应对系统。其中，疾病控制与预防系统以联邦的疾病控制与预防机构为主体，美国 CDC 是突发公共卫生事件危机管理的核心机构和协调中心，也是具体决策和执行机构，隶属国家卫生部。CDC 及其下属的国家传染病中心主要职能包括：制定全国性的疾病控制和预防战略、突发公共卫生事件应对、公共卫生监测以及卫生资源整合调配等，以此实现对公共卫生突发事件的统一指挥[1]。

(四) 快速反应

由于突发事件的发生带有很强的随机性，而且迅速向外扩散，比如海啸、火灾、矿难、传染性疾病等，这些事件都随时处于不断变化而且破坏程度逐步加深的状态，所以要求应急处置人员必须在第一时间内作出正确的反应。反应得越早，就能掌握主动权，反之，则将错失处置的最佳机会，造成不可挽回的损失。例如，2021 年 5 月 31 日 14 时 28 分，河北省沧州市渤海新区南大港产业园区东兴工业区鼎睿石化有限公司储油罐发生火灾，严重威胁公司内其他储罐和工业园区内企业及附近村庄人员安全。事故发生后，应急管理部持续调度指导应对处置工作，派出工作组赶赴现场，迅速调集周边消防救援专业力量跨区域增援。河北省政府负责同志带领有关部门人员赶赴现场指挥火灾扑救工作。应急管理部、河北省政府、现场指挥部迅速构建了协同作战指挥体系，应急、消防、公安、生态环境、气象等相关部门协调联动，全力开展火灾扑救、交通管制、人员疏散、地下管网封堵、环境监测、气象预警等救援处置工作。河北省、山东省和天津市消防救援总队、华北油田消防支队以及国家危化品应急救援天津石化队共 1 547 名消防救援人员、351 辆消防车参与火灾扑救。经过 84 小时全力扑救，明火于 6 月 4 日 2 时 30 分被

---

[1] 施建华、林海江、孙梅，等：《国外突发公共卫生事件应急处置体系及对我国的启示》，《中国卫生政策研究》，2017 年第 4 期。

扑灭，事故未造成人员伤亡。

(五) 专业科学

应急处置的专业性极强，从信息通报到现场处置，从物资调用到技术方案制定，从应急工作队员到专家小组设置，都需要进行科学专业的安排，才能满足应急处置的需求，有效解决各类公共突发事件带来的问题，减少事件灾害带来的损失。例如，发生环境污染、放射性物质释放、瓦斯爆炸、人员中毒、传染病流行等突发事件，都必须由相关部门采取针对性专业措施，对危害进行隔离消除等处置，如果方法不得当，不仅不能隔离消除危害，有时会进一步扩大危害，带来更大的人员财产伤害。所以，专业科学的应急处置原则在具体处置过程中就显得尤为重要。

山东栖霞笏山金矿"1·10"事故应急救援中的技术支撑

2021年1月10日，栖霞市西城镇笏山村正在建设的五彩龙金矿发生爆炸事故，造成井下22名工人被困。

2016年2月18日，笏山金矿取得原山东省国土资源厅颁发的采矿许可证，矿区面积2.05平方公里。笏山金矿岩层构造裂隙比较发达，涌水量较大，地质条件复杂，容易出现卡钻现象。岩性为花岗片麻岩，岩石硬度大，部分地段硬度系数大于10，易导致钻头磨损，钻孔施工效率低。井下巷道宽度仅有3米，对钻孔的定向精准度要求很高，贯巷难度很大。由于炸药爆炸发生在离井口240米的中段，造成井筒装备部分损坏，井筒内原有的通风、安全出口、通信等设施遭到破坏。

在救援初期，初步研判困难主要集中在三个方面：一是因井筒装备遭到破坏，通风管下放阻力较大，只能到达396米；二是排放有毒气体需要一定时间；三是清除障碍物需要一定时间。

综上，笏山金矿应急救援的主要方法是打通救援通道，救出被困的22名矿工。而救援难点则包括：地质条件复杂，施工难度大，容易卡钻；需要钻孔的深度大，构造多；钻孔施工过程中容易出现偏差；有地下含水带，与巷道贯通后如涌水量大，容易造成井下水位提高，威胁被困人员。

基于以上救援需求和难点，救援指挥部选取了相应技术领域的46名专业人员组成专家组，并将各领域专家划分为7个技术工作组，包括总体规划设计组、通风组、机电组、水文地质组、排水组、测量组、钻井组。

> 在组织构架中赋予了专家作为救援指挥部的核心构成和领导职能，维护了专家组技术救援的独立决策权。
>
> 由于技术救援独立决策权得到充分维护，专家组始终保持着科学的态度开展技术分析、科学研判、反复论证，制定了井筒清障和钻孔施救同步实施方案，形成了"3+1"救援方案，为救援的最终成功提供了科学的技术支撑。
>
> 资料来源：马宝成、张伟：《中国应急管理发展报告（2022）》，社会科学文献出版社，2022年。
>
> **案例分析**
>
> 此次救援之所以能成功，主要是得益于科学的技术支撑，制订了科学的救援计划。
>
> 首先，牢牢抓住生命救援通道这条主线，以井筒清障为重点，以10号钻孔的救生通道为辅助，做好救援方案的反复论证与实施。
>
> 其次，科学布局生命探测维护通道。研究地质资料，为钻孔提供准确依据；科学研判，与时间赛跑，打通生命通道。
>
> 最后，科学研判设计3中段、4中段探测通道；分析水情，科学布置排水保障通道，科学制定潜水泵下放方案。对13个钻孔进行了精心设计、精准定位和技术指导，实现精准透巷。为救援的最终成功提供了专业科学的技术支撑，最终11名被困人员全部获救。

第二节 应急处置的方法

应急处置方法是为了减少突发事件带来的损失，在面对突发事件（如自然灾害、重特大事故、环境危害、群体性事件等）时所采取的止损救援的具体措施和办法。

对方法的研究分为方法论研究和具体方法研究两大类。应急处置的方法论研究是研究不同应急处置具体方法的共性，是一个个具体方法的本质属性。方法论研究的是一个思想，一个哲学思想，它是对普遍方法的抽象；具体方法的研究是指应对不同突发事件的具体处置对策和办法的研究。

因为不同的突发事件具有不同的个性特点，所以本节所述的应急处置方法汲取了一些重要、典型和铺垫的方法进行介绍，不是全面方法论的论述。具体来说，应急处置方法可以分为隔断法、协作法、疏导法三种。

一、隔断法

（一）隔断法的含义

所谓隔断，是指阻隔、断开。应急处置中的隔断法是指控制突发事件中的有害因子，将突发事件中的危险有害因子与事故现场尚未受到损害的区域进行阻隔断开的方法。隔断的目的是尽量减少损失，使突发事件的发生不至于导致所有人财物伤亡、损毁或灭失。总的来说，阻隔法是应急处置的第一步，为了给应急处置的下一阶段争取时间，防止事态进一步扩大，减少损失的方法。隔断法需要有效控制危机中的传染源，切断危机蔓延到更大范围的可能渠道。

（二）隔断法的分类

在很多的突发事故中，都需要运用隔断法进行处置。具体来说，隔断法根据危害因子的不同，又可以分为实体隔断、虚拟隔断、人员隔断三种。

1. 实体隔断

实体隔断适用于源头明确且易于隔断的突发事故，比如危险化学品事故、土壤污染、大气污染、水污染、辐射污染、公共卫生事件传染病等突发事件。

危险化学品事故中，又分为泄漏事故和爆炸事故，在危险化学品的生产、运输、使用全环节中，都可能产生。由压缩液化气体及易燃液体所致，部分腐蚀品也会造成爆炸事故。大多数易燃液体燃点较低，且部分具有较强的挥发性，当易燃蒸气与空气混合，其浓度达到爆炸极限并遇到明火时，便会立即引发爆炸。在这些事故中，需要采取相应措施对源头爆炸物或者泄漏物进行隔断。

当发生土壤污染事故时，需结合污染物的化学性质进行针对性隔断处理，如：出现苯类物质污染，可采取燃烧方式处理；出现挥发性化学污染，先对土壤进行隔离，再进行深耕，直到污染源充分挥发；酸类或碱类物质污染可使用对应的碱或酸进行中和，将有污染土壤的pH控制在正常范围内，减少对周边土壤的危害。

当有害气体污染到大气环境的时候，可对大气环境中存在的毒害物质进行有效处理，从而与未污染大气进行隔断。如在氯化物爆炸事故中，可在灭火剂中置入碱性物质，通过中和反应将氯化物转变为无毒废水，也可以通过燃烧处理，将污染物转变为无毒物质，有效控制住有害物的挥发，降低其危害性。

水污染事件的隔断处置具体来说，可以采用吸附、生物修复、化学处理及物理处理四类方法进行阻断。吸附阻隔是指通过采用具有巨大表面积的吸附剂，将水中的污染物转移到吸附剂表面，再将吸附剂回收，可用于隔断大部分有机污染物。例如，水域中存在苯类污染物质时，由于苯类物质难溶于水，可使用活性炭对其进行吸附处理，避免污染物扩散。生物修复是指通过投放微生物对污染物进行降解，将其转变为无害物质，从而对水质进行净化，恢复水体的自我调节功能。化学处理是指根据污染物的化学性质投入适当的化学药剂（如酸、碱、氧化还原剂、硫化物等），在适合的条件下使污染物形成化学沉淀，并借助混凝剂形成的矾花加速沉淀，阻断污染物扩散。火灾中运用碳酸氢钠或磷酸盐为主要成分的干粉，形成一层玻璃状覆盖层，隔绝气体，起到隔断作用。

物理阻隔是指运用物理方式对危害物进行空间上的阻隔方法，可以采用封堵、塞填等方式。封堵法适用于局部小面积或者罐体裂缝泄漏，这种方法直接将封堵材料贴敷在泄漏处，对泄漏点进行封堵，从而达到隔断目的。这类封堵材料大多为棉织类，具有吸水性与防静电性能好的特点。塞填法主要适用于各种安全附件与连接管道破损、断裂和罐体出现单一性较大漏洞的堵漏隔断。尽可能按照漏洞形状，直接填塞漏洞并夯实，进行堵漏隔断，如核辐射发生后，用混凝土对反应堆进行隔断。

案例

1986年4月26日，苏联切尔诺贝利核电站4号机组突然发生爆炸，大量强放射性物质泄漏。苏联随后用混凝土等材料将4号反应堆密封，进行隔断，为防止放射性物质泄漏和扩散，发生核泄漏的反应堆被封在一个"石棺"之内。"石棺"原计划维持10年，但至今已使用30年，目前它的表面已出现裂缝。科学家担心，如果"石棺"之内反应堆再发生部分坍塌，核材料可能会再次泄漏。2016年11月14日，乌克兰切尔诺贝利的工程技术人员开始缓慢移动一个巨大的预制防护拱顶，希望能够用其罩住并彻底隔离30年前发生核泄漏事故的切尔诺贝利核电站反应堆。这个防护罩由钢筋混凝土制造而成，宽275米，高108米，共耗资16亿美元，约合人民币110亿元。工程技术人员于当天开始通过液压装置移动这个庞然大物，按计划将在5天之后移动到位。在防护罩到位后，工程技术人员将安全拆除"石棺"之内的核反应堆，但是仍然把大量放射性材料留在里面。设计人员希望，最新建造的这个防护罩能够在未来一百年阻止放射性物质进一步泄漏。

在公共卫生突发事件中，实体隔离又分为严密隔离、呼吸道隔离、肠道隔离、接触隔离、血液-体液隔离、昆虫隔离等。

2. 虚拟隔断

随着网络的飞速发展，网络突发事故也开始放量增加。如2006年年底，"熊猫烧香"的计算机病毒在全国迅速蔓延，受害用户上百万，电脑里到处是熊猫烧香的图标,重要文件被破坏,局域网彻底瘫痪。2010年1月,"极光行动"在不到两天的时间内,在网上出现了数百个利用该漏洞的恶意网页,保守估计至少十万台电脑遭受利用极光漏洞的病毒攻击。

虚拟隔断是指在虚拟世界里,采用隔断技术将计算机病毒隔开,阻止危害蔓延的方法。虚拟隔断分为网络物理隔离和逻辑隔离两种。

3. 人员隔断

在群体性事件中,采用隔离驱散的方法也是隔断法的一种应用。在群体性事件中,参与者往往会因情绪激动做出过激行为,在参与人员、围观群众不断增多的情况下,快速地分割出警戒区域,设置警戒线和人墙,对群体性事件的参与人员和围观群众进行隔离,有效控制事件的规模和现场范围,避免事态进一步扩大。

值得一提的是,在使用隔断法的时候,尤其要注意分析灾害源头的特性,对症下药进行隔断,不能盲目使用阻断法,否则不仅不能带来减少灾害的效果,反而会导致更大危险的产生。

二、协作法

(一) 协作法的含义

随着突发事件的不断增大,各类风险因素的叠加、耦合,突发事件已呈现出跨部门、跨区域的特点,单中心的应急处置呈现出其不足之处。从应急处置的主体来说,政府部门与政府部门之间、政府部门与非政府部门之间、部门与个人之间、个人与个人之间需要协调与配合;从应急处置的程序来说,无论是综合评估、应急处置决策、信息沟通还是资源供给,都需要协调与配合。可以说协作已经成为治危取胜的关键之一。何谓协作法呢?协作被定义为"任何由两个或两个以上机构的联合活动,其目的是要通过他们的共同而非独立工作提高公共价值"[①]。协作应该是多方面的、广泛的,一个部门或一个岗位实现承担的目标所必须得到的外界支援和配合,都应该成为协作的内容。应急处置中的协作法,可以定义为两个或者两个以上的应急处置主体,为了减少突发事件中的损害,联合进行工作的方法。这种方法主要是通过沟通协调,减少应急处置主体之间的资源浪费,协作法帮助不同功能的应急处置主体间实现了互用性。通过协调、沟通、伙伴关系等有效手段,在公共部门、私人部门、公共组织乃至公民间建立纵向与横向的协作关系,从而使事态得以快速控制和解决,促进公共利益最大化。通过应急协作,许多看似无法解决的问题通过人才、资金、技术、信息等资源的整合得以有效解决。

---

① 转引自周晓丽:《美国协作性应急管理及其启示》,《荆楚学刊》,2014年2月第15卷第1期。

(二) 协作法的理论支撑

1. 资源依赖理论

资源依赖理论（resource dependence theory）形成于20世纪70年代，代表人物为费弗尔和萨兰奇科，在《组织的外部控制：对组织资源依赖的分析》一书中，费弗尔提出了4个重要的假设：（1）组织最重要的是关心生存；（2）生存需要资源，而组织自己不能生产这些资源；（3）组织必须与包括组织在内所依赖的环境中的因素互动；（4）生存因而建立在一个组织控制它与其他组织关系的能力基础之上。

在应急处置中，应急主体需要调动的资源和信息总是存在于内部和外部两个方面的，比如原材料、人力资源、信息资源、合法性支持等，都需要进行协作，才能应对突发事件的不确定性，最有效地处置突发事件。

2. 网络组织生态理论

网络组织生态学作为组织生态学一个组成部分（organizational ecology）是在组织种群生态理论基础上发展起来的一门新兴交叉学科。它借鉴生物学、生态学、社会学等学科知识，结合新制度经济学和产业经济学等学科的理论来研究组织个体的发展以及组织之间、组织与环境之间的相互关系。其中的网络组织生态学主要研究介于市场与科层组织之间的网络组织的快速成长会带来大量的补充资产、协调问题、合法性短缺等问题，其主要研究内容为：（1）基于生物链原理的网络组织生成机理研究；（2）网络组织之间特有的"合争关系"（co-opetition）对组织竞争性和合法性以及组织成长性的影响；（3）网络组织边界的开放性对组织设立、组织适应和组织演化的影响。在应急处置中，由于突发事件的非常态性，面对环境的未知性和不确定性，政府组织之间需要保持一种动态的变迁和协作，拓展生存空间，提高跨组织运作能力，满足应急处置的要求，保证应急处置的有效开展。

除了以上两种理论，交易成本理论、网格化管理理论也对协作法产生理论影响，在此不做赘述。

(三) 协作法的具体内容

1. 应急处置主体之间的协作法

应急处置的主体因突发事件的不同有不同的类别，总体来说，应急处置主体包括了政府组织、非政府组织、企业、新闻媒体和公民五个方面。主体之间的协作包括横向协作和纵向协作。横向协同是指在同一个应急指挥层级中，各职能部门遵循一定的协调原则和细则，完成应急救援工作的模式。其主要特征是应急组织各司其职、协商应急救援行动。例如，2013年国家相关部委针对四川雅安

7.0级地震紧急启动的应急响应及救援行动即为横向协同模式。再例如,"减灾型社区"就是协作法的产物,指以社区为核心的减灾战略,其指导思想是依靠社区组织,在政府和非政府组织的协助下,动员所有居民参与社区防灾减灾建设。同时,政府也可以通过购买企业的服务,进行减灾型社区建设,提高社区抵御风险能力。纵向协同模式是指不同层级应急指挥部门之间的协调,规划辖区内的各种资源和力量为总体的应急行动进行协调。其主要特征是总指挥部权威明确,由大领导统一指挥应急救援。目前中国已基本建成应对各类突发事件的纵向分级应急指挥体制,如图12-1所示。例如,在2008年的汶川大地震时政府构建的应急指挥体系就是典型的纵向协同模式。在我国省级政府间应急管理合作协议中能够运作至实践层面并且相对较为成熟的是《泛珠三角区域内地九省(区)应急管理合作协议》,这份协议建立了全国首个省际区域性应急管理联动机制和泛珠三角区域内地9省(区)应急管理合作联席会议制度,设立了秘书处负责联席会议日常工作,成立了专题工作小组开展专项合作,开展不定期的应急管理工作交流制度,在应急管理理论研究与实践探索等方面都开展了不同程度的合作与交流。再比如,美国《州际应急管理互助协议》(Emergency Management Assistance Compact)是美国自1950年由国会批准的第一个国家灾难救助协议,经由《南部地区应急管理互助协议》(the Southern Regional Emergency Management Assistance Compact),发展而来,在应对2001年"9·11"恐怖袭击、2003年哥伦比亚号航天飞机事件、2004年墨西哥湾飓风、2008年卡特里娜和塔飓风以及2008年中西部地区严重洪灾中展现了其强大的整合资源、促进合作的能力,在政府应对突发事件中发挥了重大作用。

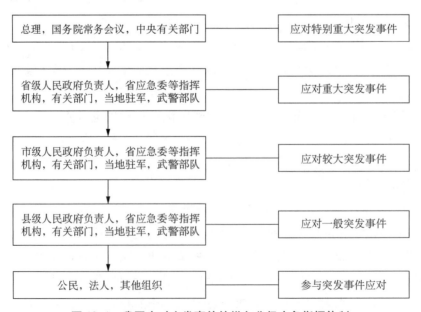

图12-1 我国应对突发事件的纵向分级应急指挥体制

2. 应急处置资源和信息之间的协作法

资源和信息的整合与共享在应急处置中起到了重要作用,传统应急处置部门往往独立运作,资源基于自身考虑配置,组织间无法形成合力和共识。随着跨组织协作的出现,整合各自独立的资源和信息,越来越摆上各级部门应急处置的重要位置。具体来讲,应该从以下三个方面着手进行协作:(1)应急处置预算整合,整合预算有利于强化部门间联系,促成合作;(2)应急处置人力与技术资源整合,人力与技术资源合作能促进机构间的信任和理解,消除跨边界运作的不确定性;(3)应急处置信息共享协同,通过发展联合的知识和信息策略,增进公共服务中各供给主体间持续地进行知识和信息的交换与共享,形成协同的工作方式。例如,城市群重大公共安全事件应急指挥平台的建立,适应了应急处置资源和信息协同的需要。应急指挥平台是应急组织中的资源实体,是应急决策个体执行应急救援任务的载体。对于城市群应急指挥组织来说,其应急指挥平台就是参与应急救援行动的相关部门和组织,每一个应急指挥平台都是应急组织中的资源实体,归属于某个应急指挥决策实体指挥,来实现特定的应急救援任务目标。

总之,协作法的使用可以促进政府与公民社会组织、社区、企业、新闻媒体、公民之间,政府内部区域、部门之间的联动,使得各部门之间形成了一种层层镶嵌式的网络组织结构。这种镶嵌式的网络结构的形成,就打破了应急处置主体中政府与外部主体,以及政府内部区域、部门边界划分的限制,增强了它们之间的协作与沟通,形成了广泛意义上的应急处置多元协作联动机制。

三、疏导法

(一) 疏导法的含义

疏导法是应急处置中的基本方法之一,这个方法主要适用于群体性事件处置,所谓群体性事件处置,是指事件发生后政府采取或者不采取某些措施予以应对的行为选择,以及由此带来的一系列结果[①]。疏导的本意是"清理水道,使其畅通"的意思。疏,是疏通的意思,导,是引导的意思。疏导法是指在群体性事件发生时,应急处置主体运用疏通的手段,广开言路,畅所欲言,集思广益,将群体的思想和行动引导到正确的轨道上来的一种应急处置方法。疏导法的具体内容包含了分导、利导和引导。根据对象不同,又可以分为个别疏导和集体疏导。疏导法具体手段可以包括法理宣教工作、代表座谈、警示教育、情感感染、专家解释等。通过这些手段,可以发挥情绪宣泄、调解认知、调适行为的功能,起到化解矛盾

---

① 容志:《群体性事件的现场演进与化处机制分析——制度行为视角》,《湖北社会科学》,2012年第9期。

和冲突，控制群体性突发事件朝向更严重趋势发展的作用。

(二) 疏导法的理论支撑

与疏导法相关的理论主要是"社会安全阀"理论。这一理论由美国社会学家科塞提出。刘易斯·科塞（Lewis Coser）在《社会冲突的功能》一书中指出："冲突对其发生于其中的关系并不总是反功能的；冲突经常是为了维护这种关系所必需的。如果没有发泄互相之间的敌意和发表不同意见的渠道，群体成员就会感到不堪重负，也许会用逃避手段做出反应。通过释放被封闭的敌对情绪，冲突可以起维护关系的作用。社会系统提供排泄敌对和进攻性情绪的制度，通过这些安全阀，敌意不至于指向原初的目标"等①。

大众群体心理理论对疏导法也有一定的影响。法国社会心理学家古斯塔夫·勒庞（Gustave Le Bon）在《乌合之众》中分析了群体心理，他认为聚集成群的人会形成心理群体，个人责任感会随之消失，加上群体的易传染性和易接受暗示性，群体心理呈现出去个性化、情绪化、无异议、随机易变和理性趋零的特征②。

(三) 使用疏导法需要注意的问题

1. 疏导的渠道和形式要多样化

疏导法最终需要解决的问题是人的思想问题，使用疏导法的过程需要具有艺术性、亲和性、启迪性和感染性，所以疏导的渠道和形式要多样化，才能达到预期效果。除了现场的政治思想工作之外，随着网络技术的飞速发展，还可以运用网络手段（微博、微信网络论坛），视频等形式，因为形象生动的语言和描述更能打动人心。

2. 思想疏导与满足需求并进

群体性事件的发生绝大部分源于利益（物质利益和精神利益等）的诉求未得到满足，所以疏导法一方面需要进行思想沟通；另一方面，充分了解人民群众的诉求，在合理范围内满足其需求，协调好冲突相关利益方的利益分配，平衡社会各方矛盾关系，才能保证疏导法起到应有的效果。

3. 重视事后疏导

疏导法在群体性事件发生的时刻，需要采用因势利导的方法进行引导。但是，在群体性事件发生之后，往往疏导会被忽视。事后疏导是指在群体性事件平息后，及时进行回访和调研，掌握事件参与者事后的思想状态，发现问题，及时进行心理干预和心理支持，从根源上消除不安定的思想因素，将群体性事件暴发的可能性降到最低。

---

① ［美］L. 科塞：《社会冲突的功能》，孙立平等译，华夏出版社，1989年，第33页。
② ［法］古斯塔夫·勒庞：《乌合之众》，冯克利译，中央编译出版社，2004年，第31页。

第三节　应急处置方法使用中的辩证关系

应急处置有其普遍的处置原则，应急处置有其普遍的处置方法，但是在具体应急处置中，存在着以下三对关系，需要得到妥善处理，如果处理不当，即使掌握了原则和方法，也可能达不到应急处置的预期效果，甚至会带来更大的损害。这三对关系是：普遍性和特殊性的关系；统一指挥与分散管理的关系；快速及时与科学稳妥的关系。

一、普遍性和特殊性的关系

矛盾的普遍性和特殊性的辩证关系是矛盾论的精髓，这对关系对于应急处置方法的使用也具有指导意义。无论是应急预案，还是上文介绍的应急处置方法，都是普遍性的方法，在使用这些方法的过程中，尤其要注意每件突发事件的特殊性。

通用的处置方法普遍存在，但现实中的突发事件的特点却各不相同。每一领域、每一突发事物及其发展过程中的特点既有性质上的共同性即共性，又有特殊性即个性，从而体现出突发事件的差异性和多样性。对突发事件进行总体判断，就是认识不同的事件所具有的特殊的对立统一关系，依靠共性进行分类；处置突发事件，关键就在于找到适合突发事件的特殊性质和状况的特殊方法，对症下药。对于突发事件的每一种发展形式，必须注意它和其他各种突发事件的共同点，但尤其重要的是，成为我们认识和处置突发事件的基础的东西，则必须注意它的特殊点，就是说，注意它和其他突发事件的区别。只有注意了这一点，才有可能区别开突发事件，从而找到适合该突发事件的处置方式。

四川凉山州冕宁县"4·20"森林火灾成功扑救

2021年4月20日16时30分，四川省凉山州冕宁县石龙镇马鞍村发生森林火灾。在扑救过程中，受大风天气影响，23日傍晚火场发生飞火，在距北侧火线直线距离2.53公里山顶处形成新的火场，严重威胁十几万人的冕宁县城和灵山寺景区。火情发生后，国家森防指办公室、应急管理部持续调度指导，连夜派出工作组赴四川指导支持地方开展火灾扑救工作。四川省政府负责同志带领工作组前往火场一线指挥扑救。经森林消防队伍、消防救援队伍、航空救援力量、地方专业扑火队伍、解放军和武警部队等2 300余人、6架直升机历时六天持续扑救，明火于26日13时被成功扑灭，火场区域133户500人紧急避险，安全转移可能受影响的585户2 611名群众。

资料来源：人民网：《应急管理部继续调派力量支援四川凉山森林火灾扑救》，2020年3月31日。

案例分析

坚持"人民至上、生命至上"的理念。针对火势不断扩大蔓延的不利态势和县城、景区同时受到威胁的严峻局面，部工作组指导联合指挥部及各方参战力量完整准确全面贯彻"两个至上"核心要义，深入践行训词精神，定下"力保县城、兼顾景区，积极扑救、解除风险，安全第一、严防伤亡"的战略战术。坚持"打早打小"的根本要求。针对久战不决的被动局面，每日会商研判火场态势，及时调整改变战略战术，抓住有利气象条件，早打快打坚决打，采取州县主要领导分方向指挥、各负责同志分片包干、工作组现场督战等举措，及时为火灾扑救赢得转机。坚持"尽快形成封控圈"的作战原则。针对火场过火面积渐成规模的蔓延态势，充分利用防火道、隔离带、天然水系等形成封控合围兜底，先打外线火、再清内线火，以最小成本实现最大收益。坚持"专业指挥、地空配合、专群协同"的作战样式。针对火场瞬息万变的复杂形势，果断任命四川省森林消防总队主要负责人为火场总指挥，南航总站主要负责人为空中力量总调度，提升专业化指挥水平。灭火机群精准打点洒面，国家队打火头、攻险段，地方队及时跟进清理整固，当地群众用"土办法"就地取材保供水源，充分整合释放协同效能。

二、统一指挥与分工协作的关系

在应急处置中，统一指挥避免了多头领导、多重指挥、各自为政的不足，减少了应急沟通协调的成本，规避了碎片化管理带来的弊端，提高了应急处置的效率。另外，统一领导、综合协调与分工协作又密切相连，统一指挥不能取代专业分工和部门协作，不能"一刀切"。统一指挥与分工协作一起构成了应急管理体制的组成部分。如何处理好统一指挥与分工协作之间的关系，成为应急处置的一个必须面对的问题。

统一指挥要求权力向上集中，但是，由于突发事件的紧迫性要求，必须坚持并落实属地管理原则，由属地第一时间采取最有力、有效的处置措施。这两者之间根本上是不矛盾的，需要明确的是两者之间的权限。如果将应急处置的领导权力分为政治权力和行政权力，那么政治权力属于上级政府，行政权力属于地方政府。应急处置涉及的统一指挥、部门协同、人员资源调配等属于上级政府；风险评估、应急救援处置的具体事务则属于相应的专业职能部门。分清两者的职权关系，各司其职，也就处理好了统一指挥与分工协作之间的关系了。反之，上级政府过多干预现场处置、"一刀切"地发出不符合实际应急处置需要的命令，往往会带来处置失败，延误处置的黄金时间，带来更大损失。

要处理好统一指挥与分工协作的关系，还需要处理好行政统一领导与专业分工的关系。行政领导主要包括了指挥、组织、协调、沟通、激励等作用，专业分工则侧重于具体的应急处置方法的运用。在行政与专业的集权与分权关系方面，德国的经验尤其值得借鉴。一方面，事发地政府的县长或者市长掌握绝对领导权，承担与救援有关的政治责任，也担任行政组织指挥部的总指挥，负责有关救援的行政协调和综合保障工作，但一般不替代战术操作指挥部总指挥的指挥职能。另一方面，德国将行政责任与专业救援责任相分离，专业救援由战术操作指挥部总指挥负责。两个指挥部互相交换信息、沟通协调，各司其职[①]。

三、快速及时与科学稳妥的关系

突发事件的时间紧迫性很强，延误时间往往就延误处置时机，给后续的救援和处置造成更大的困难。因此，突发事件的第一时间反应和处置特别重要。但是，突发事件有其自身的特点和成因具有复杂性特征，具体处置过程中需要遵循科学规律，运用专业性知识，不能贸然行事，也不能"拍脑袋"决策，没有建立在科学专业基础上的快速应急处置，很可能会带来更大损害。

例如：2008年12月5日，山西省临汾市洪洞县新窑煤矿发生的特大瓦斯爆炸事故，共造成105人遇难，伤亡惨重，损失巨大。该矿超层越界、非法盗采，违规作业、以掘代采，管理混乱、严重超员，事故发生的本身就是不讲科学造成的。事故发生后也没有遵循科学原则，盲目组织37人在没有任何防护措施的情况下下井冒险抢救。由于错误决策，违章指挥，造成次生事故，致使其中15人遇难，扩大了事故死亡人数。这种蛮干胡来处置突发事件的教训是非常沉痛的。此外，有限空间中毒事故若盲目于第一时间施救，往往都会带来更大的损害。如都江堰市天马镇"2009.7.16"非法炼油较大窒息事故，中冶美利峨山纸业有限公司

---

① 张磊：《分权与集权 应急管理的统一领导需调节的三种关系》，《应急管理》，2013年第8期。

"2010.10.8"溺水窒息事故：前一起事故某防腐工程公司招用的3名职工对已完工并投入生产的空分设备液氮冷却塔的刷漆表面积进行测量。当其中一名职工攀上冷却塔顶端测量时，因吸入过量氮气缺氧窒息，不慎跌入塔内。见此，另两名立即搬来竹梯进入塔内施救。由于没有任何防护措施，两人进入塔内后不久，即因缺氧昏倒在塔内。此次因吸入氮气缺氧窒息事故共造成3人死亡。后一起事故则是某印染有限公司总经理将清理蓄水池（该池为圆形，直径2.8 m，深约8 m）的工作包给了其他人，在进行清理工作的时候，施工现场作业人员安全意识淡薄，冒险下池作业，导致中毒昏倒，而施救人员未采取任何防护措施下池施救，造成伤亡人员增加。最终导致3人死亡，3人受伤的硫化氢中毒事故。

以上处置不当的案例，都说明应急处置突发公共事件往往原因复杂、影响面广，对它的处置涉及多个学科、多个领域的知识、技术、经验和方法。比如，发生危险化学品泄漏、放射性物质释放、火灾、爆炸、人员中毒和辐射伤害、污染环境等事故时，应及时组织撤离或采取措施保护危害区域内的人员，并对受伤人员紧急救护。有关部门要迅速控制危险源，针对事故对人体、动植物、土壤、水源、空气造成的现实危害和可能产生的危害，迅速采取封闭、隔离、洗消等措施。这就涉及公安、消防、劳动卫生、环保等多方面的知识、方法和技术。作为负责指挥处置此类突发事件的主管领导，即使知识面再宽、经验再丰富，也不可能做到样样精通。有相关方面的专家参与决策，提供咨询，就能对此类事件进行科学的处置，确定了专业科学的处置方法以后，再开展快速行动，将达到事半功倍的效果。

安徽省阜阳市颍上县姜唐湖蓄洪区戴家湖涵闸重大险情处置

2020年7月26日9时57分，安徽省阜阳市颍上县姜唐湖行蓄洪区戴家湖涵闸因闸门破损导致洪水外溢，严重威胁戴家湖内8 000余名群众生命安全。险情发生后，国家防总立即派出应急管理部、水利部等部门组成的工作组紧急赶赴现场协助抢险救援，并持续跟踪调度、强化协调。安徽省阜阳市颍上县政府立即组织戴家湖区域内的群众转移。共出动解放军、消防救援队伍、森林消防队伍、中国铁建、中国电建、中国能建、干部群众等抢险人员3 487人，以及挖掘机95台、推土机58台、自卸车96台，采取封堵涵闸出水口、构筑"养水盆"、填筑防洪闸侧月牙堤等应急处置措施，全面开展抢险救援。经过持续6天的紧急抢险，涵闸于8月1日上午彻底封堵，安全转移8 476名受威胁群众，成功解除了险情。

各救援力量模块化调派、成建制集结,快速响应投入战斗。针对受灾群众点多面广、水流复杂的实际,采取舟艇编队行进和无人机空中侦察相结合的方式,全力营救疏散被困人员。整合人员装备,设置排险、清灌、除草、清理、安全等作战小组,梯次作战、立体推进,及时清除堤坝灌木草丛。充分发挥卫星便携站、单兵图传、动中通移动指挥车等侦察、通信作用,确保科学精准救援。

资料来源:人民网,2021 年 1 月 14 日。

结合本章内容,试分析在以上的突发事故中,妥善应急处置用到了哪些方法?遵循了什么原则?处理好了哪些辩证关系?

本章小结

本章所述的应急处置方法汲取了一些重要、典型的方法进行介绍,分析了应急处置的四类受制因素和应急处置的原则。对应急处置方法中的隔断法、协作法、疏解法进行了详细介绍。

应急处置方法中的隔断法,是指控制突发事件中的有害因子,将突发事件中的危险有害因子与事故现场尚未受到损害的区域进行阻隔断开的方法。隔断法分为实体隔断、虚拟隔断、人员隔断三种。

应急处置方法中的协作法,是指两个或者两个以上的应急处置主体,为了减少突发事件中的损害,联合进行工作的方法。协作法包括应急处置主体之间的协作法、应急处置资源和信息之间的协作法等。

应急处置方法中的疏导法,是指在群体性事件发生时,应急处置主体运用疏通的手段,将群体的思想和行动到引导到正确的轨道上来的一种应急处置方法。使用疏导法需要注意的问题包括:疏导的渠道和形式要多样化、思想疏导与满足需求并进、重视事后疏导等。

应急处置方法在使用中,应处理好三对辩证关系,分别是普遍性和特殊性的关系;统一指挥与分散管理的关系;快速及时与科学稳妥的关系。

关键术语

应急处置方法　隔断法　协作法　疏导法

复习思考题

1. 应急处置的典型方法有哪些?
2. 什么是应急处置的隔断法?分为哪些种类?
3. 什么是应急处置的协作法,分为哪些种类?
4. 什么是应急处置的疏导法?使用疏导法的过程中应注意什么问题?
5. 在使用应急处置方法的过程中,应如何处理好这些方法之间的辩证关系?

第十三章

应急沟通的方法

📖 知识目标

1. 了解应急沟通的内涵与功能
2. 了解应急沟通的原则及方法
3. 理解自媒体时代突发事件的舆情管理的特点

📖 能力目标

1. 联系实际阐释应急沟通的基本流程
2. 运用应急沟通的方法,分析自媒体时期政府舆情工作中面临的挑战

📖 思政目标

1. 理解应急沟通中"让人民群众有更多获得感"的重要意义
2. 掌握数字时代应急沟通的社会意义和价值

迎战舆论危机
——广东深圳光明新区渣土受纳场"12·20"特别重大滑坡事故：政府新闻应急过程分析

2015年12月20日11时40分左右，深圳市光明新区的红坳渣土受纳场发生滑坡事故，造成73人死亡，4人下落不明，17人受伤（重伤3人、轻伤14人），33栋建筑物（厂房24栋、宿舍楼3栋、私宅6栋）被损毁、掩埋，90家企业生产受影响，涉及员工4 630人，直接经济损失达8.81亿元。由于这起事故发生在天津港"8·12"事故之后仅仅四个半月，距"东方之星"号客轮翻沉事件和上海"12·31"踩踏事件时间也不长，所以引发了中外媒体和社会各界的高度关注。在不足一年的时间里，4起特别重大突发事件接连发生，人们不禁追问：中国的城市安全状况到底怎么样？深圳、天津、上海等这些"标杆性"城市的公共安全管理能力怎么样？其突发事件应对能力又怎么样？与之相关，天津港"8·12"事故应急处置过程中凸显的"信息发布和舆论引导"短板及其给党和政府形象带来的负面影响，在深圳"12·20"事故的应急处置中是否会重演？

在这样的背景下，深圳"12·20"滑坡事故，从事发的那一刻起，就引来了各路媒体的"聚光灯"和"放大镜"，引来了八方网民的"探照灯"和"显微镜"。显然，舆论风暴会紧随事故而至，深圳市委、市政府将很快迎来一场舆论危机。从以往的经验来看，这场危机产生的威胁可能并不亚于事故本身造成的损害。处理不好，党和政府的形象会随之滑坡，党心、民心也会随之滑坡。对于深圳市委、市政府来说，这是一次舆论危机处置的重大考验，是在急速启动应急抢险救援任务之后必须马上投入的另一场"战斗"——新闻舆论战。

舆情或舆论，是公众关于现实社会及社会中的各种现象、问题所表达的信念、态度、意见和情绪的总和。它既包含正确的看法与意见，也包含偏见、错误观点或者门户之见；既有理智的成分，也有非理智的成分；既可能在公众中自然生成，也可能被有意制造。现代政府之所以重视舆论，在于它对社会发展和事态进程产生影响，而这种影响主要来源于"社会对偏离了共识的政府和个体有能力进行孤立威胁"。

突发事件往往因其破坏性、超常规性、公共性，以及内在隐含的"生命体的盛衰、枯荣、生灭"等矛盾张力而引发社会关注，掀起舆论波澜。"12·20"

滑坡事故亦如此，其舆论波澜与事故进程如影相随，滑坡事故的舆情发展大体分为四个阶段。

一、舆论爆发期（0—4 小时）

媒体对于"12·20"事故的报道出现在事发一个半小时左右。这个时间点是事故信息得到官方确认的时间点。2015 年 12 月 20 日 13 时 3 分，"@深圳消防之窗"发布消息称："12 月 20 日 11 时 40 分，光明长圳洪浪村煤气站旁山体滑坡，接警后，'119'迅速调光明、公明、特勤二中队 7 辆消防车、30 名消防员到场处置。目前，山体滑坡已造成一栋楼坍塌，坍塌范围较大。据了解，现场有人被困，消防正在搜救被困人员。同时，各增援力量正赶往现场。"根据这一消息，一些媒体凭借自身的职业敏感性及对事件新闻价值的判断，开始调动、整合新闻资源，启动突发事件应急报道机制。

新华社的报道出现在两个半小时之后。大约在 14 时 23 分，新华社以《深圳光明新区山体滑坡致楼房倒塌，现场有人被困》为题，对事故进行了报道。该文结尾指出："正在现场处置的消防人员说，工业园和城中村靠在一起，被吞没的也有一部分城中村。情况可能会比较严重，目前搜救队已经进驻。"该文的标题后来被一些媒体改写为《深圳山体滑坡致部分城中村被吞没，情况较为严重》，在各大网站转载。

二、舆论的升温期（4—24 小时）

事发 5 小时之后，深圳市"12·20"滑坡灾害救援指挥部举行了第一场新闻发布会，深圳市政府副秘书长李一康发布了事故基本情况。由于之前关于事故"人员失联、财产损失、救援展开等情况"，只有零星的、不完整的信息，因此，此次发布会成为媒体报道的焦点。

2015 年 12 月 20 日 19 时，中央电视台《新闻联播》播出了习近平总书记和李克强总理对抢险救援工作的批示。这再次说明，这场引发了高层关注的事故并不是一般性的事故。此时，各大媒体已开足了马力进行报道。其间，一些媒体的议题设置不再局限于事故救援进程，而是转向"原因和真相"。

2015 年 12 月 20 日 23 时 15 分，"12·20"救援指挥部举行了第二场新闻发布会，就"灾害基本情况""救援工作进展"两项内容进行通报："经初步核查，此次灾害共造成 33 栋（间）建筑物被掩埋或不同程度损坏……截至 20 日 22 时，失联人员 59 人，其中男性 36 人，女性 23 人。"由于这次发布会召开的时间临近午夜，多家媒体对于其发布内容只做了简要报道，信息传播的范围并不广。

然而，当 21 日 9 时媒体从指挥部的第三次新闻发布会上获悉失联人数上升为 91 人时，舆论进一步升温。在短短 16 个小时之内，失联人数在官方的新闻发布会上，从 27 人上升为 59 人，再攀升到 91 人，大大超过了社会可接受的数量。面对这样一个人人都不愿意接受的灾难，媒体的报道开始转向，朝着事故原因和性质的方向追问。

三、舆论震荡期（24—72 小时）

在这一阶段，深圳"12·20"救援指挥部相继召开了三次新闻发布会，分别就指挥部采取的"专业救援措施、失联人数核查与更正、生还人员救援过程及医疗救治情况"等进行信息发布，但对媒体关心的事故原因及性质，未给出明确答复。只是在 21 日 14 时 30 分举行的第四场新闻发布会上回应说："国务院已经派出了工作组到深圳，会很认真地查明滑坡的原因，以后我们也会非常实事求是地向大家来通报。"从这一回应来看，深圳市新闻部门可能处在一个非常局促乃至没有任何回旋余地的空间里。

"光明发布"的首条官微通报及第一场新闻发布会，就使用了"山体滑坡事故"这样的字眼。只是，大众及媒体习惯了"将滑坡理解为自然灾害"，而当"国土资源部"而非"安全生产总局"，作为国务院工作组前往现场指导工作这样的信息出现时，舆论难免会质疑深圳市政府可能"揣着明白装糊涂"、有意将错就错，甚至刻意混淆视听。但是，对于媒体和舆论来说，这就是被攻击的"靶子"。

四、舆论回落期（72—144 小时）

在这一阶段，媒体报道的重心转向善后安置工作，如"失联人员家属被妥善安置""部分企业开始复工""员工入住新厂区""安置人员三天没回家：深圳滑坡大救援"等成为主流媒体的报道重点。其间，深圳市"12·20"救援指挥部共召开了三次新闻发布会，分别就"善后安置与医学救援""现场救援与危化品处置"等情况进行通报，同时向全社会做出诚恳道歉。

2015 年 12 月 25 日召开的第十场新闻发布会引来了媒体的广泛报道。因为，这一天的《新闻联播》播报了国务院调查组对事故调查的结论："此次滑坡灾害是一起受纳场渣土堆填体的滑动，不是山体滑坡，不属于自然地质灾害，是一起生产安全事故。"借此结论公布之际，深圳"12·20"救援指挥部趁热打铁，迅速召开了第十场新闻发布会。

2015 年 12 月 25 日 20 时，广东省委常委、深圳市委书记马兴瑞带领相关领导班子成员及光明新区主要负责人出席了新闻发布会。马兴瑞表态："第一，坚决拥护上级对这次事故的定性。第二，积极配合事故调查组开展调查。第三,根据事故调查结论和处理意见,将依法依规依纪,该负什么责任就负什么责任,该接受什么处理就接受什么处理,该处理什么人就处理什么人。第四,这次事故损失惨重、影响恶劣,教训十分深刻,对人民群众生命财产造成巨大损失,对深圳特区形象造成极大负面影响。在此,深圳市委、市政府向所有遇难者表示哀悼,向所有遇难者及失联人员家属、受伤人员和其他受灾群众,向全社会做出诚恳道歉!"深圳市委、市政府的表态和集体道歉得到了舆论的认同。

案例启示:深圳"12·20"滑坡事故是近年来特别重大安全生产事故中少有的未引起负面舆论风暴,且被媒体评论为"舆论引导日显娴熟""让造谣者无从下手,让批评者找不到把柄"的案例,属于"最佳实践"类型。

资料来源:国家行政学院:《应急管理典型案例研究报告(2017)》。

第一节 应急沟通的内涵及功能

风险沟通来自英文的"risk communication",从 20 世纪 80 年代开始在科学文献中出现相关研究。随着科学技术的发展和人们认识水平的提高,它逐渐演变为一门涉及多领域多学科的新兴科学。

一、应急沟通及相关概念

(一)应急沟通的概念

在公共危机爆发时,政府与公众处于一种非常态的管理环境中,公众对政府有一种特殊的期盼,尤其需要政府通过应急沟通引导舆论、疏导情绪,开展一系列的公关活动以提高公信力,塑造政府的良好形象[①]。从政府角度说,应急沟通能够促进公众对政府工作的理解和支持,让公众认可政府为控制事态恶化而采取的紧急措施,起到社会动员的作用。

清华 MBA 教程《管理学》中将"沟通"定义为人与人之间传达思想或交换情报的过程。此外,管理学家西蒙认为,沟通可以被视为任何一种程序,借此程序,组织中每一名成员将其所做的决定和其他信息传递给组织内部其他成员。从传播学角度考察,哈罗德拉斯维尔在《社会传播的结构和功能》中则认为应该把沟通

[①] 高猛:《公共危机下的政府公共关系》,《湖北社会科学》,2008 年第 4 期。

简化为几个过程,分别是谁?通过什么渠道?对谁?说了什么?概括起来就是沟通的五大要素,包括信息源、信息、传输渠道、受众和反馈。

突发事件中的应急沟通,则是以政府为主体的公共组织在常态和非常态情境下为及时有效处理危机,通过媒介方式采取一系列获取、传播、交流、反馈信息的全过程活动。

(二)风险沟通概念

目前大多数学者以公共事件处理的"风险沟通"和强调工业企业生产安全的"危机沟通"居多,沟通过程也倾向于针对具体事件的信息传播,而未能与整个应急管理过程紧密联系。传统突发事件的沟通过程,仅仅局限在政府与企业之间的突发事件信息报送与处理、政府单向信息发布或在此基础上单独介入某种新媒介加快传播等方面。

随着"公民意识"增强、民主化发展,媒体和公民的广泛参与趋势成为必然。因而,完整的应急沟通应涉及政府、企业、媒体、公众多主体,包括全面整合、及时报送、统一发布、信息共享、完成沟通的全过程,以支撑应急预防与预警、应急处理与救援、应急控制、应急善后与重建等突发事件应急管理工作的顺利开展。多元化的主体参与,势必导致应急管理过程中出现多主体网络治理结构的复杂行为[1]。系统中复杂行为的自适应性反映在:主体与环境内外间的交互并在交互过程中不断学习、不断提升、不断改变自身结构与行为方式,得以进入"协调—处理—进化"循环轨道,逐步形成规范性、真实性、及时性、多渠道的应急沟通。从以上分析不难看出,风险沟通与危机沟通是既有联系又有区别的。两者之间的区别主要表现在以下几个方面。

(1)从研究起源上看,风险沟通与风险感知和评估密切相关。因此,风险沟通更多吸收了心理学的理论,关注个体受众的心理认知,其理论和实践从传统上的单向信息流动逐步发展到当前对对话和交流的强调。这个研究领域最具代表的研究成果就是专家与公众对特定风险问题的认知和评估差异,以及在风险沟通过程中信任的建立等问题。而危机沟通是处理公共关系的一种形式,则从公共关系和管理学中汲取理论,其侧重点在于对危机事件或情境的管理和控制。因此,关于危机沟通的理论主要集中于沟通或应对策略上。应急沟通是全过程的沟通。

(2)从时间维度上看,风险沟通主要属于"事前管理",侧重于对平常潜在危险、威胁的分析,以及风险信息的交流;根据危机管理的阶段理论,危机沟通主要发生在危机过程中或危机事件后,公共关系实践者通常面临敌意、质询的压力,

---

[1] 柳恒超:《风险沟通与危机沟通:两者的异同及其整合模式》,《中国行政管理》,2018年第10期。

并要阐明错误出在哪里、做出了何种应急反应以及为什么做出这种反应等问题。应急沟通从时间维度上包含风险沟通和危机沟通。

（3）从目标趋向上看，风险沟通以这样一种假设为基础，即普通大众具有获取威胁和风险信息的基本知情权。相关风险信息的获得能够使民众对风险做出合理的选择。从这个意义上来讲，风险沟通能够促进相关决策和风险共享；而危机沟通的目标则更聚焦于维护组织的利益、声誉和形象上。

二、应急沟通的方式

从广义上理解，沟通活动包括政府的内部沟通、协调机制和外部沟通即政府与新闻媒体、社会公众和非政府组织之间的沟通过程。内部沟通机制主要指政府部门之间的信息互通和协调，实现政府部门内部的信息共享和信息发布。外部沟通主要指政府与新闻媒体、公众以及突发事件影响的目标群体之间的信息传递和交流，同时也包括政府和国际组织之间进行的交流和合作。其目标是增强政府、媒体、公众和非政府组织等之间的联系，保障知情权，及时化解危机。沟通过程从层级方面可分为两种形式，即自上而下和自下而上的沟通模式。

自上而下的沟通指的是政府第一时间向下级发布危机信息，下级部门再将危机信息告知公众；自下而上的沟通则正好相反，是由公众向上传递给政府的过程。根据不同的利益相关者，政府的沟通面对不同的对象。

三、应急沟通的对象

突发事件中，政府作为信息发布的主体，其客体主要有社会公众、社会组织、新闻媒体（第三方）和国际社会（外部压力）。从突发事件的发生周期来看，政府的沟通包括事前沟通、过程沟通和事后沟通三个方面，其中政府扮演的角色则是积极的预防者、妥善的救治者和有序的恢复者。

在应对突发事件时，沟通发挥着十分重要的作用，应急的风险沟通对象包括四类：公众、官员、利益相关者、媒体。沟通贯穿于管理的全过程，向社会公众及时、准确地传播有关风险及突发事件的信息，从社会公众之中获得信息反馈。沟通的重要渠道——媒体，在风险沟通中扮演重要角色。应急沟通是指应急管理者，与社会公众建立良好关系，是交流信息、互动反馈的双向过程。根据贝克的风险社会理论，现代社会的风险越来越具有复杂性和不确定性，在当今信息高度发达的时代，获取信息的渠道越来越多，这也给政府部门处理应急管理及沟通，带来了巨大的压力。

四、应急沟通的原则

在应急管理过程中,应急管理者应遵循以下原则。

(1) 广泛参与。基于公共管理的应急沟通,必须面对广大社会公众,调动他们参与应急处置的积极性。

(2) 公开透明,准确及时。突发事件紧急性要求,在应急沟通中,必须尽快及时地传递各种信息。

(3) 尊重事实,恰到好处。管理者应该以事实为根据,实事求是地评估社会公众的价值期望。

(4) 媒体合作。管理者应该与媒体打好交道,建立合作伙伴的关系。

第二节 应急沟通的流程及方法

一、应急沟通流程

一般而言,突发事件舆论危机管理主要由四个部分构成:一是启动新闻应急指挥体系;二是进行信息发布;三是开展舆论引导;四是服务并管理媒体采访。本节从这四个方面梳理舆论危机的处置过程。

(一) 新闻应急指挥体系:工作架构与运行机制

新闻应急指挥体系是政府做好舆论危机管理的组织基础。它是保障各功能组协调一体化应战、快速有序回应外部压力、提高舆论危机处置效能的"统合器"和"加速器"。

"12·20"事故发生后,深圳市委宣传部立即启动了突发事件新闻应急机制。与此同时,中央和省宣传部门也派出工作组赶赴现场指导新闻处置工作。新闻应急指挥体系主要内容如下。

(1) 在前方成立了新闻宣传联合工作组,由中央、省、市三级相关部门的负责同志组成,统一领导信息发布和舆论引导工作。

(2) 设立新闻中心,分设新闻发布、媒体接待、境外媒体管理、网络工作、协调联络、后勤保障6个小组(图13-1),由深圳市委宣传部新闻、外宣、外事、网宣、网管等相关处室负责人和光明新区新闻宣传工作负责人担任组长。

(3) 组建救援指挥部新闻发布组,由深圳市新闻办主任和宣传部一名副部长分任组长(AB角),全面负责与事故相关的记者采访、信息发布、舆情监测与引导

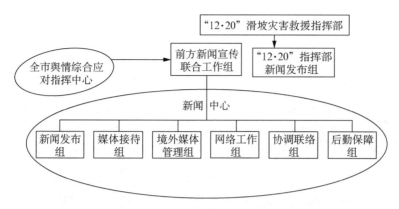

图 13-1 "12·20"事故新闻应急指挥体系

等工作。

（4）启动"全市舆情综合应对指挥中心"的战时工作机制，在后方进行舆情监测与研判、舆情报告撰写，以及跨部门协调处置等工作，全力支撑前方信息发布工作的有效展开。

（5）实行 24 小时值班制度，在新闻中心、现场指挥部和舆情应对综合协调中心分设 3 组值班员实行 24 小时值班，保证前方指挥部各项指令的及时传达及前后方信息的共享。

（6）建立信息共享平台，组建了 2 个微信群，一个是"宣传工作微信群"，另一个是"境外媒体工作微信群"。这 2 个微信群由省、市宣传部门的精兵强将组成，主要对信息发布和舆论引导工作进行汇总、分析、讨论，为新闻应急决策提供参考建议。

在"12·20"滑坡事故中，深圳市的新闻应急工作共投入 61 人，形成了新闻、外宣、外事、网宣、网管等部门密切联动、协同配合的工作机制，建立了舆情"监测发现—分析研判—通报响应—信息发布—正面引导—媒体协调—网络管理"的工作流程。工作机制的良性运行以及工作流程的无缝对接，进一步提高了深圳市新闻应急工作的指挥效能，保证了新闻应急工作的灵敏高效运转。

（二）信息发布的过程与特点

公开透明是现代法治政府的基本要求。依法重点公开"突发公共事件的应急预案、预警信息及应对情况"是《中华人民共和国信息公开条例》第二十条第十二款的明确要求。该条例还在第六条和第十一条做出规定："行政机关应当及时准确地公开政府信息。""行政机关应当建立健全政府信息公开协调机制。"信息发布作为一种较为主动积极的信息公开形式，在突发事件应急处置中占有重要地位，它起着缩小公众与政府信息鸿沟，加强政府与公众联系，提升政府公信力、执行力，保障人民的知情权、参与权、表达权、监督权的重要作用。信息发布正是借助于这一作用的有效发挥，为处置突发事件创造有利的社会舆论环境。随后，"12·20"滑坡事故指挥部召开了 10 场新闻发布会。纵观信息发布情况，主要有四个特点。

1. 发布次数多、频度高

在事发 12 个小时内，召开了 2 场发布会，前 4 场发布会在 24 小时之内完成，平均每 6 小时召开 1 场。2015 年 12 月 20—23 日，在 72 小时的救援黄金期内，共召开 7 场发布会，几乎每半天 1 场。这些发布会主动及时、公开透明地持续发布失联遇难人数、救援救治情况、受灾群众安置、善后工作安排等重要信息，在相当大的程度上主导了媒体报道的议程，满足了公众的知情权，最大限度地挤压了谣言传播的空间。一位港媒的记者说："自己跑料的收获，远不如守在新闻中心获得的信息那样多和快。"凤凰卫视的报道称："这次事故的谣言非常少。"新华社的评论指出："如此丰富和透明的信息量，自然让谣言失去了滋生的土壤。"

2. 发布层级高、可信性强

时任深圳市委书记马兴瑞、常务副市长张虎、副市长兼公安局局长刘庆生等相关市领导先后参加新闻发布会，并作为发布人进行信息发布。其中，刘庆生参加 3 次发布会，2 次发布信息。市长许勤以及政法委书记、宣传部部长、市委秘书长等 4 位市委常委也参加了发布会。深圳市委、市政府相关领导参加发布会，提升了信息发布的层级，一方面保证了信息的权威性和准确性；另一方面向社会传递了政府对于事故的责任、态度和担当。在突发事件中，政府领导人往往是媒体报道追踪的焦点，其一言一行常常具有很高的新闻价值和话题意义。深圳市相关领导通过新闻发布这种形式增加了在公众面前的暴露度，而其言行的诚恳度和可信性，为创造良好的舆论环境提供了有力的支持。

3. 发布速度快、主动及时

在 10 场新闻发布会中，有两场新闻发布会分别是在 23 时 15 分和早上 7 时召开的。对于这两个时间点，有网友认为，这是与媒体记者打错位战，在技术上压缩参加新闻发布会的记者人数。但是，在深圳市委宣传部副部长刘佳晨看来，此次信息发布工作是按照"快报事实、慎报原因、公开透明、实事求是"的原则进行的："我们掌握的一切准确信息都是第一时间发布。"这意味着，对于救援信息的发布时机，深圳方并没有太多的策略考量，如果说有的话，那就是"第一时间策略"。

4. 发布联动性强，传播度高

在整个信息发布过程中，实行全媒体联动发布，凡是在发布会上来不及发布的信息，都通过网络平台推送。前期以新闻发布为主、网络发布为辅；12 月 26 日之后，新闻发布会不再每天举行，而授权"@深圳微博发布厅"承担发布职责。此后，该政务微博分别在 2016 年 1 月 6 日和 12 日两次发布最新救援和处置情况，成为中外媒体报道的权威信源。截至 1 月 18 日 16 时，"@深圳微博发布厅"共推送相关微博 390 余条，阅读量近 1 500 万人次，"深圳发布"微信共发布 43 个整合专题，阅读量超过 45 万人次。

（三）舆论引导的方法与手段

舆论引导在两个领域展开：一个是媒体领域；另一个是网络领域。主要方式包括：调控媒体新闻报道的基调；设置议题广泛传播；充分释放信息覆盖舆论场、加强网络管理和引导。概言之，就是充分调动一切传播资源和手段，大幅提高信息的质和量，在舆论场形成压倒性信息优势，进而挤占负面舆论的传播空间，以对公共舆论场产生正面的引导效果。

1. 调控新闻报道基调，避免次生舆情风险

"科学引导、理性引导、温情不煽情"是调控"12·20"滑坡事故舆论的基本原则。根据这一原则，凡是与灾难悲伤气氛不协调、易于引发质疑炒作的正面题材，一律不报道。"12·20"滑坡事故救援指挥部吸取了以往突发事件主流媒体新闻报道产生次生舆情灾害的教训，对于消防员救援现场火线入党、新闻通稿突出领导重视等内容一律不安排媒体宣传。

2. 主动设置议题，创新传播方式

"12·20"滑坡事故前方新闻宣传小组组织撰写了多篇评论，如《倾力救援是最深沉的悼念和担当》《灾害降临，记录一座城市的表情》《冬至饺子的温暖——深圳滑坡事故受灾群众安置点见闻》《深圳事故，坚持公开和坚持救援同样重要》《你理性，因为你爱深圳》等文章。这些文章跟随事故救援的节奏，在不同的时间节点推出，目的是把网民关注的焦点引向救援、善后安置、家属安抚等一些重要问题上，引导公众理性地看待事故，不过度发散。

3. 充分整合媒体资源，大量释放信息覆盖舆论场

据深圳市宣传部门统计，截至2016年1月18日16时，中央、省、市媒体和新闻网站共刊发稿件6 396篇，发挥了舆论引导主力军的作用。其中，人民日报社、新华社、中央电视台、中央人民广播电台等中央主流媒体共刊发370篇报道，在舆论引导方面发挥了"领头羊"的作用，为整个舆论态势向好的方向发展提供了强有力的支持。

4. 加强网络管理，突破网络评论一律唱赞歌的套路

深圳市舆情应对综合协调中心与广东省网信办实行24小时联动，开展网络全平台监看、平衡与处置。

二、应急沟通中的方法

（一）强而有力的新闻应急指挥体系

新闻应急指挥体系离不开领导系统、功能架构和联动机制三个要素。在

"12·20"滑坡事故的新闻应急过程中，领导系统发挥了强大的作用。

(二) 尊重新闻传播规律的专业团队

"12·20"滑坡事故从一开始就定下了"及时主动、公开透明、实事求是、坦诚负责"的原则。在这一原则指导下，前方联合新闻宣传小组采取了"少量多次、短小精悍"的高频度信息发布方式。这是一种"积极主动快攻型"的发布方式，在事发初期与网络舆论的博弈中，快速占据了优势，成为权威信息源。

(三) 协调良好的政府与媒体关系

在现代社会，媒体拥有独特的社会功能。"瞭望者""灯塔""雷达"等是人们对媒体角色和功能的经典比喻。它善于发现危机，也偏爱危机，更善于干预危机和审判危机。媒体通常被奉为"公共利益代言人"，面对危机，它并非简单地呈现和转述危机，而是以追求真相、关爱弱者、促进公平正义为己任，致力于创造社会共识和开展舆论监督。

(四) 有力有效的实体救援处置

实体救援处置与信息发布工作互为表里，是突发事件处置的一体两面。没有实体工作的支撑，信息发布就是无源之水、无本之木，难以取得预期效果。重大舆论之所以能够平息，根本原因在于现实层面矛盾和问题的有效解决。

纵观其迎战舆论危机的全过程，指挥体系确立的原则——"及时主动、公开透明、实事求是、坦诚负责"——得以贯彻执行，信息发布的工作效率较高，舆论引导顺应了新闻传播的基本规律，无论是新闻应急领导体系还是新闻应急工作团队，无论是新闻应急的决策环节还是执行环节，都凸显出"积极、慎重、有为"的特点，整个处置较为规范、稳妥，取得了较好的效果。

第三节 自媒体时代的政府应急沟通

一、政府应急沟通的两种模式

(一) 自媒体时代前：政府控制模式下的应急沟通

从中华人民共和国成立后到20世纪80年代初，中国社会管理是一种权力集中的政府管理模式，政府作为社会公共事务的唯一管理主体，主要运用行政手段保证社会的运转。由于政府是唯一的主体，政府与媒体之间是管理者与被管理者的上下级关系,媒体本身也是政府机构的一个组成部分,是传递党和政府的声音的宣传工具。"喉舌说""工具说"是对我国媒体属性的主流认识。改革开放后,虽然政府对媒体的控制程度下降,但政府对媒体仍有较强的干预作用,政府在很大程度上仍是信息的垄断者。

(二)自媒体时代:平等互动模式下的应急沟通

自媒体时代的到来,给政府应急沟通带来了新挑战。随着互联网技术和自媒体的发展,信息的传播更加便捷,网民可以通过自己的渠道发布亲身观察到或他了解到的消息,"全民记者"时代已经到来①。一方面,自媒体时代,通过政府发布的信息不是信息传播的唯一通道,公众有能力主动获取自己感兴趣的那部分信息,通过网络和自媒体的交互传播形成公众议题,进而对政府议题产生影响;另一方面,政府部门的应急沟通反应时间被大大缩短,如果政府不能把应急信息及时公开,信息主动权和话语权就会偏离政府,陷入类似"掩耳盗铃"的危机,产生不实的次生舆情。政府进行应急管理,不仅要靠"做",更要靠及时有效的"应急沟通",搭建政府、媒体、公众之间平等互动的沟通桥梁,及时准确发布相关应急信息,回应公众需求,从而树立良好的政府形象。

二、自媒体对应急沟通议题设置的影响——以"天津港爆炸"事件为例

(一)自媒体—政府议题

自媒体背景下,人人都是信息传播的主体,政府与公众的议题设置是一种双向作用,公众议题能够有效地影响政府议题,决定政府信息公开和信息沟通的内容和主题。自媒体由于传播速度快、贴近个人多元化需求的特点,能够迅速形成公众议题,成为一种强大的舆论压力直接作用于政府议题。例如,在"8·12天津港爆炸"第三场新闻发布会之后,由于政府没有公开回应瑞海公司法人是谁的提问,自媒体平台立刻引发了轩然大波,一系列如"起底"瑞海公司负责人与前副市长关系的谣言在微博、朋友圈中流传,引发大量网民评论和转载;在第四场发布会中,发言人立刻澄清两者没有亲属关系才平定了谣言;而在第七场新闻发布会上,天津市环保局总工程师在面对媒体对于死鱼事件的质询时也提到"我在会前刚刚从微博上得知(这一情况),会派人员查明死鱼原因"。在新闻发布会上,官员进行应急沟通时开始关注自媒体上的公众议题,意识到自

---

① 宋梓林:《自媒体时代政府应急沟通的议题设置研究》,《新闻研究导刊》,2016年第7卷第2期。

媒体舆论的作用，并开始有针对性地把影响政府应急工作的议题纳入应急沟通中。

（二）自媒体—传统媒体—政府议题

自媒体在网络公共领域形成的强大力量会直接作用于政府议题，但这种作用是具有选择性的，政府部门选择的是那些对应急管理有利或不利的议题。相比之下，传统媒体本身就有探索新闻真相、更为专业的报道方法及更权威的信息来源渠道的职责，在这一过程中其扮演了重要的中介角色。自媒体引导传统媒体影响政府议题的特点更加明显，也更加有效。近年来，传统媒体社会守望、监督政府的职能不断加强，加之由于政府经费不能完全满足传统媒体的全部开支，传统媒体在承担好喉舌功能的同时，还要考虑自己的生存问题，要想生存下去并且不断发展壮大，只能通过积极参与市场竞争①。想要在激烈的市场竞争中立于不败之地，传统媒体就必须要为受众提供及时有效的新闻，抓住公众的需要对事件进行报道。突发事件本身因其突发性和影响的广泛性具备较高的新闻价值，无疑是传统媒体最为关注的热点之一。而通过自媒体对消息的传播过程，锁定了公众议题，反映了公众关心的焦点，传统媒体关注的重点也就贴近公共议题。

在"天津港爆炸"事故中，微博、微信等自媒体上如责任追查、环境监测、危化品泄漏等议题与传统媒体的报道有较大的相关性。在"天津港爆炸"的几次新闻发布会上，传统媒体倒逼政府进行权威信息发布的议题很多都来自自媒体，很多传统媒体记者提问时的表达包括"在网上看到""从微博得知""朋友圈上刷屏"，企图得到政府权威部门的回应。传统媒体关于死鱼现象质疑的起因是不断有"微博爆料"；对污染物外泄的关注和提问中也多次引用了自媒体流传的"降雨过程中道路泛起白沫""部分居民因化学品中毒不适"等消息。正是在传统媒体的不断倒逼和施压下，政府部门的应急沟通才逐渐触及这些议题，增加了对公众所关切问题的沟通和回应。

三、自媒体冲击下我国应急沟通机制暴露的问题

新闻发言人制度在2003年"非典"疫情过后逐渐确立，目前各省级行政单位和各部委都已建立了比较完善的新闻发言人制度，此举既是我国政府主动打破应急信息不平衡，尊重媒体、公众知情权的重要举措，又是政府提高应急管理效率、

---

① 叶皓：《从被动应付走向积极应对——试论当前政府和媒体关系的变化》，《南京大学学报（哲学人文科学社会科学版）》，2008年第1期。

树立政府形象的重要组成部分。"8·12 天津港爆炸"新闻发布会上的应急沟通不是一个成功案例,大量的次生舆情和不实信息产生于发布会现场,经由自媒体和互联网的传播在爆炸事故之外产生了"次生灾害",这在我国目前的应急沟通中并不是个别现象,而自媒体的发展进一步放大了我国目前应急沟通中普遍存在的问题。

首先,应急沟通中政府所回避、隐瞒的信息经自媒体的深层次挖掘产生了负面效应。政府隐瞒信息的直接表现是,政府愿意公开并引导公众关注的议题,大部分不是公众最希望了解的议题;公众希望接近的议题,政府没有完全进行讨论,也未必愿意讨论。政府之所以能够回避、隐瞒信息,前提是公众议题不会直接作用于政府,议题的设置功能由政府掌握。在自媒体迅速发展的今天,哪些议题可以成为焦点,不是仅凭政府单方面做出的决定,而是包括政府、媒体、公众各利益主体互动的结果①。在此情况下,政府继续隐瞒信息会产生政府议题与公众议题间的错位,公众就会自行挖掘信息黑箱并经自媒体进行传播,致使政府不仅没能隐瞒住信息,还不得不对流传的谣言进行辟谣,降低了政府应急工作的效率。

其次,应急沟通中政府很少主动公开事故的追责进展,自媒体对事故责任的层层爆料,使涉官涉腐逐渐成为全社会的刻板印象。在我国政府的应急沟通中,地方政府官员在传统政绩观驱使下,首先想到的是封堵信息以保全自身和小集团利益,乃至收买记者及知情人隐瞒事实真相②。突发事件往往反映了地方政府的管理漏洞、行为失职或利益纠葛,官员必然不会首选公众知情权,而是保住自身的官位,采取大事化小、小事化了的解决方法,尽量推卸自己的责任,因此在应急沟通中政府尽量避免谈及涉事官员的责任。在目前自媒体的传播中,公众最关心的议题就是官员的问责和事故原因的追查,历次事故背后传播最广的谣言也是官员的腐败问题和政府工作程序不当的问题。自媒体的扩散效应使官员的腐败问题越加突出,即"只要出现公共危机必定是由于官员腐败引发的",这种刻板印象导致公众对政府的信任度下降,政府应急沟通的动员能力减弱。

最后,应急沟通的反馈通道脆弱,与自媒体日益强大的议题整合能力冲突,下情上传渠道不畅直接导致政府对自媒体议题的管理能力不高。目前一些政府部门的新闻发言人制度仍是迫于行政命令压力而建立的,在进行信息沟通时与公众互动沟通的能力不足,只注重向媒体和公众发布信息,而忽略意见反馈,下情上传的作用没能很好地发挥。正是由于沟通中的反馈通道狭窄,政府进行应急沟通也就不能完全反映公众关切的问题。

---

① 覃耀坚:《突发公共事件中政府应对媒体的策略》,《改革与开放》,2015 年第 15 期。
② 张维平:《应急管理中政府与媒体协调机制的完善与创新》,《政治学研究》,2012 年第 3 期。

四、自媒体时代政府应急沟通议题设置的思路

自媒体时代，政府进行应急沟通要转变议题设置的思路，还要设置相应的议题，引导公众和媒体关注突发事件，理解政府的应急工作，提高政府应对能力。同时，也要注意区别于过去政府主导信息，只有政府及时有效地回应公众议题，公众的需求才能得到满足，才能消弭权威信息发布与公众需求间的信息真空，减少不实消息传播的风险。

首先，应急沟通议题的设定逐渐由上级主导转变为政府—公众互动主导。上级主导的应急沟通体现上级意志，并非沟通，公众与政府之间的平等互动才是真正的沟通过程。在自媒体时代，该发布什么信息，怎样进行信息沟通，需要政府与公众共同决定。政府根据公众的需求发布相关信息，适时与公众进行应急沟通，既将应急部门想要沟通的信息传达到公众，又搜集公众关切的议题，为进一步的工作和沟通做准备。媒体在应急沟通中起到了政府与公众之间润滑剂的作用，政府在设置应急沟通议题时要保持与媒体的互动，从媒体关注的焦点中进行回应，对媒体的态度逐渐从对立走向合作，建立政府、媒体、社会组织的信息共享机制，借助媒体和社会组织的专业力量帮助政府迅速了解公众关注的议题，并通过媒体发布应急信息，以实现政府和公众之间的良性互动。

其次，应急沟通议题的管理从满足公众对信息的实时需求出发。突发事件中网民对信息发布和刷新的时间非常敏感，如果不能在"第一时间"披露信息，网民的情绪就容易裂变式累积，进而滋生各种流言。面对突发事件，公众首先关注的是人员伤亡情况和现场控制等反映事件严重性的议题，当救援和现场处理取得进展后，公众就会将关注的兴趣转向事件的原因和追责上。议题是在不断改变的，相比传统媒体，自媒体传播信息的速度更快，议题的变化速度也更快。政府在议题管理中要时刻关注公共议题的变化和自媒体的公共舆论，并对接下来的议题进行分析预测，根据自身掌握的信息最大可能地回应最新的公共议题，不给谣言和小道消息的传播留时间。

最后，应急沟通中要特别注意应对公众的刻板印象。突发事件中，官员腐败的刻板印象几乎成为社会共识，每一次突发事件都有官员面临巨大的舆论压力，这种刻板印象也体现了公众对政府的不信任。政府在进行应急沟通时，事故处理机构要在第一时间明确其对失职或腐败官员零容忍的态度，公布事故处理小组的负责人及事故追责的进展，做出追查到底的承诺，以防止涉及官员腐败和事故原因的不实消息经由自媒体广泛传播，在应急管理中对政府形象产生不利影响。

互联网在中国迅速普及，社交媒体已经成为公众日益重要的交往媒介。截至 2023 年，中国网民规模达 10 亿，互联网普及率达 76.4%；尤其是手机网民规模呈

现出爆发式增长，截至 2020 年 12 月，达 9.86 亿。同时，以微博、微信为代表的社交媒体成为互联网的新形态，尤其对年轻人来说，社交媒体已经成为其生活中不可分割的一部分。随着改革的不断深入以及城市化、全球化的趋势不断加强，经济社会结构转型的不断升级，各种矛盾的累积效应也愈加明显，加上工业社会本身"不可计算的不确定"的种种风险，公共危机进入高发期。社交媒体与公共危机的相遇让危机应对变得更加充满挑战性。对于中国来说，由于现有的相关制度体系的不完善性，社交媒体寄托了由于现实参与的高成本和不便利而带来的巨大的公民期待，在公共危机中，公众的这种参与渴求往往会借助于各种社交媒体平台集中喷发出来，其中裹挟大量的不满情绪，成为危机的新的助燃机制。尽管一些政府和相关组织开始在公共危机中有意识地运用微博等社交媒体进行沟通，但是，并没有完全从过去传统媒体环境下的自上而下单向的宣导式沟通逻辑中转变过来，依然仰赖于网络管控等手段进行危机应对，这往往起到适得其反的效果，有时候，这种方式本身就成为新的危机的源头。在社交媒体环境中，只有从多元化的治理结构、多中心的治理主体以及扁平化的治理网络的逻辑能够真正把握危机沟通的真谛，认真倾听，积极回应。要实现这点，仅仅寄希望于技术层面的工具更新是不可能的，而是需要从机制和制度层面深化改革，努力调适现有体制中自上而下的权威逻辑与自下而上的社交媒体逻辑之间的内在张力，以社交媒体为契机推进相关的制度建设，从而为公共危机沟通模式的转型提供制度化的动力机制①。

 本章小结

> 应急沟通等同于风险沟通来自英文的"risk communication"，从 20 世纪 80 年代开始出现相关研究。随着科学技术的发展和人们认识水平的提高，它逐渐演变为一门涉及多领域、多学科的新兴科学。本章首先阐释应急沟通、风险沟通的概念，突发事件中的应急沟通，是以政府为主体的公共组织在常态和非常态情境下为及时有效处理危机，通过媒介方式采取一系列获取、传播、交流、反馈信息的全过程活动。应急沟通的主要原则包括：广泛参与、公开透明，准确及时、尊重事实，恰到好处、媒体合作。其次，阐释了应急沟通的主要流程和方法及在实践中政府应急沟通中存在的问题。最后，运用应急沟通的方法，分析自媒体时期政府舆情工作中面临的挑战。

---

① 钟伟军、黄怡梦：《社交媒体与危机沟通理论的转型：从 SCCT 到 SMCC》，《电子科技大学学报（社科版）》，2016 年第 5 期。

关键术语

风险沟通　应急沟通　信息传播　应急沟通流程

复习思考题

1. 应急沟通的内涵是什么?
2. 应急沟通的原则包括什么?
3. 政府应急沟通中的主要流程包括哪些?
4. 自媒体时代下,政府舆情工作面临哪些挑战?
5. 自媒体时代下,政府应急沟通应采取哪些有效措施?

第十四章

世界特大型城市的应急管理

📖 知识目标

1. 了解纽约、东京和墨尔本面临的主要灾害风险
2. 了解纽约、东京和墨尔本应急管理的主要内容
3. 了解纽约、东京和墨尔本应急管理的主要特点

📖 能力目标

1. 归纳世界特大型城市应急管理特点
2. 比较借鉴国外特大型城市应急管理的先进经验

📖 思政目标

在国际比较中理解中国应急管理的制度优势和治理效能

纽约布朗克斯区高层火灾事故

2022年1月9日11时左右,纽约布朗克斯区一栋公寓楼发生火灾,造成至少19人死亡,其中包括9名儿童,另有32人被送往医院,其中数人情况危急。这是纽约30年来死亡人数最多的一次火灾。

初步调查结果显示,发生火灾的是纽约市布朗克斯区的一栋19层公寓楼。火灾可能由一楼一间卧室内使用的便携式电暖气引发。由于失火房间和楼层之间的门未关闭,导致火势瞬间蔓延。大火来势凶猛,很快就烧到公寓的二三层。楼内很多居民来不及逃生,只能挤在窗口呼救求援。有目击者称,看到有孩子在窗口大喊救命。接到报警后,200名消防员陆续赶到现场。当时浓烟几乎蔓延到整个建筑,消防员在楼梯间的每一层都发现了遇难者,其中大部分死于火灾产生的有毒气体。在火灾现场,纽约市长埃里克·亚当斯告诉记者:"这场火灾将给我们的城市带来很大的痛苦和绝望之情。这是纽约市近30年来最严重的火灾之一。"发生火灾的公寓楼里的居民大多是来自冈比亚的穆斯林非洲裔移民,其中还有很多人是非法移民。

纽约州州长凯西·胡赫尔称9日的火灾带来了"一个悲伤的夜晚",并承诺建立受害者赔偿基金来支援幸存者。胡赫尔表示:"这些资金将用来帮助幸存者寻找新住房、支付遇难者的丧葬费用以及任何受灾者需要的费用。"纽约州参议员查克·舒默称将为移民提供支持。

尽管纽约当地官员们极力安抚民众情绪,但是大火背后的深层原因不能不引起人们的反思。起火的这栋大楼所在的纽约布朗克斯区被称为"美国非法移民的乐园",充斥着肮脏狭窄的廉价公寓楼,逼仄的环境里住着数以万计的非法移民。起火的这栋公寓楼建造质量低劣,取暖设备陈旧,几近于无。这几天纽约天降大雪,天气十分寒冷。这里的居民们不得不使用电暖气取暖,这可能就是酿成这场灾难的原因。大火发生后,舆论开始对此类住房的安全隐患提出疑问。这栋大楼正好在民主党议员里奇·托雷斯所在的选区。他向美国MSNBC电视网表示,像这次起火的这种建筑给当地居民带来了极大的安全隐患。据了解,纽约市上一次发生的严重火灾也在布朗克斯区。2017年12月28日晚,该区的一幢公寓楼起火,造成13人死亡。纽约市历史上最严重的火灾发生在1990年3月,同样是在布朗克斯区,起火地点是一家俱乐部,不过那场火灾是人为纵火所致,造成87人死亡。

> 事实上，纽约市的很多居民区都存在着像布朗克斯区发生火灾的公寓楼同样的消防隐患，如果不及时解决非法移民问题，不改善这种近乎贫民窟的恶劣居住环境，那么类似的火灾就可能还会发生。
>
> 资料来源：中国新闻网：《纽约布朗克斯住宅楼大火致 19 人死亡》，2022 年 1 月 10 日。

第一节 纽约市的应急管理

一、纽约市的主要灾害风险

纽约市位于纽约州东南部哈得逊河口东岸，濒临大西洋，面积约 780 平方公里。纽约是美国的金融经济中心、最大城市和港口，也是著名的世界城市，对全球政治、经济和文化生活具有重要的影响力、控制力和辐射力[①]。

纽约市的基本特点表现为：一是人口众多，人口密度大。城市总面积 1 214 平方千米，下辖 5 个区，市政厅驻曼哈顿市政厅公园内。截至 2021 年，总人口约 882.35 万人。二是国际活动众多。纽约市为美国的金融经济中心、最大城市和港口、世界最大城市之一，是世界上最主要的商业和金融中心，在全球范围内具有很强的影响力、辐射力和控制力。

在进行自然灾害风险评估的过程中，纽约市重点对自然环境、社会环境、基础设施环境进行分析和监测。分析结果表明，纽约市特殊的地理位置、气候、地形，增加了自然灾害风险。影响纽约市自然灾害风险的主要自然环境因素包括地理、气候、地形三个方面。纽约所处的特殊历史、人口和经济等社会环境，也影响着纽约市的城市风险。基础设施环境也是影响城市防灾减灾能力的重要方面，影响纽约城市防灾减灾能力的基础设施环境主要包括铁路、路面交通、空中和水上交通、应急服务、医院和保健、教育、文化设施、能源、电信、供水和废水处理、建筑存量、自然灾害所导致的结构脆弱性、城市建筑编码 13 个方面。

根据纽约市减灾委员会的评估结果表明，当前纽约市主要面临如下八类自然灾害风险。一是海岸侵蚀，纽约共有约 0.7% 的陆地面积处在海岸侵蚀风险区；二是海岸大风，包括西北强风、热带风暴、飓风等；三是干旱，具体包括气象干旱、

---

① 金元浦：《走向世界城市——北京建设世界城市发展战略研究》，北京：北京科学技术出版社，2010 年，第 39 页。

农业干旱、水文干旱三种类型；四是地震；五是极端气候；六是洪水，包括海洋洪水、河流洪水、暴洪三种类型；七是暴风和龙卷风；八是冬风暴①。

根据纽约应急管理部门的统计，从2017—2021年的五年间，纽约经历了一系列突发事件，具体如下：2017年的埃尔姆赫斯特（Elmhurst）六层住宅发生五级火灾，导致150多套公寓被腾空。飓风玛丽亚造成了34人死亡，910亿美元损失。2018年的熨斗蒸汽管道破裂，导致附近45栋建筑被疏散。2019年：纽约市无线智能网络（NYCWIN）停机事件，由于网络中断，365个GPS站点（用于城市红绿灯、车牌阅读器等）失灵。2019年7月份大停电事件。7月13日和7月21日的两次停电分别导致曼哈顿和皇后区的大范围客户停电（11万多人受到影响）。臭氧公园污水溢出事件，导致127户居民受到影响。2020年：新冠肺炎大流行，导致6717人死亡。热带风暴伊萨亚斯事件。风暴带来的破坏性大风导致21 400多棵树倒下，130 000个公用事业电表停。2021年的热带风暴亨利事件，导致几百万人口受影响。随后的热带气旋艾达带来了创纪录的每小时3.15英寸的降雨量，引发了严重的山洪暴发，造成了超过3 800万美元的损失，夺走了13名纽约人的生命②。

二、纽约应急管理的主要内容

（一）纽约市应急管理的相关法律

作为联邦制国家，美国宪法在所有法律中居于最高位置，其次就是联邦法律，然后是州宪法和州相关法律。按照制定的时间顺序，与纽约市应急管理相关的应急管理主要法律包括1950年制定的《国防生产法（1950）》，该法律奠定了联邦政府对州应急管理介入的基础。1952年颁布的《行政令10427》，该法律强调了联邦州应急救援支持方面扮演的角色，是对州政府的补充，即州政府应对应急管理负主要责任。1974年颁布的《灾害救济法》，该法律补救了州政府在1974年的龙卷风应对中暴露的弊端，明确了将分散的应急权限集中到总统，由其对应急救援进行全面综合指挥。1979年颁布的《行政命令12127号》，该法律明确了组建了联邦应急管理署（FEMA）。1988年颁布的《罗伯特斯·坦福灾害救济与应急支持法》，该法律是对联邦政府、州政府和相关机构现有应急资源的一个整合，赋予联邦应急管理署协调联邦政府开展应急响应的责任，同时，赋予总统认定"紧急事件"和"重大灾难"的权力。2002年颁布了《国土安全法》，该法律出台在"9·11"事件之后，将恐怖袭击作为整个国家的头号威胁，将海岸警卫

---

① 钟开斌：《纽约市自然灾害风险评估的主要做法与经验，中国行政管理》，北京：2012年第10期，第89页。
② https://www.arcgis.com/apps/Cascade/index.html?appid=72522e0db548473b9f4fce4d030a976b。

队、海关、移民局、交通安全管理局以及联邦应急管理署等22个联邦机构全部纳入国土安全部。2013年颁布的《桑迪恢复改进法》，此法律吸取了桑迪飓风的教训，主要对各种应急计划下联邦应急管理署提供灾害救助方式的授权做出重大改变，对公共援助、减灾、降低灾害成本，以及个人援助和统一联邦审查等方面的进行了调整①。

（二）纽约市应急管理的主要目标

纽约市的应急管理目标由纽约市应急管理战略行动办公室负责制定。该办公室征求了各级工作人员的意见，并纳入了从最近事件（新冠肺炎疫情和热带气旋艾达事件）中吸取的经验教训，分析了全国各地的应急管理趋势，制定了纽约市应急管理的主要目标，包括6个方面，并制定了17项子目标来支持这6个目标。具体内容如表14-1②。

表14-1 纽约市应急管理目标

目标		内容	子目标
目标1	准备	优化全市范围内的准备和外联工作，使所有居民都为紧急情况做好准备	1.1 整合准备
			1.2 持续改进
			1.3 社区协作
目标2	处置	加强城市的响应、恢复和处置的能力	2.1 能力建设
			2.2 恢复
			2.3 减灾
目标3	公平	培育一个多元化、包容和公平的机构更好地为社区服务	3.1 多样性和包容性
			3.2 公平的计划和处置
目标4	人员	优先考虑以人为本的文化来培育和留住纽约市的下一代应急管理人员	4.1 员工满意度
			4.2 职业发展
			4.3 人员配置
目标5	技术	利用公共和私营部门的最新技术提供的信息做出重要决策	5.1 技术分析
			5.2 技术能力
			5.3 与私营部门的协作
目标6	创新	提升领导力和创新力来提升应急管理解决复杂问题的能力	6.1 场所提升
			6.2 解决方法提升
			6.3 形成新的解决方法

---

① 贺佑国、刘文革：《国外应急管理法制研究》，应急管理出版社，2019年，第13—16页。
② https://www.arcgis.com/apps/Cascade/index.html?appid=72522e0db548473b9f4fce4d030a976b.

(三) 纽约市应急管理的主要机构

纽约市危机管理办公室是纽约市进行危机管理的常设机构，是纽约市进行危机管理的最高指挥协调机构。纽约危机管理办公室的前身是纽约市市民防御办公室。危机管理办公室首先与纽约市警察局、纽约市消防局和纽约市医疗服务机构合作，设计并组织实施对各种危机事态的应急方案。其次，纽约市危机管理办公室与许多州、联邦机构进行合作，如联邦紧急事务管理署、州危机管理办公室、国家气象服务中心（NWS）、公平和正义部（DOJ）以及能源部（DOE）等，沟通协调有关规划方案，共同进行培训和危机应对演练活动等。同时，危机管理办公室还与私人部门、志愿者组织、非营利性机构等合作，协调组织他们参与危机管理过程。

(四) 纽约市应急管理办公室的主要职能

根据纽约应急管理计划2022—2026年的规划，纽约市危机管理办公室的主要工作职能有以下六项内容。

(1) 优化全市范围的准备和外联工作，协助所有纽约人做好应对紧急情况的准备。包括领导和实施全市综合备灾周期，以改善机构间准备情况；把综合备灾周期的每个阶段纳入持续改进过程；继续加强纽约市应急管理的合作，促进全市复原力的提升。

(2) 加强城市的响应、恢复和减灾，以应对新的和不断增长的威胁，保护整个城市实体。包括开展战略参与和能力建设，加强该市的应对行动能力；明确机构间恢复责任的确定，以改进纽约市从应对到恢复的业务过渡；通过争取减灾项目赠款以资助纽约市最脆弱地区，降低风险。

(3) 培养一个多样化、包容和公平的机构，以更好地支持所服务的社区。包括推进具有包容性和多样性的全市应急管理计划；通过公平的视角评价应急管理计划和行动，以促进机构的多样性和包容性。

(4) 优先发展以人为本的文化，培养和留住纽约市的下一代应急管理人员。包括征集和实施提高员工满意度的计划；增加纽约市应急管理的职业途径，以促进长期职业发展；战略性地调整纽约市应急管理部门的人员结构，以维持可扩展的日常和应急行动。

(5) 利用公共和私营部门的最新技术提供信息并做出关键决策。包括通过集成核心数据收集和分析功能来增强城市的分析能力，更好地监控全市情况、分析趋势并在紧急情况下提高趋势感知；实施战略技术能力培训，以加强纽约市应急管理的行政、财务和法律业务能力，以支持大规模紧急情况的应对；与私营部门合作伙伴协作，分享知识并利用尖端技术趋势。

（6）促进应急管理思维的创新，解决复杂问题。包括建设未来应急管理指挥部，满足新需求；制定解决方案，以提高全市紧急情况和行动的能力；鼓励创造性和新想法的产生，以继续推动机构、城市和专业领域内的应急管理能力。

三、纽约应急管理的主要特点

（一）有力的法律保障

与应急管理相关的联邦法律起步较早，立法经历了六个时期：第一个时期是灾害管理时期（19世纪初至20世纪50年代），当时大多数州政府不能或者不愿意对城市提供太多帮助。到了20世纪30年代，联邦政府开始关注应急管理领域，具有代表性的法律是《1934年防洪法》。第二个时期是国家级应急管理的形成（20世纪70年代），具有代表性的法律是《1974年救灾法》。第三个时期是防核预案与民防的重现（20世纪80年代），具有代表性的法律是《罗伯特·斯坦福灾害救济与应急支持法》。第四个时期是综合灾害管理时期（20世纪90年代），具有代表性的法律是1992年的《联邦响应计划》。第五个时期是反恐主导时期（21世纪初），具有代表性的法律是《国家安全法》。第六个时期是重大改革时期（2010年至今），具有代表性的法律是《后"卡特里娜"应急管理改革法》和《桑迪恢复改进法（2013）》。这些法律对纽约市与州政府和联邦政府在应急管理中的定位、权责划分、申请援助等方面进行了明确和细化[①]，为纽约应急管理提供了较为完善的法律支撑。

（二）完善的灾害风险评估体系

纽约市有独立的风险评估组织，其风险评估的组织体系主要由减灾规划委员会统筹协调，规划小组具体实施，指导委员会监督审查，全体成员大会集体协商。减灾规划委员会（The Mitigation Planning Council，MPC）由来自政府体系内和政府体系外熟悉纽约市的减灾政策和城市规划的39名代表组成。委员会的主要职责是收集和评估与纽约市灾害风险和脆弱性相关的信息，制定各种能减缓或消除灾害影响的现有或潜在的综合性减灾措施清单。减灾规划委员会下设规划小组、指导委员会、全体成员大会三个机构。风险的评估包括了风险识别、风险筛选、风险剔除，形成纽约市风险清单。通过开展风险隐患普查工作，纽约市全面掌握本行政区域、各行业和领域各类风险隐患情况，为防灾减灾规划和应急预案编制提供科学基础。[②]

[①] 佑国、刘文革：《国外应急管理法制研究》，应急管理出版社，2019年，第7—12页。
[②] 钟开斌：《纽约市自然灾害风险评估的主要做法与经验》，《中国行政管理》，2012年第10期。

(三）应急管理重心向防灾转移

纽约市制定了专门的纽约防灾规划，防灾行动是整个规划的核心内容，纽约市防灾规划综合 41 个合作组织及部门的意见，确认了 330 项已有和 332 项计划的防灾行动。其中，基于灾害类型应对的防灾行动以综合类为最多，其次为防洪、海岸风暴和基础设施瘫痪的预防。按照防灾行动分类，防灾工作由主到次依次分为政策规范、财产保护、应急服务、基础设施工程、公共宣传教育和海岸/自然资源保护。

这些防灾规划技术性强、部门协作性强和规划实施性强的特点①，强调政策引导、设施建设与应急服务并重；注重关键设施的弹性建设。在保证防灾行动实施性上，规划主要考虑了两方面的因素，即防灾行动的建设需求和城市自身的建设能力，具体的评价指标涵盖社会发展的各个方面并延续与防灾目标的连贯性，具有较强的现实指导作用。

(四) 重视发挥科技在应急管理中的作用

科技在应急管理中的作用展现在应急管理的所有方面，在灾害信息的实时获取、灾害或事故的发展机理和规律、防灾策略的制定、关键基础设施的缺陷识别和防护、抗灾能力评估及相关标准、提升公众的安全意识与灾害应对能力等六个领域，都需要科技力量的支持。在与应急密切相关的九个具体关键环节，包括灾害机理研究、危害风险区划、多因素风险评估、信息传递、灾害预防、预测预警、应急准备、应急响应、灾后重建，都需要科技力量的介入。纽约市科研单位研发了一批与应急平台相关的信息系统和管理系统，如 NEMIS 国家应急管理信息系统、FEMIS 联邦政府应急管理信息系统和 CAMEO（计算机辅助应急执行管理系统）。由联邦紧急事务管理署（FEMA）、美国陆军工程兵部队（USACE）和国家气象服务中心（NWS）共同开发的大型灾害模拟及分析软件 SLOSH（海洋、湖泊、陆地、飓风带来的巨浪）系统可以预测飓风引起风暴潮的危险程度，目前由国家飓风中心使用。ALOHA（危险环境的区域位置）系统用于危化品扩散分析，经过多年发展，目前已经能够应用于应急响应、规划、训练和科技领域。由美国环保署（EPA）和国家海洋和大气管理局（NOAA）共同开发的 HAZUS-MH（HaZards U.S. Mult-Hazard）系统可以预测台风、洪水和地震等造成的后果，由联邦紧急事务管理署和国家建筑科学学院（NIBS）共同开发的 OREMS（橡树岭疏散建模）系统预测大规模疏散的可行性分析②。

---

① 冯浩：《纽约市综合防灾规划关键问题解析》，《上海城市规划》，2017 年第 6 期。
② 清华大学美国应急平台考察：《美国应急平台及其支撑体系考察报告》，《中国应急管理》，2008 年第 1 期。

第二节 东京都的应急管理

一、东京都的主要灾害风险

东京都位于日本本州岛东南部的关东地区,东邻千叶县,西邻山梨县,南邻神奈川县,北邻埼玉县,是日本三大都市圈之一。东京都包括东京 23 区加上多摩地区,以及伊豆群岛、小笠原群岛等离岛,共有 23 个特别区、26 个市、5 个町、8 个村,面积为 2 100 多平方公里,人口约 1 400 万。东京都是日本一级行政区,是日本都道府县中唯一的"都"。由于东京都的特殊地理位置,决定了它与世界其他几个国际大都市相比,面临着更多的自然灾害风险。与之相应,东京都政府和人民在吸取与自然灾害作斗争的经验教训中,逐步制定了一套以法律为中心的应急管理体制,在对自然灾害的预防和抵御方面处于世界前列。东京都是日本的首都和最大城市,经常受到各种自然灾害和人为灾害的影响,如地震、台风、洪水、火灾、恐怖袭击等。东京都最主要的风险因素包括以下四个方面。

(1)地震。东京都位于地壳运动的分界线上,是欧亚大陆板块、北美板块、菲律宾板块、太平洋板块交叉碰撞的区域,其特殊的地理位置决定了东京都在自然灾害方面面临着更为恶劣的情况,从 1868 年到 1968 年的 100 年间,里氏 7 级以上地震发生了 37 次,1923 年的关中大地震和 1995 年的阪神大地震,给东京都带来了严重的损失。

(2)火山爆发。全球大约十分之一的火山都位于日本,最著名的活火山富士山位于东京西南方向大约 80 千米,一旦喷发所带来的连锁危害包括地震、火山灰被人体吸入的危害、农田受损、东京核电装置受损等。

(3)台风。东京都虽然位于纬度较高的关东平原内,台风到达东京都的时候势力会有所减弱,但也有例外,比如 1979 年台风泰培掠过东京以西,东京潮位打破历史纪录。

(4)海啸。东京都不直接临海,但据地质专家预测,不仅是西日本的太平洋海域有可能再来一次"南海地震",东京都也存在着发生直下型垂直海啸的可能,据计算,一旦发生垂直海啸,品川区最高海啸浪高可达到 2.61 米。

二、东京都应急管理的主要内容

东京都防灾应急管理机制建立在日本一系列的法律法规和计划的基础之上。

具体包括以《灾害对策基本法》为代表的一系列法律、以《防灾基本计划》为代表的各类防灾计划。东京都防灾计划由《地域防灾计划》和多部防灾相关计划组成。其中《地域防灾计划》分为震灾编、台风与水灾编、火山编、大规模事故编、原子能灾害编五部，其中震灾编篇幅最长，内容也最具体[①]。

（一）东京都应急管理组织机构

在组织机构的设置上，东京都设立了知事直管型危机管理体制。主要设置局长级的"危机管理总监"，改组"灾害对策部"，成立"综合防灾部"，建立一个面对各种危机的全政府机构统一应对体制[②]。在这个管理体制中，危机管理总监直接对东京都知事负责，其职责包括三个方面：一是发生紧急事件时直接辅助知事工作；二是强化协调各局的功能；三是快速向相关机关请求援助。综合防灾部门的职责也包括三个方面：一是强化信息统管功能，包括信息的一元化，加强警察、消防、自卫队的合作和协调；二是提高灾害应对能力，包括加强实践性的训练和演习，危机管理预案的制定，加强灾害性住宅职员的应急能力；三是加强地区合作机制，包括通过八县市地区防灾危机管理对策会议共同讨论首都地区问题，实施桌面联合演习，加强部门合作。

（二）东京都应急管理的主要规划

东京都政府提出了"未来东京"战略，根据这个战略，推出了"三年行动计划"，并制定了2021年东京防灾计划，此计划是明确了自助、互助和公助三者的关系，制定了公助主要措施的工程表，明确了负责自助和互助的市民和地区、企业需要合作的内容。

该计划指出当下东京都的防灾计划的主要内容包括两个方面。

（1）推进防灾对策。政府将利用AI（人工智能）、ICT（信息通信技术）等最新数字技术对自然灾害发生前、发生时以及恢复和重建的各个阶段进行总结，并将这些工作的结果通俗易懂地进行公布。

（2）在应急管理全领域推进数字化转型。随着人工智能、物联网和大数据在全世界的不断推进，东京都政府以"数字优先"的视角重新审视了应急管理的所有政策，以推进"东京都政府的数字化转型"为抓手，提高"东京都政府的服务质量（QOS）"，提高东京都应急管理的水平。在应急管理领域，主要是从推进硬件和软件两个方面同步进行，推行在灾前、灾时、恢复重建的各个阶段活用人工智

---

① 万鹏飞、刘雪萌：《东京都防灾应急物资管理体系研究》，《行政管理改革》，2021年第1期。
② 赵成根：《国外大城市危机管理模式研究》，北京大学出版社，2006年，第149页。

能和信息通信技术等最新数字技术。具体包括在灾前、灾中和灾后都构建相关的技术支撑。

灾前的技术构建主要包括：以车载照片激光测量系统（MMS）和无人机等测量的数据为基础，建立道路空间的三维数据化和人工智能监控系统；利用在线的防灾研讨会；通过提前建立辅助图像诊断系统进行地震时的道路监控；通过公私合作的数字孪生计划，将建筑物、道路等基础设施、经济活动和人类活动的数据综合起来，在网络空间和物理空间进行融合，进行防灾模拟；建立物联网通信的智能仪表；共享多功能型窨井盖的水位信息；防灾教育教材的数字化；活用防灾储备网站，推进家庭储备实践。

灾中的技术构建主要包括：灾害信息系统与其他系统的合作，建立平板电脑等配备强化灾害发生初期的运行体制；利用无人机远程检查海岸保护设施，设定修复工程优先顺序；迅速向手机 App 发布避难所信息；利用无人机调查自来水水源森林受灾情况；通过收集、解析 GPS 信息展开施救措施等；通过人工智能的大数据分析，预测水位变动、支持水闸操作等；建立灾备系统，使灾害集中访问时也能保持网络稳定。

灾后恢复的技术构建主要包括：开发防灾志愿者和避难所匹配系统，构筑快速派遣机制；多语言咨询导航的在线专业咨询系统等。

三、东京都应急管理的主要特点

（一）以法律作为应急管理的基础保障

东京都的应急管理工作有强有力的法律支持。国家层面的法律有《灾害对策基本法》，还有各种突发事件的单项法律，如《大规模地震对策特别措置法》《水防法》《消防法》等。为解决灾害发生不同阶段的不同问题，还有相应的灾害阶段性法律作为支撑。比如有关灾害应急对策的《灾害救助法》、有关灾后恢复重建的《关于应对重大灾害的特别财政援助法》等。这些法律作为应急管理的基石，有力地确保在重大灾难发生时，各部门的协调与应对，充分兼顾了统一与分权的原则。

在全国层面法律的基础上，东京都根据自身特点，还制定了地区的防灾条例，例如《东京都震灾对策条例》《东京都灾害对策本部条例》《东京都防灾会议条例》等，以衔接地方与中央的法律，保证连续贯彻。尤为重要的是，对于各防灾规划都有相关的法规政策与条例予以配套，从而保证这些法律能够落到实处。例如在 20 世纪 90 年代初制定的《防灾基本计划全面修正》规划，就有《地震防灾对策特别措置法》等相关法律来保证其有效实施。①

（二）不断完善调整应急管理的防灾理念

东京都政府充分认识到，即使在科技发达的今天，对于各种突发自然灾害，仍然无法准确预测何时具体发生。所以，东京都地区从 1975 年开始，一直在进行关于危险程度的连续动态监控。东京都的防灾计划，每 3 年进行一次更新，每次更新都针对性地分析了近三年已发生的自然灾害应对中存在的问题，同时提出了针对这些问题的完善措施。每一次的完善，都能推动应急管理工作更进一步，这种不断完善调整的应急管理理念值得学习借鉴。

（三）为应急管理提供保障

东京都政府意识到前沿信息技术在应急管理中的作用，在"2021 东京防灾计划"中，花了大量的篇幅，提出在应急管理全领域推进"数字化转型"。这项技术革新工作覆盖了灾害发生前、中、后全阶段，引进了 VR 技术、无人驾驶技术、聊天机器人技术等，提高了对突发事件的处置能力，对于应急管理工作的辅助作用不可小觑。

（四）自助、互助、公助相结合

全民参与的应急管理是东京都应急管理的另一大特点。在这个城市，应急管理不仅仅是政府的事情，而是每个人公民的责任。政府积极推动公众的应急意识和应急能力的提高，以便在灾害发生时公众能够迅速采取措施，减少损失。首先，东京都政府通过各种渠道向公众宣传应急知识和技能，提高公众的应急意识和能力。政府定期开展应急演习，让民众了解如何在紧急情况下采取正确的行动。此外，政府还开展了应急培训课程，向公众提供必要的技能和知识，使他们能够在紧急情况下自助和互助。其次，东京都政府与民众密切合作，共同保证应急计划执行到位。政府鼓励居民组织应急小组，建立社区应急管理体系。这些应急小组由居民自愿组成，负责向社区内的居民传播应急知识和技能，收集和反馈灾情信息，协助政府开展救援工作。应急小组还会定期参加政府组织的应急演习和培训活动，提高应急响应能力。最后，东京都政府通过各种渠道收集和分析灾害信息，及时发布警报和应急通知，让民众了解灾情和采取相应措施。政府还建立了 24 小时的应急指挥中心，负责指挥和协调应急工作。在灾害发生时，政府会第一时间向民众发布应急通知，告知民众应该采取的行动。

---

① 董衡苹：《东京都地震防灾计划：经验与启示》，《国际城市规划》，2011 年第 3 期。

第三节 墨尔本的应急管理

一、墨尔本的主要风险概述

墨尔本位于澳大利亚的南部,在菲利普湾港口的海岸平原上。雅拉河将城市一分为二。墨尔本市包括了维多利亚州州府墨尔本的中央商务区。组成城市的郊区包括:东墨尔本、南雅拉海岸、墨尔本港、西墨尔本、北墨尔本、肯辛顿、弗莱明顿、帕克维尔、卡尔顿和码头区。

在墨尔本市政应急管理计划(2021)[①]中,列举了2011—2021年十年间,墨尔本面临的12起突发事件,涉及自然灾害、交通危害、公共卫生事件和恐怖事件等,详见表14-2。

表14-2 墨尔本主要突发事件(2011—2021年)

风险/危害类型	事件	日期
火灾—工商业	国王街背包客旅社火灾	2011年8月11日
火灾—水路	码头区航道上的客舱巡洋舰火灾	2012年3月21日
犯罪活动	码头区警察开枪导致公共停车场关闭	2012年11月12日
火灾—水路	雅拉河附近废弃派对船火灾	2013年9月10日
热浪	高温启动"热浪防御计划"	2014年1月
火灾	高层建筑码头火灾,导致哈德体育场作为应急响应场所被激活	2014年11月25日
火灾	墨尔本斯宾塞街的高层公寓大楼火灾导致墨尔本市政厅作为应急响应场所被激活	2015年12月31日
犯罪活动	犯罪嫌疑人开车在伯克街撞倒行人,导致6人死亡,37人受伤	2017年1月20日
犯罪活动	犯罪嫌疑人驾车经过弗林德斯街和伊丽莎白街的交汇处,造成1人死亡,18人受伤	2017年12月21日
恐怖活动	犯罪嫌疑人开车进入布克街,在汽车后释放气瓶,发生汽车爆炸,后劫持行人,造成1人死亡,3人受伤	2018年11月9日
火灾	斯宾塞街的高层建筑火灾,导致墨尔本市政厅作为应急响应场所被激活	2019年2月4日
新冠肺炎(COVID-19)	新冠肺炎在城市蔓延	2019—2021年

---

① 资料来源:https://www.melbourne.vic.gov.au/community/safety-emergency/emergency-management/Pages/municipal-emergency-management-plan.aspx。

二、墨尔本应急管理的主要内容

墨尔本的应急管理机制是建立在维多利亚州应急管理的法律基础之上的。在1986年《应急管理法》以及2010年《消防局行政长官法》的基础上,维多利亚州政府在2013年出台了《应急管理法》。该法律共分为8章76条,包括总则、危机与恢复理事会、维多利亚应急管理、应急管理行政长官、州应急响应计划、州应急恢复计划、关键基础设施的重建、附则等①。根据州《应急管理法》,墨尔本制定了市政应急管理计划,该计划是以州应急管理计划为基础进行制定的。根据墨尔本市政应急管理计划,各社区制定了相应的应急管理计划。墨尔本的应急管理工作由墨尔本应急管理计划委员会（MEMPC）及其小组委员会负责。

（一）应急管理计划委员会及其小组委员会和工作组的构成

应急管理计划委员会是根据2013年《应急管理法》的第59条和59F条款所成立的。从2020年12月1日起,墨尔本的应急管理的职权由议会转移到改革后由多机构组成的应急管理计划委员会。应急管理计划委员会制定的应急管理计划涵盖了减灾、应对和恢复的安排,并明确了各机构在应急管理方面的作用和职责,并负责相关机构应急管理计划的共同规划和共同执行。该机构应急管理计划委员会的主席由首席执行官提名的墨尔本市高级管理团队成员来担任,该机构由维多利亚州警察局、维多利亚州消防局、维多利亚州救援队、维多利亚州紧急服务机构、澳大利亚红十字会、社区代表、重建代表以及其他提名的人员组成。当遇到突发事件时,由应急管理计划委员会决定是否需要一个小组委员会或者特别小组进行处置。

（二）应急管理计划委员会负责进行社区应急风险评估

墨尔本应急管理计划委员会负责进行社区风险评估。委员会对社区风险的评估是借助风险评估软件来实现的,这个软件叫作CERA（community emergency risk assessment）。它是一个大的数据库,载有关于墨尔本已发生危机的重要详细数据,相关部门随时可以调用。在2011—2021年的十年间,应急管理计划委员会共评估了17种与应急管理相关的危害,对这些危害的危险代码、危险描述、剩余风险等级和管理机构进行了具体分类,并对应对危机如何向社区层面提供保障进行了安排布置。具体的风险评估情况见表14-3。

---

① 贺佑国、刘文革:《国外应急管理法制研究》,应急管理出版社,2019年,第51页。

表 14-3　墨尔本的危害、风险和评估摘要

灾害分类	代码	紧急灾害描述	风险分级	应急管理机构
自然灾害	ET-HW	高温	高	EMV
自然灾害	EQ	地震	中	VICSES
自然灾害	ST	飓风	中	VICSES
交通事故	T-02	车辆交通事故	中	维多利亚警局
交通事故	T-AC	空难	中	维多利亚警局
交通事故	T-MC	轮船、内河商业船运事故	中	水务部门
交通事故	T-MR	海运、商业海运事故	中	维多利亚警局
交通事故	T-TR	火车、地铁事故	中	维多利亚警局
人为灾害	CD	国内骚乱	中	维多利亚警局
人为灾害	H-01	犯罪行为	高	维多利亚警局
人为灾害	H-02	恐怖袭击	中	维多利亚警局
基础设施灾害	I-01	停水、停电事故	中	DELWP
基础设施灾害	SF-BU	建筑物倒塌	中	FRV
技术类灾害	Te-01	主要建筑物火灾	中	FRV
技术类灾害	Te-02	炸弹威胁或可疑包裹	中	维多利亚警局
技术类灾害	HM-T	危险物质释放	中	FRV
生物灾害	HE	人类流行病	高	DOH

（三）危机管理的响应安排

墨尔本政府通过协调市政资源协助应急服务当局，最大限度减少突发事件对墨尔本的人员和财产的损失。具体来说，地方一级的基本职能是：向社区和应急机构提供现有和所需的资源，修复或更换受损的公共设施、服务和资产。提供的帮助主要包括：建立市政紧急情况协调中心，建立相关设施和完善人员配置；促进社区发布预警；向公众和媒体提供信息；协调紧急救济中心和紧急避难所的运转；清理堵塞的下水道和当地道路；紧急情况下支持部分或者全部道路封闭，并选择替代线路。

（四）突发事故紧急响应协调员的职能

突发事故紧急响应协调员（incident emergency response coordinator，IERC）的主要职责是：确保建立和维持有效的对突发事件的控制；确保适当的控制和支持响应的应急管理人员对紧急情况作出反应；在应对主体不明确的情况下，确定由哪个机构履行其法定的响应职责；主持突发事件应急管理团队之间的有效信息共享；安排提供和分配相关应急管理部门要求的资源；确保及时向社区和相关机构

提供预警；制定并发布应急响应行动计划（包括管理目标和策略）；考虑宣布紧急区域的必要性等。

三、墨尔本应急管理的主要特点

（一）分类分级城市风险全面评估

城市安全风险需要从源头上进行城市风险管控，基于对城市风险评估发展趋势的前瞻预判，才能因势而谋，顺势而为。墨尔本应急管理计划委员会每十年就会对在墨尔本市发生的重大突发事件进行归纳总结，应急管理计划委员会共评估了17种与应急管理相关的危害，并对这些危害的危险代码、危险描述、剩余风险等级和控制机构进行具体分类。在进行风险评估的同时，考虑到墨尔本市作为一个外来游客和人口较多的城市，在对墨尔本城市环境进行分析的时候，政府对城市人口的情况进行了详细分类，对于无家可归人群、租客、游客、高层居民、国际学生、低收入人群等在突发事件中处于脆弱阶层的人群进行了详细分类统计。这些详细且有针对性的分类，对于后期应急管理工作是非常重要的数据摸底，有助于对这些脆弱人群开展针对突发事件发生时的及时救援。

（二）跨界协作应急管理协调制度

墨尔本市应急管理部门注重协作，加入了澳大利亚西北都会区应急管理协作小组，是西北都会区14个应急管理协作小组成员。突发事件时常发生，如何实现高效的协同工作，对于快速有序地应对灾害事件、减轻灾害影响至关重要。在开展应急管理工作的过程中，墨尔本市应急管理部门与其他协作小组成员有效地实现了信息的集中与共享，实现了资源的优化配置，提高了灾害应急决策的科学性和准确性。比如，墨尔本市与澳大利亚西北都会区应急管理协作小组签订了两个协议，分别是西北都会区资源协作共享协议和议会间紧急资源共享的MAV协议，这两个协议确保了在墨尔本市一级无法满足应急管理需求的情况下，可以通过协作小组向小组其他成员寻求援助，或者通过理事会调用紧急资源，以确保应急管理的有效进行。

（三）信息、管理、资源和协调活动的无缝过渡

从应急管理的应对到恢复到过渡是一个持续性的过程，为了实现信息、管理、资源和协调活动的无缝过渡，墨尔本市达成了从应急响应协调到应急恢复协调的交接协议，所有应急管理的小组都参与协商。充分考虑到应急恢复中的4个关键因素包括：（1）紧急情况的性质以及是否可能再次出现威胁；（2）对社区的影响程

度长短;(3)损失或破坏程度以及紧急救济的程度;(4)启动恢复安排所需的资源。在确定从响应过渡到恢复到时间和过程中,还考虑到以下七个方面的内容:(1)通过所有组织、利益相关方和社区;(2)进行媒体协调;(3)社区宣讲会管理;(4)过渡时间表以确保分阶段和无缝衔接;(5)向所有相关机构提供完整的情况简报;(6)关闭紧急救援中心;(7)开设合适的恢复中心等。

第四节 中国特大城市应急管理的特点和优势

一、中国特大城市应急管理发展的主要特点

党的二十大报告对推进国家安全体系和能力现代化、坚决维护国家安全和社会稳定作出重要部署,为新征程上的应急管理工作提供了根本遵循,为应急管理体系和能力现代化指明了前进方向和重要着力点。二十大报告指出:"建设更高水平的平安中国,以新安全格局保障新发展格局","完善国家安全法治体系、战略体系、政策体系、风险监测预警体系、国家应急管理体系,完善重点领域安全保障体系和重要专项协调指挥体系","坚持安全第一、预防为主,建立大安全大应急框架,完善公共安全体系,推动公共安全治理模式向事前预防转型"等。

目前,中国的城市应急管理正在沿着二十大报告提出的要求,不断完善发展,有中国特色社会主义城市应急管理呈现出新的发展,体现了社会主义制度的优越性。主要表现在以下四个方面。

(一)城市应急管理体系不断完善

按照"建立大安全大应急框架"的要求,应急管理部发挥综合优势和相关部门的专业优势,加强统分结合、防救协同、上下联动,衔接好各环节的责任链条,推动形成齐抓共管、协同高效的应急管理工作格局。在健全责任体系、优化指挥机制、完善法治体系、强化基层应急管理等方面取得新突破。比如,围绕解决责任落实难的问题,推动了各地明确党政领导干部安全生产和防灾减灾责任清单;细化落实部门行业监管责任,对新业态新材料等可能带来的风险,及时明确主管部门的责任;强化企业主体责任落实,对高危行业央企、地方国企、民企主要负责人和安全管理人员,开展安全管理能力考核。对事故多发的地区和企业,综合运用警示约谈、公开通报、现场督导、媒体曝光等手段,推动责任落实。比如,北京市人民政府发布了《加强首都公共卫生应急管理体系建设三年行动计划(2020—2022年)》,明确了健全北京公共卫生监测预警体系、完善基层公共卫生预防控制体系、改革完善重大疫情防控救治体系、健全重大疾病医疗保险和救助制度等。

(二) 城市应急管理从事后处置向事前预防前移

按照"推动公共安全治理模式向事前预防转型"的要求，在工作重心上更加注重防的工作，突出抓安全风险的源头防控、常态管控、监测预警、工程治理，主动塑造有利于发展的安全环境。截至2023年，应急管理部已实现对6 900余家重大危险源危化品企业、3 400家煤矿、2 400家三等及以上尾矿库在线监测，出现异常自动报警，及时响应处置。

(三) 开展专项整治，将应急管理落到实处

2023年以来，生产安全事故起数和死亡人数持续下降。应急管理部在全国范围内部署开展了重大事故隐患专项排查整治2023行动，同时深刻汲取事故教训，对矿山安全、消防安全、危化品安全突出问题集中开展针对性整治，派出多个执法小分队赴重点地区开展暗察暗访，并在主流媒体公开曝光。派出综合检查组赴各地督导检查，推动整治行动落地见效。

(四) 城市应急演习常态化，应急处置能力不断提高

按照"提高防灾减灾救灾和重大突发公共事件处置保障能力"的要求，持续实施自然灾害防治重点工程，构建以国家综合性消防救援队伍为主力、以专业救援队伍为协同、以军队应急力量为突击、以社会力量为辅助的中国特色应急救援力量体系。

总之，中国特大城市的应急管理坚持一切为了人民、一切依靠人民，尊重人民创造的原则，具有迅速响应、统一调度，发挥全国一盘棋的组织指挥优势，已经形成了统一指挥、专常兼备、反应灵敏、上下联动的具有中国特色的城市应急管理体制。中国城市的应急管理创新完善了监测预警、会商研判、力量预置、信息报告、物资快拨和防范救援救灾一体化等应急管理机制。这种优越的体制机制是强大应急救援能力的根本保障，也是集中力量办大事的社会主义体制优势在城市应急管理方面的具体表现，具有其他国家和城市不可比拟的优越性。

 本章小结

本章以纽约、东京和墨尔本三个城市为例，介绍了国外特大型城市的应急管理面临的主要风险、主要内容和主要特点。

分析了影响纽约市应急管理的相关法律、纽约市应急管理的主要目标、纽约市应急管理的主要机构以及主要职能。总结了纽约市应急管理的四个特点：强有力的法律保障；较为完善的灾害风险评估体系；应急管理重心向防

灾转移；重视发挥科技在应急管理中的作用。

分析了东京都应急管理的主要组织机构和主要规划。总结了东京都应急管理的四个特点：以法律作为应急管理的基本保障；不断完善调整应急管理的防灾理念；紧跟技术革新，为应急管理提供强有力的技术保障；提倡自助、互助、公助相结合。

分析了墨尔本应急管理委员会的组织结构、危机管理响应安排和突发事故紧急响应协调员的职能。总结了墨尔本应急管理的三个特点：对城市风险进行全面评估和风险分级；加强区域应急管理协调；强化应急恢复。

在对国外特大城市应急管理进行分析的基础之上，本章也分析了中国特大城市应急管理最新发展的四个表现：城市应急管理体系不断完善；城市应急管理从事后处置向事前预防前移；开展专项整治，将应急管理落到实处；城市应急演习常态化，应急处置能力不断提高。这些发展体现了"集中力量办大事"的社会主义体制在城市应急管理方面的独特优势。

关键术语

联邦紧急事务管理署（FEMA）　东京都知事直管型危机管理体制　应急管理数字化转型　墨尔本应急管理计划委员会（MEMPC）

复习思考题

1. 纽约应急管理的主要内容是什么？
2. 东京都应急管理的主要内容是什么？
3. 墨尔本应急管理的主要内容是什么？
4. 分析纽约、东京和墨尔本应急管理的主要特点，理解中国城市应急管理制度优势。

图书在版编目(CIP)数据

城市应急管理：流程、机制和方法/容志,王晓楠主编. —2版. —上海：复旦大学出版社,2024.8
(复旦博学/容志丛书主编)
应急管理系列教材
ISBN 978-7-309-17381-9

Ⅰ.①城… Ⅱ.①容…②王… Ⅲ.①城市-突发事件-公共管理-高等学校-教材 Ⅳ.①D035.34

中国国家版本馆 CIP 数据核字(2024)第 075716 号

城市应急管理：流程、机制和方法(第二版)
CHENGSHI YINGJI GUANLI: LIUCHENG, JIZHI HE FANGFA
容 志 王晓楠 主编
责任编辑/戚雅斯

复旦大学出版社有限公司出版发行
上海市国权路 579 号　邮编：200433
网址：fupnet@fudanpress.com　http://www.fudanpress.com
门市零售：86-21-65102580　　团体订购：86-21-65104505
出版部电话：86-21-65642845
杭州日报报业集团盛元印务有限公司

开本 787 毫米×1092 毫米　1/16　印张 18.75　字数 378 千字
2024 年 8 月第 2 版第 1 次印刷

ISBN 978-7-309-17381-9/D · 1193
定价：56.00 元

如有印装质量问题,请向复旦大学出版社有限公司出版部调换。
版权所有　　侵权必究